日本の優秀企業研究

企業経営の原点——6つの条件

新原浩朗

文庫化に当たって

本書は、『日本の優秀企業研究』（二〇〇三年、日本経済新聞社）を文庫化したものである。この本は、筆者の当時の想像を遙かに超えた影響を世の中に与えた。率直に言って、驚きであった。特に、当時の日本経済の厳しい環境の中、企業経営の前線で悪戦苦闘しておられた名だたる経営者や中間管理職層のプロフェッショナルの皆さんから、本書の考え方を参考にして企業経営の方針を立て直して道が開けた、あるいは、役員・幹部全員に配布して読むよう指導した、といったお言葉を異口同音に多数頂戴できたのは、本当にうれしかった。

これも、筆者の貢献というより、本書の執筆にあたりご協力頂いた企業経営層の皆さんとの突き詰めた議論の結果、本質が本書につまっていてのことと思う。改めて感謝したい。

一方、本書のように現場の経営感覚を反映した研究書は類書があるようで実はない、との声を聞くにつけ、アナリスト、コンサルタントや学者の企業批評のあり方が、いかに現場で働いている経営者の感覚から遊離しているかという点も改めて確認したことは残念でもあった。泥だらけになって自分の足で稼ぎ、自分で考える企業研究・企業批評が我が国に確立されなければ、本当の意味で価値創造ができる企業は生まれにくくなってしまう。志を同じくする研究者の皆さんに、奮起をお願いしたい。

今回、日本経済新聞社から、本書をより広範に、長く読んで頂けるよう、文庫化をおすすめ頂いたので喜んでお受けした。お金でない、世の中のために働こうとする規律が、実は、資本主義社会の持続性の根幹であるという本書の結論の一つが、まさに今、日本社会で問われており、本書が、その議論の解決の、わずかかもしれないが、一助になると考えたからである。

この本には、数多あるマニュアル本のようなスキルや「形」は書かれていない。しかし、読者の皆さんには、自らの体験と重ね合わせながら考えて読むことで、是非、この本にある「本質」を読み取って頂きたい。

本書を脱稿してから、既に三年の月日が流れたが、今回、再読して、その本質は、やはり、何も変える必要を感じなかった。しかしながら、文庫化に当たっては、新たな読者が読みやすいよう、数値、人物の肩書きなどについて、最小限の改訂を行った。

平成一八年五月

新原　浩朗

自分たちが分かる事業を、やたら広げずに、
愚直に、真面目に
自分たちの頭できちんと考え抜き、
情熱をもって取り組んでいる企業

日本の優秀企業研究　目次

第三の条件 客観的に眺め不合理な点を見つけられること――

序章
優秀企業は いかなる特質を有しているのか

優秀企業の「形」と「本質」

優れた企業とは一体いかなる特質を有しているのか。どうすれば優れた企業に変革しうるのか。優れた経営とは一体いかなるものなのか。

不況と言われるようになって随分経った。多くの日本企業が、長期不況での生き残りをかけて、また会社を良くする切り札のように言われて、いろいろな新たな「形」を導入し、構造改革に相当の努力を払ってきた。多くは、ちまたで「米国式」と呼ばれるような「形」である。例えば、カンパニー制、執行役員制の導入などによる企業統治方法の変更、成果主義に基づいた従業員評価制度の導入といった企業の「形式」の改革に大きなエネルギーが注がれた。

ちょっと大きめの本屋に行けば、カタカナがいっぱいの経営書の専門コーナーが設けられるようになった。夜、サラリーマン同士で酒を飲もうにも、そんな本の一冊や二冊は読んでいないと、なかなか話についていけないようになった。ビジネス街には、よくわからない専門用語が、その実態がよくつかめないままに、飛び交っている。

その結果、日本企業は「形」の上では変革を遂げたように見えるかもしれない。しかし、それで企業の肝心の中身、本質は変わったのだろうか、競争力は本当に強化されたのだろうか。

小さい頃のピアノの練習を思い出してみよう。日本では、ビートルズを弾きたい、ラベルを弾きたいと言っても、いきなりこれらの曲を練習させることはまずない。まずは、バイエルからである。確かに、剣道も素振りから、ピアノもバイエルからと、まず「形」から入ってみるというのも一つの考え方かもしれない。「形」から入って、「本質」のところまで迫れれば、それでもいいのかもしれない。しかし、「まずは形から」と、いわゆる「米国式」経営の「形」を導入してみたものの、どうもしっくりこない、皮膚感覚に合わない、企業の本質を変えるには至っていないのではないかと悶々としている経営者も多いのではないだろうか。原因はどこにあるのか。

戦前、戦中、そして戦後の国土の荒廃の中、今の日本を背負っている多くの大企業が産声を上げた。これらの企業の創業者は、日々の事業を推進する中で、企業の「本質」をそれぞれ経験的に学習し、それを当時の時代環境に合わせて具体的な経営行動に表わし、企業の「形」を作り上げていった。しかし、時代環境は移り変わり、かつて本質から生み出された「形」は時代との間でズレを生じることとなった。このズレの発生に日本企業の経営者はある意味、混乱し、動揺し、そして自信喪失に陥った。

他方、ちょうどその頃、経済の隆盛を極めていたのが米国である。藁《わら》をもつかむ思いとは言わないが、こうして米国の企業の「形」の輸入が行われた。米国の企業とて、日々の事業の推進の中で、「本質」を捉え、そこから「形」を作り上げている。だから、「形」の本質まで含めて輸入できれば、それでもよかったのかもしれない。しかし、「形」から入るという在来の伝統の下、「形」だけをまねるといった拙速な方法を採った結果、木に竹を接いだような状況が生み出されてしまったのではないか。

そう考えてみると、米国において持続的に優秀な成果を上げている企業を見ても、「形」が競争力の本質であるとは思えないではないか。だとすれば、「形」が時代に合わなくなった今、我々が行わなければならないことは、もう一度、事業の「本質」まで立ち戻って、時代環境の変化を踏まえて、考え直すことではないか。

そう原点回帰である——。

これが、本書執筆の三年ほど前から筆者が抱いてきた問題意識だった。

そうしてみると、我が国の不況下でもめざましい成果を上げ続けている「優秀企業」が現実にある。そして、これらの企業も「形」で経営しているとは思われない。もっと「本質的なこと」があるのではないか。

本当に優良な成果を上げている企業は、どのような特質を持っているのか。うまくいっていない企業との違いは何か。こういった点を明らかにすれば、閉塞感に包まれた日本企業の新たな発展の道筋もおのずと見出せるのではないか。それが筆者が「日本の優秀企業研究」に取り組んだ動機である。

ちょうど同じ時期、平成九年七月に通商産業研究所所長として招聘された国際的に著名な経済学者である米国スタンフォード大学経済学部の青木昌彦氏を中心に、独立行政法人経済産業研究所（Research Institute of Economy, Trade, and Industry, RIETI）の設立の動きがあった。

この研究所の設立の問題意識は、米国経済の強さの一つの要因が、公共政策の研究と論争の場が長年にわたって積み上げられてきたところにあるという認識にあった。例えば、ワシントンのブルッキングズ研究所（The Brookings Institution）や、マサチューセッツ州ケンブリッジのＮＢＥＲ（National Bureau of Economic Research）といった機関がそうで、中立的に自由に政策のあり方が研究されているということが、政策の高度化に寄与しているのではないかと考えられた。

そこで、大学、ＮＰＯ、民間研究機関、官庁などから、多様なバックグラウンドの有能な人々を集めて、ある程度行政の現場から自立性、独立性をもって研究できる場をつくろうとしたのである。このため、非公務員型の、年功序列・終身雇用の雇用形態の縛りから自由な研究所を設立することになった（設立二〇〇一年、平成十三年四月）。

このような動きの中で、昼間仕事を持っている人間であっても、客員という形で、職務時間外の夜、休日を利用してリサーチできる場が用意されたのである。

本研究も、こうした場を借りて、少しずつ少しずつ勤務時間外の時間を使って、地べたを這うように調査を行っては、そこから本質が導き出せないか考えて積み重ねてきたものの成果である。

調査方法と留意点

それでは調査の方法を説明しよう。優秀企業を抽出して、そこに共通的に見出せて、しかも、そうでない企業に見出せない特徴を探したい。入口として、財務データによる優秀企業のサンプルの抽出から作業を始めた。

企業の収益性、安全性、成長性の三つの要素に着目し、過去十五年間にわたる数字を追った。企業の場合は、一から二年という短いスパンで見ていくと、たまたま外部環境要因で良くなったり悪くなったりすることがある。例えば、携帯電話がブームの時には、携帯電話の部品をつくっている企業の業績は良くなる。しかし、それだけでは、その企業が本当に中長期にわたって構造的に競争力があるとは言えない。

ここではもう少し企業の基礎的な競争力を見たい。そこで、十年以上の中長期にわたって財務データを調べる。しかし、中長期で見ると、一貫して波のない状態で良い成果が持続する企業はほとんどない。そこで、同業種の平均的な企業と比較して、相対的に、良い時期には良い成果を示し、悪い時期にもさほどデータが悪くならない企業を探した。十五年間を目安としたのは、プラザ合意以降の為替レートの大幅変動の影響を受けて、企業構造を大きく変化させている企業があるため、プラザ合意以降の動きをフォローしようとしたがゆえである。

データは、収益性は「総資本経常利益率」、安全性は「自己資本比率」、成長性は「経常利益額の推移」を中心に代表させた。

収益性は、投資効率を見たいのであるが、売上げに対する収益と資本の活用度の双方が勘案されているという意味で、総資本経常利益率を中心に見た。業種により平均値は異なるが、日本企業全体の平均は三パーセント程度であろう。安全性は、財務的安定度を見たい。自己資本は返済義務のない資本であるから、この比率が高いと財務

$$総資本経常利益率 = \frac{経常利益}{総資本} \times 100(\%)$$

$$= 売上高経常利益率 \times 総資本回転率 \times 100(\%)$$

（売上げに対する収益）　（資本の活用度）

$$\left[\frac{経常利益}{売上高} \times \frac{売上高}{総資本}\right]$$

経常利益 ＝ 営業利益 ＋ 営業外収益 － 営業外費用
（営業利益 ＝ 売上総利益 － 販売費及び一般管理費）
（売上総利益 ＝ 売上高 － 売上原価）

$$自己資本比率 = \frac{自己資本}{総資本} \times 100(\%)$$

的安定度が高いと考えられる。これも業種にもよるが、日本企業全体の平均は二六パーセント程度である。成長性は、会社の力が強くなる方向にあるかどうかを見る。経常利益は、会社の実力を表す利益といってよいであろう。

ちなみに、この研究では、利益額の推移のみをみて、売上げの推移は無視した。すなわち、いくら売上げが増えていても、利益が減少している企業は、ここでは優秀企業とは考えられないと判断した。他方、売上げが減少していても、利益が増加している企業は、優秀企業としての資格が十分あると判断した。ちなみに、本文中に例示として登場する優秀企業については、巻末（三四五ページから）に一五年間の財務データをまとめて掲げた。

このようにして、当初、優秀企業の候補を財務データで百社程度リストアップしたとき、その企業の好調さは、企業の構造的な競争力に拠っているわけではなく、たまたまの外部的要因だな、あるいは特別の環境要因だな、と判断するケースも確かにあった。しかし多くの場合、これらの企業のストーリーは他の企業にも参考になる興味深い経営上の「寓話」を含んでいると直観された。

そこで、リストアップした企業から、良好な成果がたまたまの外部的要因、政府規制などの特別な環境要因にあると考えられる企業など(注)を除き、約三十社を優秀企業のモデル企業として選んで、どのような要因がうまくいっていない企業との違いを形成しているのかを調査することとした。

(注) 当時の日本経済において、金融機関のあり方が議論になっていたにも関わらず、例示に金融機関を入れなかった理由も、調査の結果、政府規制や制度面の環境要因が強く影響すると推測されたため、別途の詳細な議論が必要と判断したためである。

その企業の優秀性、すなわち、競争力に貢献している要因は何か、中でも、他の企業にも参考になりうる共通的に応用しうる要因は何かについて、成果が良いとは言えない同業種の平均的な企業の場合と比較して、事実をひたすら虚心坦懐に見ることによって結論を導き出す「帰納法的な」方法に徹した。

各社の社長や会長からの聞き取りによる生の声は重要な情報源の一つにはしたが、ただ普通にインタビューするのでは、経済雑誌の報道にパターンとして出てくる型にはまったステレオタイプ的な説明がなされることを危惧した。

そこで、まず、財務データや社史、公表資料等の企業関係の資料は言うに及ばず、経済雑誌、新聞等もかなり過去までさかのぼって検索をかけた。このような徹底した文献調査から、その企業の具体的論点をあらかじめ絞り込み、それをあらかじめ会社側に送付して、社長、会長には、その論点を必ず含めて答えてもらう形でインタビューを進め、さらに、その話された内容について、論点を煮詰めて、議論を深めていくという方法を採った。

インタビューの実施は、正確な情報を得るため、了解なくそのまま得た情報を外に出さないというオフレコベースで行った。

このような調査を繰り返してみると、一つひとつの企業について、一般に経済雑誌に報道されているパターン的な認識とは、ややズレた、異なった視点の像が少しずつ浮かび上がってきたのは嬉しい驚きであった。さらにこのようにして得られた情報について、同じ会社のミドルマネジメント層などからも聞き取りを行い、加えて、様々なデータによって裏付けを行い、信憑性、本質性を検討した。その上で、成果が良いとは言えない同業種の平均的な企業にもオフレコベースでインタビューに御協力をいただき、優秀企業とそうでない企業を分ける分水嶺となる特徴を抽出したのである。

なお、これから本文中に優秀企業の例示として出てくる企業について一言お断りをしておきたい。

この調査の目的は、優秀企業とそうでない企業を分ける一般的法則を抽出することにあり、その一般的法則の抽出は、無論、本文中に例示として登場する企業のみでなく、約三十社の優秀企業のモデル企業全般の共通的特徴を抽出した。

その上で、六つ抽出された一般的法則のそれぞれをビビッドに説明するために分かりやすい例示を個々のモデル企業に関する情報の中からピックアップして本文の例示としたのである。

したがって、この本の例示に出てくる企業以外にも、我が国には多くの優秀企業があるであろうし、逆に、ここに例示として出てくる企業でも、例示の部分、切り口では優秀性を示しても、他の側面では欠点を有することもありうる。

この本の目的は、あの企業がいい、この企業がいいといった企業の格付けを行うことではないし、ましてや株式推奨銘柄を示すことではない。企業経営に新しい「洞察」をもたらすことである。この点は最初に念頭に置いておいていただきたい。

これと関連するが、企業は栄枯盛衰があるから、この本に例示として挙がっている優秀企業でも、将来悪くなる可能性があるのではないか、との質問をよく受けた。これに対する筆者の答は、無論イエスである。しかし、筆者は抽出された優秀企業の六つの共通的特徴自体は、より普遍性を持って生きるのではないかと期待している。その理由は、多くの企業を長きにわたって観察していると、企業が悪くなるときは、何らかの形で六つの共通的特徴からの規律の逸脱の徴候が見られたからである。逆に、長期にわたって持続的に繁栄する企業は規律の維持がきちんと守られている企業であると推測された。

また、この研究に当たっては、あえて、既存の経済学・経営学の理論を一旦忘れて、事実を淡々とただひたすらに調べまわることによって優秀企業の共通要因を引き出す徹底した「帰納法的」方法を採った。それは、理論的仮説を持つと、それが正しいことを証明しようとして、実証の方法や経営者との意見交換のやり方にバイアスがかかり、真の「本質」が描き出せなくなることが多いと考えたからである。事実、ビジネス分野の研究には、アンケートの取り方からして、結果を見越して、期待する結果が出てくるように質問の立て方を意図的に考えるなど一般常識からはおよそ理解できない方法を採る研究者も中には見られる。

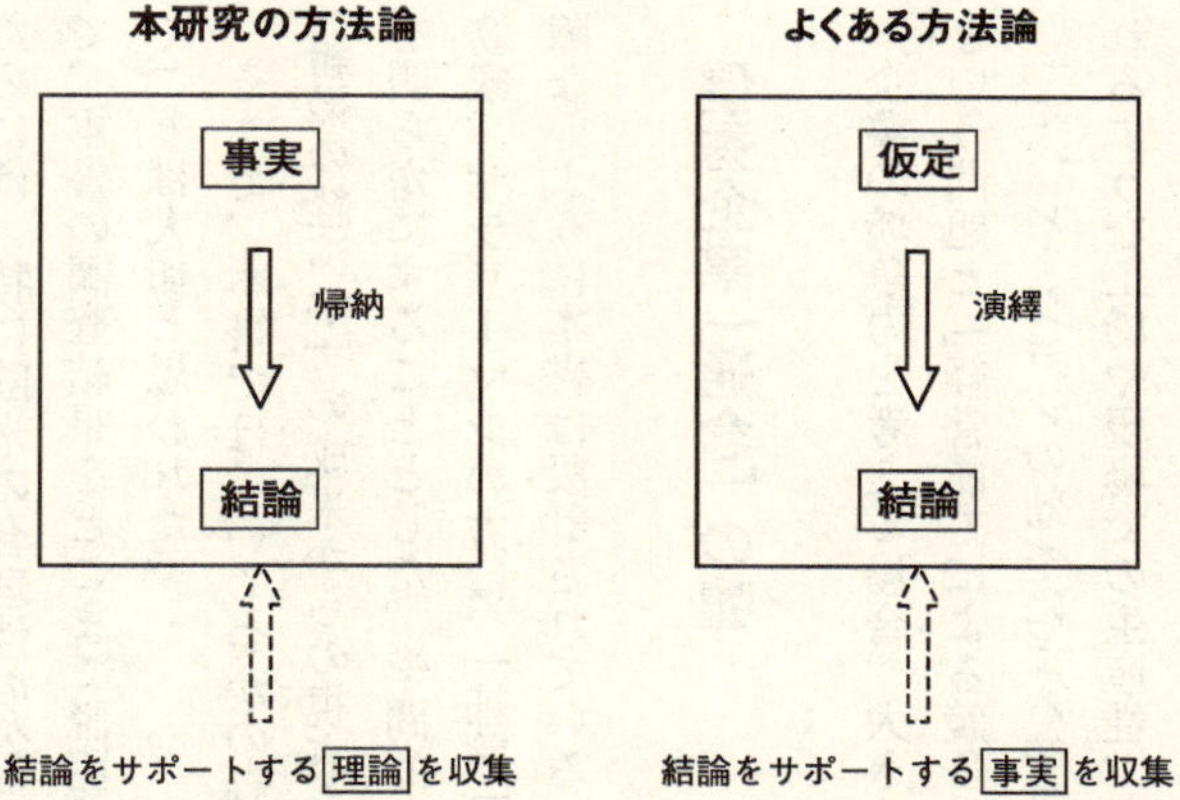

このように、研究者が「新しい理論です」と、今まで言われていなかったようなカタカナの専門用語や仮説を毎年、毎年導き出すことに血脈をあげることが、企業経営の実務における議論をどんどん本質から乖離させ、実務における企業の改革の議論を混乱させている重大な要因となっていると筆者は考える。そう考えるがゆえ、あえて理論的仮説を一切設定せずに、この研究を完結させた。

しかし、一旦、優秀企業の共通要因が抽出された以上、その一般的法則と既存の経済学や経営学の理論との整合性あるいは矛盾点を整理しておくことは一定の意味があろう。特に、本書については、欧米、アジアの研究者からも、執筆中に関心が寄せられてきており、彼ら、彼女らに調査結果を説明していくためには、特に欧米の合理性の公準に基づく経済学、経営学の議論を応用することで、本書の調査結果をどこまで説明できるのか、あるいはできないのかを検討しておくことは大切と思われた。

そこで、本書では、いくつかの論点について、特に国際的に近年発達しつつある「組織の経済学」の成果からの視点を中心にして、章末に「補論」を挿入し、この点を明らかにすることとした。学問的な興味のある方は、参考にしていただきたい。実務家、サラリーマンの方は、「補論」を飛ばして本文のみを読んでいただいて全く支障ないように本書は設計されている。

優秀企業「通念」の嘘

企業の競争力を考える場合、大きく分けて、「オペレーションの効率による競争力」という問題と「経営能力による競争力」という問題の二つがある。

「オペレーションの効率による競争力」とは、トヨタの「カンバン方式」に象徴されるような工場や現場での生産性、あるいは、ブルーカラーの生産性の問題であり、それに対して「経営能力による競争力」とは、経営トップの戦略策定能力、それを実施する実行力、そして本社機能や間接部門に焦点を当てたもので、経営者層及びホワイトカラーの生産性の問題である。

オペレーション効率についていうと、確かにこれもかつて言われていたほど日本企業も強いわけではなく、特にIT産業や家電産業などで立ち遅れている部分も見出された。しかし、この点は、セル生産方式の導入など急速に変革が進みつつあり、かつ、オペレーション効率の問題は、現場単位の変革であるがゆえ、経営者が決断さえすれば、比較的短期間に改革でき、最終的な変革のネックになる可能性は小さいと判断した。

これに対し、経営能力、ホワイトカラーの生産性の問題は成果の良くない企業にとってより深刻な問題であり、企業の構造改革を進める上で立ちふさがる大きな壁となる蓋然性が高いと判断した。したがって、この研究では、経営能力による競争力の問題に相対的にはウェイトを置くことにした。

以下、優秀企業に共通に見られる特徴で、そうでない企業とを分かつ条件を具体的に抽出するが、その前に、マクロ的にみて、一般に「通念」として信じられている説が、この調査の結果、必ずしも正しくないと判断された論点、二点を挙げておきたい。

第一の通念は、「優秀企業は、バイオ、ITなどの先端業界にある」との説である。国においても、支援策の対象をバイオ、IT、ナノテクノロジー、環境分野などの先端産業分野に絞り込むことが多い。これは、フロンティアの開拓としては正しいとしても、競争力の問題を考えるとき、常に正しいであろうか。

答えは否である。全体の成長性が低い産業にあっても、その状況を直視していれば、優良なビジネスモデルを成立させ得ていた。優秀企業は冴えない産業に属している場合も多かった。企業のパフォーマンスが悪い場合、問題は必ずしも事業環境の悪さにないことも多い。そういう意味では、「競争力」を議論するとき、世に「産業競争力」と言われることが多いが、これに反して、競争力とは、「企業競争力」であるという事実である。

具体的にみてみよう。マブチモーター、シマノ、信越化学のケースを考えてみる。マブチモーターは、平均単価がわずか七二円という低価格で、技術的にも成熟しているDCブラシ付き民生用小型マグネットモーターという非常に古典的なモーターの専業企業である。

にもかかわらず、長きにわたって総資本経常利益率二桁、売上高経常利益率二〇パーセントから三〇パーセントという高い業績を記録してきている（ちなみに製造個数は、約十四億個で、売上高は連結ベースで約一〇〇〇億円）。国際的にも、世界シェアの五五パーセントを占める世界トップシェア企業である。収益性だけでなく、財務的安全度も高く、自己資本比率は、九二パーセントと驚異的である。

同社の起源は、一九四七年（昭和二二年）に、四国の高松で発明家の馬渕健一氏が自分で組み立ててつくり上げて動かす模型用の動力として馬蹄形マグネットモーターを開発したことに始まる。

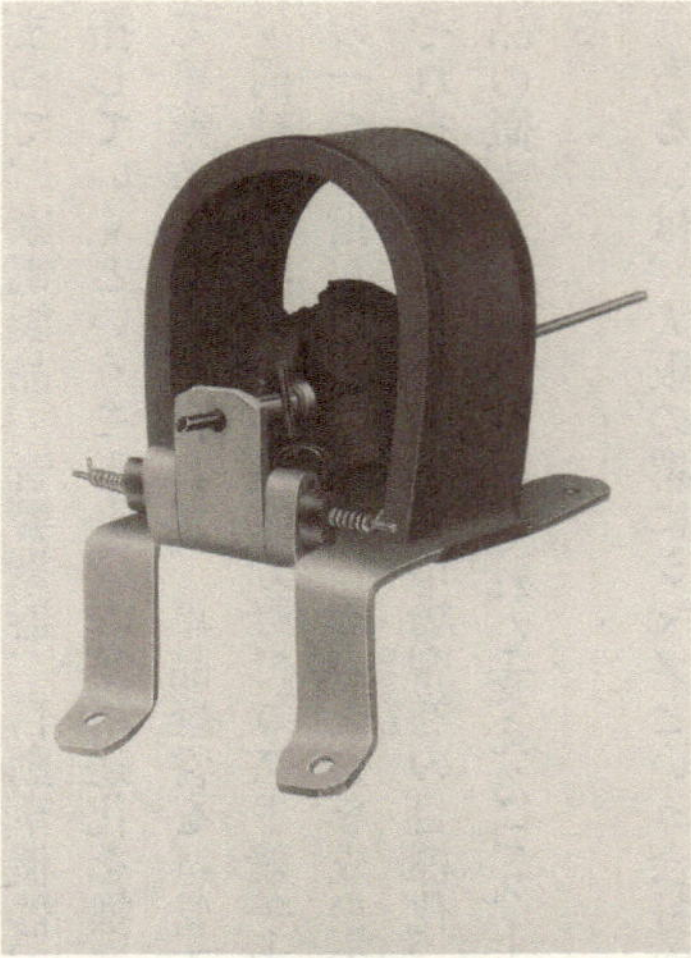

マブチの開発した蹄鉄形
マグネットモーター

高松で玩具用のモーターの生産を始めたが、生産が間に合わないので、東京でつくった方がよいだろうというので、一九五四年（昭和二九年）に東京科学工業株式会社、現在のマブチモーターのスタートが切られた。子どもの頃、戦艦大和のプラモデルにマブチのモーターを組み込んで風呂に浮かべた思い出を持つ人も多いだろう。

以来、玩具向けモーターから始

まって、家電製品、音響機器、自動車機器、情報通信分野等、小型モーター市場を開拓していくというモーターの多用途化を推進し、高いシェアを確立してきたが、決して事業の多角化は行わず、単品経営を経営方針として推進してきた。

同社は、特に成熟産業分野でコスト競争力に苦しむ日本の製造業にとって、方向性の一つを指し示している。その優秀な成果の背景には、経営資源の一点への集中と、それを支えるための世界市場席巻《せっけん》の目標化、及び顧客の要求に無条件で対応しない製品の徹底した標準化とそれを支えるコスト切り下げへのすさまじいまでの努力がある。

あるいは、大阪の堺にシマノという会社がある。自転車部品を中心としたメーカーである。

堺は、包丁と鉄砲の町から国内屈指の自転車産業の町に発展した。一五〇〇年代にポルトガル人が日本にたばこを持ち込んだが、そのときに、たばこの葉を切るたばこ包丁が必要になった。これが堺の包丁の起源である。さらに、種子島に鉄砲が伝えられ、これに目を付けた堺商人が包丁の鍛冶屋に火縄銃をつくらせたのが堺の鉄砲の起源である。明治に入り、これらの包丁や鉄砲の鍛冶屋が自転車の部品あるいは完成品の製造業に業種転換していって、自転車産業が発達した。このような風土の中で、堺

▲シマノの島野容三社長

▲シマノ製の釣り具のリール

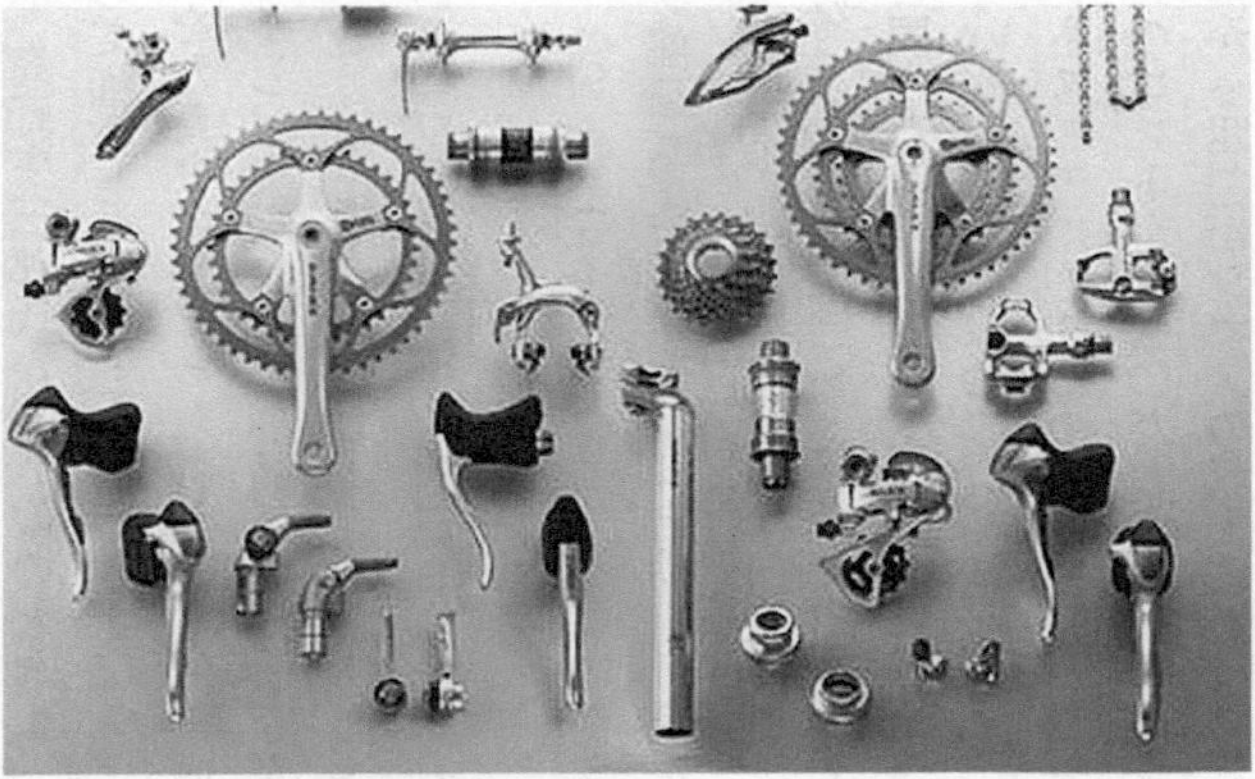

▲シマノの生産する自転車部品群

の鉄工所の職人として働いていた創業者、島野庄三郎氏が二八歳のとき（一九二一年、大正一〇年）に一旗上げようと独立して創業したのがシマノである。

同社のつくる製品は、「昔、鍛冶屋が鉄をたたいてつくったのと基本的に同じローテクの商品」（島野容三社長）である。しかし、実際には、部品メーカーながら、完成品メーカーを上回るブランド力を確立、変速機とギアやブレーキなど駆動・制御部品の分野で世界ナンバーワンの競争力を誇る。財務的安定度も自己資本比率八六パーセント（二〇〇五年度）と高い。

手がけている製品分野は、自転車部品、釣り具（リールやロッド）、アクションスポーツ用品（スノーボードのビンディング部品）、冷間鍛造品（自動車トランスミッション用スプラインシャフト）で、事業別売上は自転車部品七四パーセント、釣り具二四パーセント、その他二パーセントとなっている。国際的に競争力を確立しており、自転車部品の仕向先販売比率をみると国内が四パーセントに対し、欧州が四九パーセント、北米が一二パーセントとなっている（いずれも二〇〇五年度）。

シマノの自転車部品について、そのビジネスモデルとしての強さを分かりやすく示すと、自転車完成品メーカーの自転車製造のコストが一〇〇だとすると全部シマノ製の自転車部品を使った場合、そのうち三割から四割がシマノの収入になってしまうほ

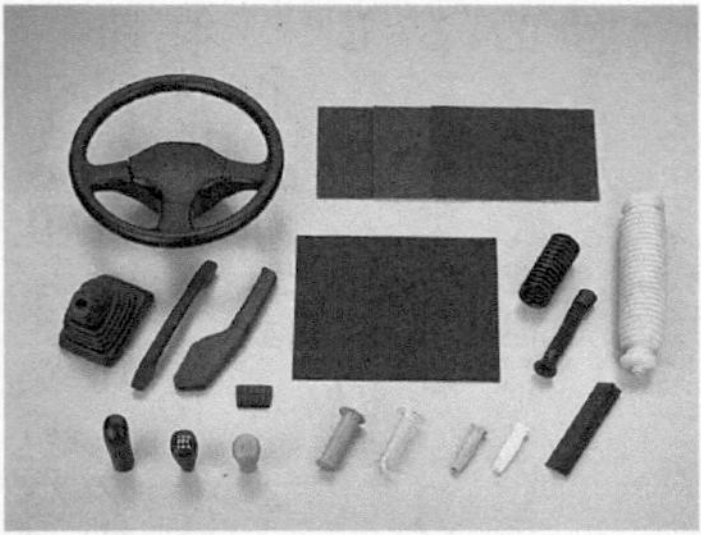

▶信越化学の塩化ビニル樹脂製の自動車内装品

◀信越化学のシリコンウエハー

どである。産業自体が古めかしく見えようが、産業全体の成長性がいかなる状況であろうが、考え抜けば、優秀なビジネスモデルは成立しうるのである。

また、日本の製造業の不振の代表格であり、日本が弱い産業分野と言われることも多い化学産業においても、異色の国際競争力を有する高収益企業として、信越化学がある。日本が弱いと言われる産業における、国際競争力のある企業の存在は、競争力とは「企業競争力」であって「産業競争力」ではないこと。また、いかなる不利な環境を背負った産業においても、やり方によって強い企業を生み出す潜在可能性があることを再確認させる。

信越化学は、上下水道管や自動車の内装品などに幅広く使われる塩化ビニル樹脂、半導体デバイスの基盤となるシリコンウエハー、ハードディスク用の強力磁石、医薬品用のセルロース誘導体、半導体や液晶の製造に使われる合成石英フォトマスクでは世界シェアがトップの地位にあり、化粧品の添加剤やパソコンのキーボードなどに用いるシリコーン樹脂は世界シェア三位、国内シェアトップなど強い国際競争力を有する。

世界の化学企業の時価総額を比較してみると、信越化学は第七位となっており、国際的にも高い位置にあることがわかる。かつ総資本経常利益率一一パーセントで、日本の化学業界の中でずば抜けた高収益を上げている。

第二の通念は、「貿易によって国際競争にさらされている企業は強く、内需に依存している企業は弱い、したがって、後者の企業が日本の競争力の足を引っ張っている」との説である。この通説も当たらない。貿易財でなくても、国内市場が十分競争的な環境にあれば、内需を中心にしても優秀なビジネスモデルが成立しうることが確認された。

優秀企業の所属する産業は、必ずしも貿易財で国際競争に直接さらされている産業に限らなかった。国内の需要を中心としたビジネスモデルを前提とした企業も多い。例えば、セブン－イレブン・ジャパンやヤマト運輸は、基本的に国内市場でサービスを提供している企業でありながら、高い収益率（総資本経常利益率、それぞれ一九パーセント、九パーセント）を上げていた。また、高収益企業に位置づけられる花王（総資本経常利益率一六パーセント）も、海外売上による利益は全体の一〇パーセント台にとどまっていた。花王自身は、この点を自社の弱みと考えている。にもかかわらず、同社が優秀な成果を上げている事実自体が内需の重要性を示しているといえる。

自動車や最近のゲームソフトはどうなのだと思われるかもしれない。しかしこれらトヨタ、ホンダ、任天堂といった今をときめく大輸出企業も、日本の消費者の高い要求水準をクリアすべく当初は国内で足固めをした上で、海外に打って出たという歴史を見逃してはならない。

内需と優秀企業の誕生の関係は、日本の場合、一体どのように考えればよいのだろうか。

日本国内の需要の実態をよく見れば、着るものにせよ、食べるものにせよ、機能的には全て充足されており、世界の先進国の中でも、日本ほど充足されている国はないとまで言える。今、日本の国内の需要が増加しない最大の原因もここにある。売れる商品とは、安い商品ではなく、新しい商品、今までにない商品である。日本ほど新しい商品が求められる国もないほどである。

したがって、内需を中心とした、内需を求める企業の方がむしろ大変で、内需をクリアするしっかりした事業をじっくり作り上げることができれば、海外での勝負は十分可能であり、むしろ国内より楽と言えるかもしれない。セブン‐イレブン・ジャパンの鈴木敏文会長は、セブン‐イレブンの海外展開について、日本のシステムを持っていれば、世界のどこへ行ってもそれ以下で足りるのだという。

それでは、本題に移ろう。優秀企業に共通的に観察できる特徴で、そうでない企業とを分かつ条件を順を追って紹介しよう。優秀企業には、大きく分けて六つの共通点が見出された。特筆すべきは、これから述べる優秀企業とそうでない企業を分ける一般的法則は、所属する業界の差に関わりなく見出されたものであることである。

筆者がこの本で六つの共通点を紹介する狙いは、優秀企業を研究して引き出された「寓話」それ自体が、米国式であれ日本式であれ、「カタカナ」の難しい経営理論よりはるかに示唆に富むと考えるからである。

ちなみに、六つの共通点の中には、いわゆる「米国式」の「形」の導入は含まれない。こうしたものを導入した企業は、優秀企業、優秀でない企業の双方に観察され、逆に、優秀企業で導入していない企業も多く観察されたため、いわゆる「形」の導入自体が、優秀企業になるのに重要な条件とは全く判断されなかったからである。

（注）本書で、「米国式」とカギカッコを付けた理由について、一言述べておきたい。ここで「米国式」と呼んでいるものは、「我が国で一般にそう言われているもの」を指すからである。実際の米国企業、なかでも、米国の優秀企業の「像」は、それとは異なり、実際は、もう少し、本書で取り上げられる日本の優秀企業の像に近いものではないか、と筆者は推測している。

第一の条件

分からないことは分けること

分からない事業をやらない勇気

優秀企業に共通する第一の条件は、取り組む事業の範囲についての考え方で、「分からないことは分けること」というものである。その意味は、経営者が自分で分かっていない事業を自分の責任範囲の事業として手がけてはいけない。そういうときは、他に分けなければならないというものである。取り組む事業の範囲については、社長の現場感覚が必要である。

優秀企業の経営者は、自企業が取り組むべき事業の範囲を明確に認識している。特に、その会社が取り組むべきでない事業が明確であり、経営者が分からない事業は決して手がけない。

優秀企業とそうでない企業とが区別された要点は、その会社がやらないこと、やめなければならないこと、やるべきでないことを問われた場合に、それらが明確になっているかどうかであった。独自性の発揮とは言っても、他社と違う事業をやるということより、むしろ他社がやるからやるということをしない、すなわち「やらない勇気」をもつことの方が大切である。

経営者が分からないのであれば、分割する、捨てる、やめる、ということが重要である。社長が分かったふりをして経営しているケースが、最も成果が悪い。合併などのように統合するのではなく、分けることである。それも、株式市場との関係でも経営責任が分離されるよう、できれば資本関係も分離することが望ましい。例えば、企業分割、あるいは不得手なものを売却して得意なものを取ってくるという他企業との事業交換や、事業売却。他企業がその事業に価値を見出さない場合には、単にその事業から完全撤退することによってだけでも、売上げが下がったとしても利益率を上げることができる。

製造業における合併のメリットとして言及されることの多い生産の規模の経済性（スケールメリット）は、会社に働くのではなく、工場なり設備なりに働くものであり、単に会社を合併しただけで働くものではない。将来のための研究開発費の捻出が合併の理由に挙げられることも多いが、これとて、法人形態として合併することが不可欠か疑問である場合も多い。他方、合併は、会社の統治費用（ガバナンスコスト）の明らかなる上昇を招くという点でデメリットを不可避的に伴うものである。この点は、十分念頭に置かれなければならない。

世に企業にとって「選択と集中」が重要と言われることが多くなった。これは、得意分野を選択して、そこに集中してくれ、という意味である。しかし、得意分野に集中していれば、競争力があるのは当たり前であり、分かったようで、なぜ集中するのかあいまいである。「得意だから」とトートロジーのような返事になってしまう場合も多い。

なぜ経営者の理解の範囲に絞るのか

なぜ、取り組む事業の範囲をトップが十分理解している事業の範囲に絞り込み、十分わかっていない事業領域を自ら手がけてはいけないのか。優秀企業を調べた結果として、最も大きな要因として挙げたいのは、経営トップが現場の実態を体感できることが重要だからである。

いくら優れた人であったとしても、人間である以上、一人の社長が事業について本当に把握でき、遂行できる範囲には、自ずから限界がある。そして、その把握が不十分な場合、社長が事業の現場感覚を持つことができず、トップとしての鋭角的な意思決定ができなくなる。だから、社長が現場の実態を体感できていることは、企業経営には想像以上に極めて重要である。間接情報の管理数値のみでは判断できない。現場に自ら頻繁に足を運び、最前線の「普段着」の現場の生情報を肌で感じ取り、意思決定を行うことが不可欠である。

成功のためには、現場・現物・現実の三「現」の重視。優秀な成果を収めている企業の社長は、例外なく自身がこの三「現」を体感している。逆に、うまくいっていない企業の中には、経営者に自企業の事業についての知見が薄く、各分野の役員や担当者任せで、難しい局面で判断を回避したり、迅速な決断が必要なときに先送りや部下への合議に逃げ、重大な失敗を犯さなくとも企業をじり貧にしてしまうケースが多く見られた。

無論、経営者が鋭角的に判断をするということは、大きく間違えることも十分あり得るのであるが、長期でみると、このような企業が長期発展的な優秀企業となり得ていることを確認できる。

「二兎を追う者は一兎をも得ず」という言葉があるが、いくつもの動きを同時に起こしたり、いくつもの目標を同時に追求することは、経営資源を分散させ、焦点をぼけさせるのである。

うまくいっている企業と、うまくいっていない企業の取り組んでいる事業の範囲は、どう異なっているのか。

結論から言うと、うまくいっている企業では、企業が意味のある考え、あるいはコンセプトのまとまった塊になっていて、優秀な企業の経営者は、自企業について、そのコンセプトを明快に説明できる。そして、それが、自企業で採り上げる事業と採り上げない事業の境界としてきちんと作用している。

特に、自企業が取り組むべきでない事業を判断するうえで、そのコンセプトが実際に有効に機能している。ただ会社案内書の冒頭を飾るためだけにつくられた美辞麗句とは本質的に異なる。優秀企業の経営者に、その会社がやっていない事業について「これには手を伸ばさないのですか」と質問すると、それが彼らのコンセプトから外れていれば、「それは、うちの仕事ではない」と根拠を挙げて断言するケースが多く見られた。

逆に、うまくいっていない企業の場合、現在手を出している事業を一つ一つ脈絡なく読み上げ、読み上げ終わると、「これが我が社のコンセプトです」といった説明になってしまう場合が少なからずあった。

また、ベンチャー企業などで、当初のビジネスモデルは極めて魅力的で優秀な成果を上げていたけれども、その成功によって得たキャッシュ（資金）で当初のコンセプトから逸脱して多角化、巨大化したために、財務データが一気に悪い成果を示し始めて失敗するという企業が多く見られた。

大会社の新規事業についてみていても、その会社にとっては「新規」でも、世の中にとっては「新規でない」ものが大半である。当然その分野には、既存企業がたくさんいるわけで新規事業ではなく「新規参入」したに過ぎないケースが大半である。だから、自企業のコンセプトから乖離した「新規事業」、正確には「新規参入」を行ってもうまく行くはずがない。

最初は、子会社でもあるし、「新規事業」を立ち上げなければならないとして、市場価格より高くとも親会社やグループ会社から発注を出す。暫く経てば財務的にもノウハウ的にも体力がつく。そうなれば、広くグループ会社外から仕事が取れるようになるだろうと「期待」してである。

しかし、大半のケースはグループ会社外から仕事を取る実力はつかない。そこで、子会社で働く「元上司」が営業として親会社に来訪し続けることになる。親会社も、この経済環境下では、「しがらみ」で発注を出し続けるのが苦しくなる。結局、子会社は赤字が続いて売却先を探すことになる。これが大会社の新規事業進出で最も多いケースである。結局のところ、会社という箱さえつくって、親会社の名前を社名に入れれば何とかなるだろうなどというのは、マーケット、すなわち、顧客を甘く見過ぎということである。

取り組む事業をトップが十分理解している範囲に絞り込むべき理由として第二に挙げたいのは、シナジー効果である。

企業が意味のあるコンセプトのまとまった塊になっている場合、ある意味での狭さとその外側はやらないという境界性があることにより、企業内部での技術や製品の連関性や絡み合いが生まれ、意識せずとも社内での自然発生的なコミュニケーションを容易にし、シナジー（相乗）効果を生むことが確認された。

さらに、第三に挙げたいのは、取り組む事業の範囲が絞り込まれており、企業組織のヒエラルキーが重層でなく、フラットな（平らな）構造にとどまっている場合、経営者と従業員の間の「顔と顔のコミュニケーション」が容易になり、それが商品開発や事業の円滑な遂行に貢献することが確認されたことである。

ＩＴ時代になっても、特に最初にいろいろなアイディアを出し合っていく段階（いわゆる「暗黙知」の形成段階）では、「場」の共有による情報の厚み、ニュアンスが重要なので、「フェイス・トゥ・フェイスのコミュニケーションが欠かせないのである。

「中間的組織形態」でも事業範囲は広げられない

ところで、取り組む事業の範囲について多角化されていて、トップの経営者が現場感覚を持てない場合に、企業体として完全な形で事業を分離してしまうのではなく、中間的組織形態を採ることが、最近の流行《はや》りになっている。

「事業部制」の延長として、事業部を「カンパニー」と呼称し、事業部長を「カンパニー社長」と呼称する組織形態（「カンパニー制」）を採る、あるいは、持株会社をつくって、各事業部をその持株会社の一〇〇パーセントの子会社にして、事業会社として独立させる組織形態（「持株会社制」）などである。これらも、米国企業でこの形態を採る企業が本当に多いか否かは別にして、いわゆる「米国式」の「形」の導入の一環なのであろう。論理的には、確かにひとつの選択肢ではあり得る。

しかし、実際にこれらの組織形態を採用している日本企業をみてみると、中途半端になってしまっている企業が少なからず散見される。すなわち、各事業部門の事業に関する個々の意思決定の結果について、カンパニー社長が責任を負っているのか、本体の社長が責任を負っているのかが非常に不分明になってしまっている場合である。

カンパニー社長が「ヒラメ状態」(上に目がついているところから)になっていて、少し事業の状況が悪くなると、責任回避のため本体の社長のところへ行って「こうしようと思うのですが……」とリスクヘッジする。本体の社長は、無論、現場の状況がよく分からないのだけれども、古来の日本的リーダーのあるべき姿にのっとって、「まあ、いいよ、君」ということで、あれこれ聞かず、何となくオーソライズした形にする。カンパニー社長は、晴れてお墨付きを得て、下に本体の社長の意向として指示を降ろす。

そうすると、その意思決定について、本体とカンパニーのいったいどちらの社長が責任を負っているかが分からなくなり、誰も責任を負っていない、あるいは、逆にみんなが責任があるから責任追及はやめよう、ということになりかねない。カンパニー社長は本体の社長にお伺いをたてているだけであるから、カンパニー社長が入っただけ、間接要員が増えただけになってしまっている。これであれば、完全に分離してしまった方が良いというメッセージが出てくるわけである。

少なくとも、会社全体を頭の中で一社と考えられる人材をカンパニー社長とすべく育てた上でなければ、カンパニー制の成功は難しいと断言できる。

そもそも、世界的に見ても、二十世紀初めの巨大企業は、狭い範囲に事業を絞っていた。U・Sスチールは鉄だけを生産し、フォードは一車種、一色の自動車のみを製造していたのである。この構造を大きく変化させたのは、第一次大戦直後の「事業部制」の登場であった。GM社、デュポン社、シアーズ・ローバック社といった企業がこの制度の開拓者である。

この事業部制によって、一企業内で行われる相互に無関係な活動の範囲が大幅に拡大し、その頂点に達した一九六〇年代には、様々な事業を広範に営む多角化された企業体である「コングロマリット」が出現した。

「事業部制」登場の目的は、多角化企業において、決定権限を与えられた人間が現場の活動から遊離しており、必要な情報を適時に入手して意思決定を行えないという現場感覚の欠如の限界を補うことにあった。そして担当部門の事業に関する決定を下す権限を事業部長に与え、業績について上位の経営者に報告を行い、上位の経営者が事業部長の評価を行い、各部門の活動をコーディネートし、企業全体の戦略を立案することを考えたのである。

しかし、一般的傾向としては、本家本元の米国においてでさえ、一九八〇年代には、再び企業内に取り込む事業を制限しようとする、事業の絞り直しが生じ、多角化は大幅に減少した。

やはり、コングロマリット形態の組織運営の困難さが認識され、多くの会社が関連性の薄い事業ラインを別組織として「スピンオフ」させ、あるいは、事業に関連の深い他企業に売却したのである。今や、米国には、コングロマリット形態を採る企業は少なくなり、かつ成功している企業となると、極めてまれなケースとなってしまった。

その理由は、企業規模が大きくなると、各事業部を大きくするか、事業部数を増やすかの必要が生じ、後者の場合、トップの経営者の処理能力の限界から、中間管理層の増加などが必要となり、企業全体としてのコーディネーションの機能不全、意思決定の遅れ、伝達情報の劣化などが生じる。また前者の場合、今度は事業部長一人での管理が困難となってしまうことにあった〔Milgrom, Paul, and John Roberts, *Economics, Organization & Management* (Prentice Hall Inc., 1992)〕。

このようなコングロマリット形態の困難性を多大な努力を払うことで克服してきた、極めてまれなカンパニー制の成功例がゼネラル・エレクトリック社（GE社）である。

カンパニー制の成功は容易でない

我が国の経営者がちょうど自信喪失に陥った時期に、米国で隆盛を極めていたのがジャック・ウェルチ氏がCEOを務めるGE社であった。このため、そのカンパニー制の「形」のみが一時期、盛んに輸入されたのであるが、その「本質」は、決して簡単に輸入し、まねができるような安易なものではない。米国企業としても、今ではまれな組織形態である。

GE社がなぜこの難しい組織形態に成功できたかというと、「クロトンビル経営開発研究所」と呼ばれる企業内教育機関を持ち、徹底した幹部教育をしていて、世界中を見回し、部門を見回し、巨大なGE社を頭の中で一社と考えられる経営スタッフを多く育てているからである。

クロトンビルは、リーダーシップを育てる教育にフォーカスしている。日本企業でも企業内教育機関を持つ企業は多いが、スキルのトレーニングが多い。GE社で言えば、「シックスシグマ」(品質改善活動)などに対応するものである。リーダーシップのトレーニングはGE社と比べれば、未だ十分とは言えない。

GE社では、トップ一〇パーセントの社員に英才教育を施すため、重要な節目でクロトンビルのコースに参加させていく。新しくマネジャーになったときのコース、課長あるいは小さなところの部長のためのコース、部長のためのコース、そして、副社長と上級の部長のためのコースといったようにである。全世界から一クラス三十人から四十人を集め、階級に応じたリーダーシップを徹底的に植えつけていく。

これらの英才教育による人材育成の結果として、初めて多角化したコングロマリット形態を採っても、GE全社の視点での全体最適で議論ができるのである。それもなく普通の会社でカンパニー制を採ると、結局各カンパニーの社長が全社の観点に立って自律的に判断をする能力が備わっていないため、大社長にお伺いに来るだけになってしまうことになる。

カンパニー制という制度は、二つの帰着点のいずれかに陥りやすい。

第一は、形式上カンパニー社長という名前はついているけれども、実際には形だけであって、本体の社長が事業をコントロールすることになってしまうケース。第二は、それぞれのカンパニーがばらばらになってしまって、それぞれ何が何だか分からなくなり、企業全体としての強みが発揮できなくなってしまうケースである。

ピラミッド型の組織でヒエラルキーで統御するときは、指揮命令で統御できるわけだから、社長が「お前、これをやれ」と言っておけばいい。これに対して、権限を委譲して、事業部門をカンパニーに分割したときには、それぞれのカンパニーのヘッド（カンパニー社長）が全社的な視点で自主的に判断できる能力を持っていないと、お互いの力が統御された形で企業全体の力に結実できなくなってしまう。

GE社の場合は、指揮命令に代わるものとして、全社員で「価値を共有する」ことで全体を統合した力に結集させるための大変な努力をしてきた。GE社がどういう目的で何をやっているかを社員全員が分かっていないと、GE社は動かない。価値の共有化（企業文化の共有化と呼んでもよい）によって、GE社の中にいる人間はすべて同じになる。

この点について、GEコンシューマー・ファイナンス・アジア社長（当時GEプラスチック社長）の藤森義明氏は、「権限を与えるだけでは会社は動かない。動かすためには、会社の価値観、バリューを徹底的に植えつけて、そのバリューに入らない人は、どんな優秀な人でも辞めていただくわけです。」とウェルチ氏のマネジメントについて語っていた。

いくら成績を残していて、パフォーマンスは良くとも、バリューを守っていない人、すなわち、チームプレーヤーでない人たちは、「切れ」というのが、前CEOのウェルチ氏、現CEOのイメルト氏の指示である。パフォーマンスが高くない人たちは、自然に辞めていってしまうが、パフォーマンスが高くてバリューを守らない人たちは、結構残ってしまう。こういう人たちは、癌であり、切らないとGE社全体が悪くなる。こういう人たちを切れるか否かはそれ自体が管理者のリーダーシップのある無しにかかわるもので、置いておくことに罪悪感を感じる気持ちにならないといけないとまで言われるという。

ちなみに、「バリュー」は、前CEOのウェルチ氏が「こういう人間でないとだめだ」と考えた結論を、十年、十五年かけながら、徐々に具体化してきたものである。ウェルチ氏の改革は、「ニュートロン・ジャック」と呼ばれるように一瞬のうちに工場から人を消して廃墟にしたとか、アメリカの現代家庭を象徴していた小型家電部門を売却してしまったなど、技術的、ハード的な側面だけが注目されることがある。

しかし、二十年間の長きをかけて本当に彼が努力してきたことは、GE社の価値観（企業文化）をどのように社内に共有化するかや、会社全体を見られる人材をどうやって育てるかといった文化的、政治的領域の改革であった。彼は、このような変革を三年や五年で一気にやれるとは思っていなかったと考えられる。GE社の改革は、試行錯誤しながら、こうしたソフトウェアのところに大変な努力を払った結果としてやっと成功し得た改革であって、簡単にまねのできるしろものではない。

新しく珍しいもの、経験したことがないものに絞り込む

それでは、優秀企業のケースとして任天堂を例にとって、企業のコンセプトと、絞り込まれた取り組む事業の範囲と、それにきちんと対応した企業戦略の関係を考えてみよう。

家庭用ビデオゲーム産業は、内外で日本企業が競争力を持つ産業として注目を浴びてきた産業である。今やビデオゲームは、日本が世界に輸出できている数少ない文化の一つと言えるかもしれない。この分野を育ててきたのが、他ならぬ任天堂である。

任天堂は、一八八九年に花札の製造を主要業務として設立され、その後、トランプなどを取り扱ってきたが、一九八三年にファミリーコンピュータを発売し、さらに、九〇年のスーパーファミコンの発売を通じてビデオゲーム産業の世界で、圧倒的な競争力を獲得した。

任天堂の経営者である、前社長の山内溥氏、現社長の岩田聡氏は、自らの事業について、「任天堂は、存在しなくても生きていける、究極には不要な娯楽というものを

任天堂の前社長山内溥氏

生み出す会社」という厳しい現実認識、現場感覚を持っている。そして、この点が任天堂の戦略に特徴を持たせ、任天堂の戦略を明確なものとしている。

すなわち、任天堂の事業は娯楽のためのものであって、生活必需品の事業ではない。人間がただ生きていくために、ゲームは必要のないものであるとの現実への強い認識から、任天堂の事業戦略はスタートする。人間はビデオゲームで遊ばなくても、病気にもならないし、死にもしないんだという。

ゲームが生きていくのに必要不可欠でないものであるがゆえに、ゲームには生活必需品にない絶対的な特徴が一つ生まれる。生活必需品の代表、食べ物であれば、人間は毎日必ずおなかが減るので、きのうよりおいしい食べ物でなくても、みんな必要としてくれる。

しかし、娯楽は全く違う。猛烈な速度で人はありとあらゆる娯楽に飽きていく。仮に一度すばらしいビデオゲームソフトができて、多くの人が感動し、称賛して、褒めたたえてくれたとしても、次にはそれが当たり前になる。それよりも新しく魅力的な何かがなければ、顧客には価値を認めてもらえない。

◀任天堂の花札
© Nintendo

▶任天堂が 83 年に発売したファミリーコンピュータ

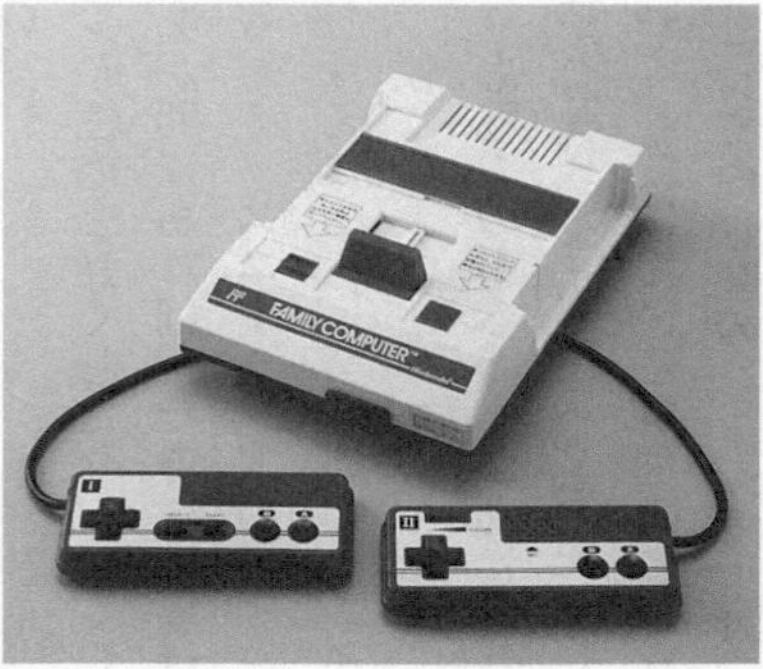

◀任天堂が 90 年に発売したスーパーファミコン

そこで、娯楽は前と同じでは価値がない。新しく珍しいもの、経験したことがないものにこそ価値があるという任天堂の戦略が生まれる。生活必需品であれば、同業他社に対し、より性能が良い商品をより安くつくり、さらに、販売力や宣伝力で競争するというやり方があり得たかもしれない。なぜなら、人は必需品は必ず買ってくれるので、同業他社に勝つことができれば、市場は勝者のものになるからである。しかし、娯楽は異なる。人は何らかの娯楽を必要とするかもしれないが、ビデオゲームである必然性は全くない。

他社製品よりも、少し性能を良くしたり、安くしたとしても、もしビデオゲームより面白い魅力的な娯楽が別にあれば、そこに市場は取られてしまう。映画もテレビ番組も、小説も、音楽も、ディズニーランドのようなテーマパークも、携帯電話のiモードで人とメール遊びすることも、ガールフレンドとデートすることもライバルであるという認識である。仮に任天堂がソニーやセガ、マイクロソフトに勝つことができたとしても、それよりも魅力のある娯楽が別にあれば、市場での勝者にはなれない。

岩田聡社長は、「任天堂は、きのうよりおいしい食べ物でなければ食べないと言っている王様に料理をつくり続けている料理人のような仕事をしている」と言う。だから、任天堂にとっての企業のコンセプトは、「今までになかった新しい娯楽、つまり新しい楽しさと面白さをユーザーに提供すること」であり、ここに取り組む事業の範囲を絞り込んでおり、その外は手がけない。しかも、そのコンセプトについて事業特性を経営トップ自身がよく体感しているといえる。

世界市場前提だから「単品」に絞る

自社が取り組む事業の範囲を絞り込んだ究極の形がマブチモーターである。マブチモーターの生産する商品は、明確にモーターのみ。それも、非常に狭い種類についてであり、民生用で、DC、有鉄心かつブラシ付きの二〇〇ワット以下の小型マグネットモーターに絞り込んでいる。これを大前提として、あらゆる戦略が組み立てられた。

多角化という経営手法がもてはやされた時期や、財テクに走る企業が相次いだ時期も、マブチモーターはこの前提一筋に取り組んできた。

一九五四年に従業員十数名の町工場からスタートした時点で、会社が目指すところは世界一ということを最初から明確にしていた。当時はどの会社も日本一を目指そうというのが一般的であった時代にである。世界一を目指すか、日本一を目指すかでは経営のかじ取りは全く変わってしまうということを意識していた。日本一ということで日本のマーケットだけを考えた場合は、製品の間口を自ら絞り込んでしまうとボリュームが稼げない。したがって、ブラシレスモーターもやろう、あるいはコアレスモーター（鉄心のないモーター）もやろう、ACのモーターもやろうというふうにならざるを得ない。そうなると当然経営資源は分散される。

しかし、結局はいずれ世界で競争する時代が来ると考えた。国体選手とオリンピックの選手と競争してどちらが強いのだと言えば、当然、オリンピック選手の方が強い。最後には世界で最も強いものが生き残る。そのためには、量より質。売上げのボリュームよりも基本的には企業の体質を強固なものにしていく。それには絞り込みが必要である。この絞り込みを行えば、その分野においてはどこにも負けない究極の競争力がつくのだと考えた。

すなわち、日本国内の市場の大きさは限られているので、日本市場を目指せば、「単品」ではそれほど大きなビジネスにはならないかもしれない。しかし、米国を含めた世界市場を相手にできれば話は別である。

世界市場で勝負するなら、「単品」に絞った〝専門店〟で十分ビジネスになる。逆に、あれもこれもと手を出していては、世界に通用する競争力を身につけることは難しいという考え方である。すなわち、自社が世界一になれる部分はどこか、同様に重要な点として、世界一になれない部分はどこか、を早々創業当初から厳しく認識していたと言える。

マブチモーターの経営方針には、新しいマーケットに入っていくときには、入ればきちっとシェアをとれるという裏付けを持って臨むべきであるとの考えが貫徹している。そうでなければ、新しいモーターをつくってもカタログのページを増やすだけ、経費がかかるだけであり、これは競争力を落とすことにつながるとの認識がある。

馬渕隆一会長は、間口を広げないと言っているのではない。製品の間口を広げることで、競争力を失っては何もならない。新しく間口を広げ、新しいものを出していくときに、そのマーケットで確実にシェアがとれ、競争力を落とさないという裏付けを持って臨まないと、アブハチ取らずで、結局は売上至上主義になってしまうと考えている。間口を広げるべきでないというのではなくて、自らの経営資源を考えたときに、それがプラスかマイナスかを慎重に考えて行うべきと考えているのである。

かつて世界屈指の電気ひげそりメーカー、ドイツのブラウン社から好条件で鉄心のないモーターの開発を持ちかけられたときも、豪胆にもあっさりと断った。

ブラウン社はシェーバー業界で最も強力なブランドを確立しており、その「世界最

マブチモーターの馬渕隆一会長

電気ひげそりの中のモーター
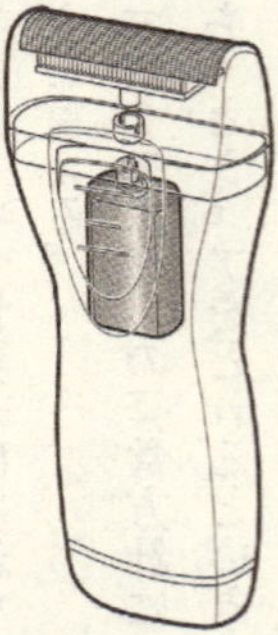

高の性能」の要素の一つが、ドイツ国内メーカー製のコアレスモーター（鉄心のないモーター）であった。電池を小さくする方がコンパクトでスリムにできるため、電池の容量を小さくしたい。そのため効率のいいモーターが要求されることから、コアレスモーターを使っていた。しかし価格は非常に高く、単価が一四〇〇円前後であった。コストダウンの必要性に直面したブラウン社は、マブチモーターにコアレスモーターの生産を求めてきたのである。

しかし、マブチモーターはコアレスモーターの生産を断った。代わりに有鉄心モーターで、ブラウンが使用しているモーターに近い性能のものを極力安くつくることをブラウン社に提案した。

それで値段が断然の差になった。ブラウン社が使っていたコアレスモーターは一四〇〇円前後だったのが、マブチモーターの有鉄心モーターに代えると、一七〇円とか一八〇円になり、約十分の一の値段で提供できることとなった。マブチモーターの営業の人間は、これをみて、馬渕社長（当時）に一〇〇〇円ぐらいの値を付けてもよいのではないかと言ったそうであるが、世の中に対する貢献に見合わない利益を得るのはうちの経営理念に反するとして馬渕社長は受けつけなかった。

今やブラウン社のモーター調達先はマブチモーター一本やりである。

「なすべきこと」と同様に、あるいは、それ以上に、「してはならないこと」に対する考えを明確に有している企業と考えることができる。

自転車の「インテル」が生まれるまで

パソコン界のガリバーCPUメーカーになぞらえて、「自転車のインテル」と呼ばれることもあるシマノの場合も、取り組む事業に明確なコンセプト、考え方がある。

その主力商品は自転車部品である。自転車市場は、スポーツやレジャーとして楽しむ種類の自転車と、通勤や通学の足として利用される一般用の自転車に分かれるが、シマノはこのうち、一台数万円から数十万円もする前者のスポーツ・レジャー用自転車部品の市場に重点を置いている。

◀シマノの二代目社長の島野尚三氏

▶シマノのロゴが付いた自転車の変速レバー

この取り組む事業の絞り込みの意思決定は、一九五〇年代後半になされた。当時、軽オートバイのモペッドのブームが起き、多くの自転車部品メーカー、完成車メーカーがこのモペッドを自転車にとってかわる商品と考え、業種転換をしていった。シマノも大変迷った時期もあったが、二代目の社長、島野尚三氏は、「欧米では、自転車が大人のスポーツやレジャーの道具として、あるいは、子供の遊び道具として、社会的なステータスの高い商品になっている。日本でも必ずやそういう時代がやってくる」と考え、自転車部品専業メーカーで行くことを決断した。

今では、自転車部品以外も手がけているが、シマノが取り組む事業の概念には依然として明確なコンセプト、考え方があり、それが取り上げる事業と取り上げない事業の基準となっている。それは、「最終消費財で、かつ、アウトドアで使われるもので、ある程度量が出て、しかし、それなりの極限的な性能が要求されて高度な金属加工を技術として要求され、他企業がまねがしにくい分野」というものである。

まず技術的には、シマノの製品の中には、シマノが強みとする金属加工技術がしっかりと入っている。特に優れているのは、鍛造技術である。

従来の鍛造技術は、九〇〇度から一二〇〇度程度に材料の温度を上げてから成型していたので、成型の後、温度が下がると材料が収縮するなど、精度が悪かった。そこで、シマノは、材料を温めずに常温で成型する「冷間鍛造技術」を一九六〇年代に確立させ、これにより一番精度が要求される部分では、プラスマイナス二〇ミクロン程度の精度が出るようにした。

この技術は、シマノの製品の中で、自転車の変速機やブレーキなどの精密金属製品の加工に力を発揮している。島野容三社長は、「技術的な共有基盤がないところへは、我々は基本的に出ていかないというのが、大変臆病なのかも分かりませんけれども、基本的な考え方、スタンスです。」という。

商品分野をアウトドアで使われる最終消費財に限定しているのは、この分野の開発力とマーケティング力に自信があるからで、消費者が感じるタッチとか、いい感じとか、楽しいといった辺りをエンジニアリングする力を活かして、感性とテクノロジーの融合を掲げている。したがって、開発、営業に携わっている従業員は、自転車マニアや釣りマニアばかりという。

当然、製品開発も顧客指向性が強い。米国輸出を開始して五年経った頃、品質不良品を出してしまい、米国メーカーから自主的に回収して回れと言われ、二人一組で十組ほどの日本人チームで全米八〇〇店程のディーラー、小売店を回らせたことがある。

ところが、回ってみると、入ってくる顧客の声からの情報がすばらしいということになり、それ以来「ディーラーキャラバン」を継続しており、生きたマーケット情報が開発部門にフィードバックされている。キャラバン以外にも、レースに技術者をメカニックとして積極的に参加させ、ユーザーの声を聞く機会としている。

シマノが先鞭をつけたマウンテンバイク（ＭＴＢ）用のコンポーネントの開発も、これらの延長線上での成功である。前記のようなディーラーとの接触により、一九七〇年代の後半、米国カリフォルニアで一部の愛好家が普通の自転車を使って山や川など悪路を走るスポーツを楽しんでいるとの情報が入った。しかし、特殊な用途のために、あえて専用部品を開発しようとする企業はなかった。

シマノは自社の技術者をカリフォルニアに派遣し、世界中の泥、砂を集めて泥水試験器にかけ、富士山の泥の中でもアリゾナの砂漠でも走れるようなＭＴＢ用部品の商品化にこぎつけたのである。

もう一つ重要な点は、自転車部品について、世界中の完成車メーカーを顧客にしたいというのがシマノの基本方針であり、完成車メーカーの競合相手には絶対になりたくないので、自転車そのものはつくらないことを方針としている。同社は自転車の駆動・制御部品で世界のデファクトスタンダードとなっている。

二兎を追う者は一兎をも得ず

ヤマト運輸の商業貨物事業から宅配便事業への業態転換時における当時の小倉昌男社長の鋭角的な意思決定にも、取り組む事業の範囲についての厳しい信念を見て取ることができる。

宅急便のシステムについて説明する小倉昌男社長（1980 年当時）

宅急便の営業開始（一九七六年、昭和五一年）からわずか三年後の七九年新春、小倉社長は、大口貨物からの完全撤退を指示した。そして、同年上半期には、ヤマト運輸の路線部門を支えた大口荷主からの完全撤退を実際に完了させたのである。

松下電器産業との商業貨物の取引もヤマト運輸側から解消した。戦後、長距離輸送に出遅れたヤマト運輸にとって、商品を運ばせていただいていた松下電器は一番大きな大切な取引先である。しかも、宅急便事業とは異なり、指定の場所に行きさえすれば、まとまった荷があり、かつ、届け先も一定しているわけであるから、極めて安定的な収入のある、ある意味容易な仕事であった。

しかし、家電製品の大量商業貨物輸送は、

宅急便とは極端にかけ離れた仕事。業態が全く違っている。両方やっているとどちらも中途半端でアブハチ取らずになる恐れがあると当時の小倉社長は判断した。

そこで、商業貨物の荷主との取引を一切切ろうと決心した。松下電器についても、「長年のご厚誼に感謝した上で、取引の解消をお願い」した。毎日のように新規の取引を希望する運送業者が来訪する中で、取引を辞退する業者が現れたので、松下電器側はびっくりしたという。

結果として、一九七九（昭和五四）年度は、商業貨物の輸送と宅急便の両方の業務を担当している路線トラック部門の経常利益は五億円弱のかつてないほどの赤字を計上した。会社全体の経常利益も、前年に比べ八六パーセントと大きく落ち込んだ。無論、社内でも、小倉社長の方針を危惧する声があがる。

しかし、商業貨物の荷主がなくなったことは、社内にいよいよ後がないという気持ちを植えつけた。背水の陣が社内の宅急便に賭ける意識を強めたのである。その結果、一九八〇（昭和五五）年度の宅急便の取扱個数は、三三四〇万個、対前年比一五〇パーセントを記録。そして、売上高が六九九億円、経常利益が三九億円、経常利益率は五・六パーセントを計上した。

ついに、損益分岐点を超したのである。当時の小倉社長の取り組む事業の範囲の絞り込みについての厳しい信念がなければ、ありえない成功であった。まさに、「二兎を追う者は一兎をも得ず」。いくつもの動きを同時に起こしたり、いくつもの目標を同時に追求することは、経営資源を分散させ、焦点をぼけさせるのであり、この点についての厳しいまでの認識を、マブチモーターのケースと同様、ヤマト運輸の小倉氏に見てとることができる。

企業として一塊で行く

既に記したように、取り組む事業の範囲が絞り込まれている場合、ある意味での狭さと、その外側はやらないという境界性があることにより、内部での技術や製品の連関性や絡み合いが生まれ、それが社内での自然発生的なコミュニケーションを容易にし、シナジー効果を生むことが確認される。これも、企業全体が「一塊である」ことのメリットである。

花王を例として見てみよう。花王の場合も、何を行おうとする企業であるのかが、一つの考え、コンセプトの塊になっている。それは、清潔な国民は栄えるということをモットーに、「清潔・美・健康という点で消費者の役に立つ、そして、そこと共通する技術ベースで産業資材の役に立つ仕事をする」会社というものである。

もちろん、頭髪用品から衣料用洗剤、紙おむつまで扱っているが、後藤卓也社長（社長在任一九九七年から二〇〇四年まで）の言によれば、「非常に幅の狭い仕事をしている会社」であり、一人の社長が見渡すことのできる範囲にとどまっている。企業規模もそれほど大き過ぎない。会社組織は、製品の種類ごとの事業部制を採っており、シャンプー・リンスの事業部、衣料用洗剤の事業部、紙おむつの事業部と分かれてはいるが、商品の区分上分かれているだけであって、経営陣とのコミュニケーション、あるいは研究所とのコミュニケーション上は、ほとんど一体として運営されている。

事業部制を採っている企業で苦しんでいる企業には、事業部ごとに、バラバラに事業が動いている印象をいだかせる企業も多いが、花王には、こうした事業部制が陥りやすい弊害が全く見られない。花王の、集まって互いに綿密にやっている、一塊でやっているとの印象との差は大きい。花王は押しも押されもせぬ大企業と言えど、その企業としての運営を見ると、企業として「一塊である」中小企業の良さを残していると言える。

社長と現場の連絡も良い。タスクフォースのような制度化されたシステムに則って

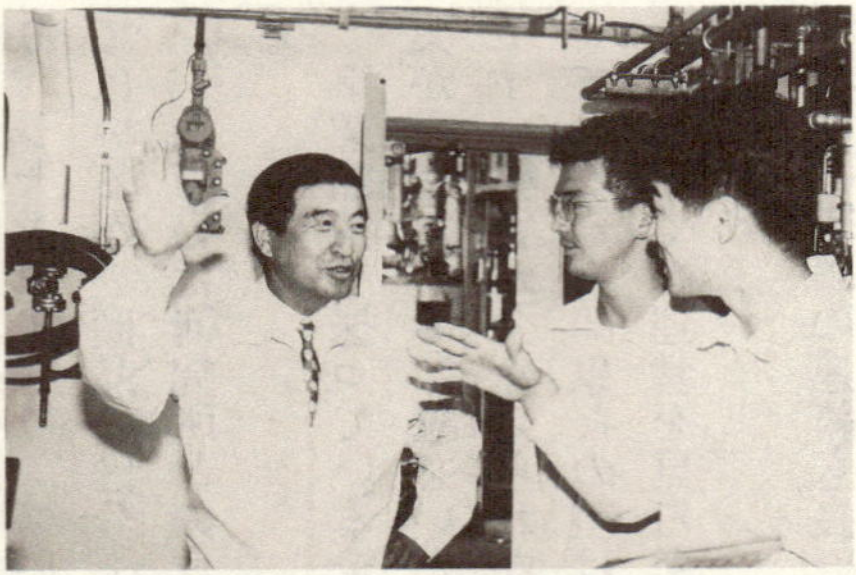

花王の化学品研究所（和歌山県）で議論する
後藤卓也社長（1998年夏）

だけではなく、後藤社長自身が工場や研究所の現場に頻繁に顔を出し、こんなことはできないか、こんなアイディアは生かせないか、とわいわい議論を繰り広げる。

公式・非公式を問わず、研究所では、幹部ではなく、実際に研究をしている研究者にプレゼンテーションをさせ、社長自ら研究者と打ち合わせを行う。事業全体を把握している社長を始めとする経営陣は、ひとつの研究者のアイディアに対して、良い研究であれば、「それは、化粧品部門のA君に話しておいてくれ」といった血の通ったサジェスチョンをすることができる。おい、あいつの話聞いてやったか、こいつの話聞いてやったかという話を何カ所もでするわけである。そういうことでコミュニケーションが広がっていく。

例えば、中長期的な技術開発の方向性の意思決定は、「R&D会議」と呼称される会議があって、そこで議論して決定される。毎月一回、テーマによって現場の和歌山、栃木、東京・墨田のいずれかの事業場で開催され、社長以下、常務以上の経営幹部及び担当事業部長以外も含めた全事業部長が参加する。「R&D会議」においては、幹部ではなく実際に研究開発を担当しているスタッフが現在開発している技術についてプレゼンテーションし、議論する。若手の担当研究員がプレゼンテーションを担当することも多い。化学品、化粧品、生理用品など十二のテーマがあり、一年で一巡する。会議は早朝に始まり、通常は午前中で終わるが、案件によって午後までかかることもある。花王全体で動いている研究テーマが数百あるとして、R&D会議のその回のテーマに該当するものが数十、そのうち、技術開発の方向性を確認しなければならない案件いくつかが選ばれ、当日会議で議論される。

このように現場で開発の方向づけができてしまうのが、大組織にはない花王の良さになっている。

現場のシナジー効果が製品に結実

研究所同士の連携についても、清潔・美・健康という非常に狭い範囲に研究の焦点が合っているので、こんなものができないか、あんなものができないかというように自発的に相互に連携しながら素材開発が進んでいく。物理的には、研究所は和歌山、栃木といった何カ所かの場所に分かれており、素材開発研究所、生物科学研究所というように一応名前はつけているが、相互交流は頻繁である。

また、研究所だけが独立しているところはない。同一事業分野については、研究所と工場といったように川上と川下を地理的に近接した場所に同居するよう可能な限り工夫して、コミュニケーションの円滑化を図っている。例えば、化粧品の場合には、東京の墨田事業場に、①界面化学や乳化技術など化粧品の素材を研究する研究所、②化粧品を実際に製造する工場、加えて東京の地の利を生かして③化粧品の商品開発や販売戦略などマーケティングを担当する部門、が同じ敷地内に同居している。

ホワイトカラーについても、オフィススペースは、意思疎通をよくするため、大部屋システムを昔から取り入れている。

このような努力から生まれる現場のシナジー効果は、実際に製品となって結実している。

床掃除用具の「クイックルワイパー」は、もともとは紙おむつや生理用品用に開発した技術がベースになっている。紙おむつと生理用品の品質は、表面材の不織布の品質にかかっている。肌に直接触れてもかゆくもないし痛くもないが、水分をきちんと吸収して、女性の経血を見えにくくするとともに、一回吸収したら戻ってべたべたし

1890年発売の「花王石鹸（桐箱3個入り）」と月のマークの金型

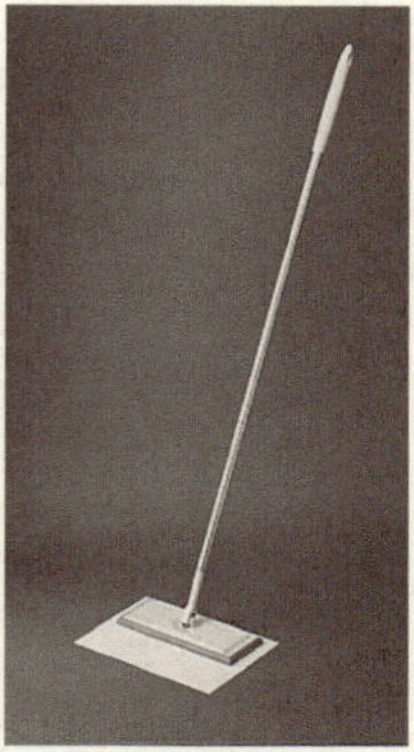

花王の床掃除用具「クイックルワイパー」

ない品質の不織布の開発が続けられてきている。その研究が研究部門間のコミュニケーションが密であったために、掃除用具に転用されたのが「クイックルワイパー」である。また、「トイレクイックル」は発売当初、便座を拭いてトイレに入れたら、トイレットペーパーと同じように流すことができる水に流れる唯一の製品だった。画期的な製品であったが、これも、紙おむつや生理用品の研究からの応用である。

花王は家庭用品業界において、事業内容を変化させつつも強い競争力を維持してきている。

花王は、一八八七年（明治二〇年）に洋小間物商の長瀬商店が創業し、米国製の化粧石鹸を中心に国産石鹸や輸入文房具の販売を行ったのが始まりであり、百年有余の歴史を有する。一九五一年（昭和二六年）に粉末洗剤の「ワンダフル」を発売して、日本の家庭用合成洗剤の先駆けを築き上げたのが飛躍のベースになった。

花王というと、ともすると販売面に焦点が当てられがちであるが、時代に合ったものを打ち出す商品開発力の強さこそが特筆すべきである。例えば、七〇年の「メリットシャンプー」、八〇年の洗顔フォーム「ビオレ」、八三年の発泡入浴剤「バブ」、八七年のコンパクト洗剤「アタック」、そして近年では、九四年に住居用の掃除用具である「クイックルワイパー」、九六年に「ビオレ毛穴すっきりパック」。そして、九九年の「エコナクッキングオイル」とつながっている。

花王の取り扱っている商品分野は、消費者にどれだけ良いコンセプトを言っても、どれだけ飾り立てても、使ってみて駄目であったら消費者にそっぽを向かれる厳しい分野である。例えば、今ある商品が収益率が悪いということで、収益率を良くするために品質を落としたら完全にそっぽを向かれてしまう。日本の消費者は非常に厳しい。だから、中途半端なものを出したらつぶれてしまい、二度と立ち上がれないと考えている。

花王はコマーシャルが多いこともあって、派手な会社だろうととられる向きが多いかもしれないが、実は、地味で、堅実な会社である。

それでは、どのようにして地味で堅実な取り組みを行うのか。

花王では、生理用品の「ロリエ」等に使う水を吸っても戻さない吸水ポリマーを開発した。あるいは、新しい基材で石けんに代わる洗顔用のクレンザーとして「ビオレ」を開発した。入浴剤の対抗メーカーからも喜ばれるような市場の拡大をなし遂げたと言われる入浴剤「バブ」を開発した。さらには、世界のデファクトスタンダード（事実上の標準）になった濃縮したコンパクト洗剤の「アタック」といった開発を次々に行ってきた。

花王の入浴剤「バブ」

その方法はというと、シャンプーにしても、毛髪の研究、頭皮の研究に逆のぼってそこから始める。入浴剤の「バブ」であれば、血行に着目することから始める。昔からの入浴剤は色と香りで入浴を楽しむという入浴剤だったのに対して、花王は血行を促進して、本当に暖まることが科学的にも実証できるという商品を出すことによって、入浴剤の市場を三倍から五倍にも膨れ上がらせた。

化粧品の「ソフィーナ」であれば、化けて装う化粧品ではなくて、本当に肌の質を改善していくため、肌そのものの研究から始める。「ソフィーナ」というブランドは、もちろんトータルの化粧品の売上げという点ではまだまだ大手化粧品メーカーに及ばないが、ブランド単位では、ナンバーワンのマーケットシェアを誇る。これは、肌に対して何がいいかという研究からスタートしているため、特に基礎化粧品という点で一回使った顧客からの評価が実績につながっている。

外に出せること、中でやらねばならぬこと

花王がこのようなイノベーティブな商品開発が可能な理由の一つは、商品を開発する時に、外から基材を購入してきて、それらを組み合わせて、あるいは配合させて商品をつくるということではなく、基材自体についての研究開発から始めることに求められる。

濃縮洗剤の「アタック」の開発に成功したのは、アルカリ性セルラーゼという酵素についての研究開発に花王が成功できたからである。アルカリ性で活性を発揮するアルカリ性セルラーゼを洗剤に混ぜることで、泥汚れを落とす効果があることを花王は発見し、特許を取得した。さらに「アタック」発売までに、アルカリ性セルラーゼ生

花王の洗顔フォーム
「ビオレ」

花王の濃縮洗剤「アタック」

産菌を独自に発見するなど、徹底した研究開発を行った。ちなみに、花王はアルカリ性セルラーゼを自社で生産している。

　このように、ある基材から商品を開発するまでに徹底的に改良や技術開発を行うことが、社外から基材を購入して単に加工して製品化する会社と花王との違いである。

　洗顔フォームの「ビオレ」が開発できたのも、モノアルキルフォスフェートという非常に特殊な基材を石鹸に代わる弱アルカリ性の洗浄基材として花王が研究開発できたことが強みになっている。同社は、この基材についても、技術開発で製造コストを下げ、花王社内で生産している。基材となる化学品とトイレタリーがシナジー効果をもつところで、画期的な新商品を生んでいるのである。

　このシナジー効果を出す目的で、花王は清潔・美・

健康に貢献する商品と共通の技術ベースとなる分野について化学素材を手がける。日用雑貨の会社が、このように化学素材を手がけることは珍しく、花王は、この基材とトイレタリーのシナジー効果を非常に大切にしてきた会社であり、P&G、ユニリーバなどの同業種企業と比較したときの花王の特徴となっている。

目を海外に向けると、確かにこの業種には巨大な国際競争力を有する企業が多いが、しかし、花王の商品開発力はこれらに優っている。事実、ほとんどの企業はこれといった新商品を、この十年から二十年、開発できていない。むしろ花王が開発した商品と類似の商品を、花王が海外で販路を持っていないため、あるいは、知的所有権保護の限界から他社に販売されてしまっていることも少なくない。

競争相手が企業規模を拡大しているとしても、それは商品開発力によるものでなく、地域拡大と企業買収によるものである場合も多い。世界で広がるような新しい商品をそれほど出せてはいないのである。

ちなみに、花王では、研究開発に売上げの四パーセント強を使っており、全世界約二万人の従業員のうち、一八〇〇人が研究員という。研究員の大半は日本におり、日本の花王本体が六〇〇〇人弱であるから、本体社員中の約三割が研究員ということになる。非常に研究開発指向の強い会社である。

花王では、技術系は、昔は、入社時は全員研究所に入れていた。したがって、化学品のセールス部門の八割方は研究所出身である。これが相手の技術屋に売り込むのであるから、ベースが研究というのはある意味で強みになっていた。マーケティング部門も研究所出身が多い。今でも三割から四割は研究所出身である。だからマーケティング部門も技術をベースにして、研究所のバックグラウンドや、現在の研究の方向感覚もある程度わきまえながらマーケティング戦略の立案ができる。

ちなみに、消費者の声の商品開発への活用については、花王は、消費者相談センターに来る情報、日々マーケッターが市場で何が求められているかと探る情報、そして研究所のシーズが、密接に連携されている。

無論、消費者相談センターは、消費者から商品についてのクレームが入ってくる場である。しかし花王は、クレームを商品開発に活かす情報として使い切っている。消費者からのクレーム、問い合わせ、相談を商品開発に生かしていくシステムの歴史は既に五〇年にのぼる。

消費者相談センターに電話がかかってくると、類似の過去の事例が瞬時に検索され、オペレーターはそれに基づいて消費者に返答を行う。過去に類似事例のない新しい事例であった場合には、たちどころにその情報がインプットされて、関係部署に即座に共有されるシステムになっている。これらの情報が、マーケットリサーチの一環として活用され尽くしているのである。

デザインを決めうるほどの社長の現場感覚

取り組む事業の範囲を経営者が理解できる範囲に絞り込まなければならない最大の理由として、トップが現場と取り扱う商品の特性とその需要の実態などを体感できている、つまり現場感覚があることの重要性を述べた。そこで、いくつかの優秀企業を例にとって、経営者の現場感覚について、具体的に論じてみよう。

社長の現場感覚という点で、ホンダの歴代の社長は、特筆に値する。

ホンダでは、自動車のデザインはすべて、歴代、社長の決定事項となっている。それは、ホンダのテイストのようなものを社長が決めるということである。社長は、機種のコンセプトから全部話を聞いて、その上で、「前と後ろが全然テイストがとれていないじゃないか」「もう一回ここを調べてくれ」といった感じで指摘を行う。米国で開発した自動車についても、同じようにやる。

吉野浩行氏の社長時代について調べたところ、氏の厳しい目を一発ＯＫでくぐり抜けたデザイン案は一つもなかった。これはホンダの歴代社長の伝統であり、吉野氏に限らない。昔は二輪のデザインも社長が決めていたが、四輪の機種が多くなってきたため、今は二輪のデザインは責任者を決めて、その責任でやれということにしているという。吉野氏は、「これはきついのだけれども、しかし決めなくてはいけない。デザインは誰でも意見が言える分野。誰かが責任を持って決めないとぐちゃぐちゃになってしまう。だから社長が決める」と言う。

ホンダの「フィット」

「フィット」をはじめとする最近のホンダ車の好調ぶりを見ると、氏がマーケットの志向を掴むだけの鑑識眼と現場感覚を持ちあわせていると言える。このように言うと、「社長がデザインを決めれば成功するのですね」と誤解される人がいるかもしれない。そういうことを言っているのではない。社長がデザインを決めていることが重要なのではなく、社長がデザインを決めても商品が成功するほどに社長がマーケットの感覚、現場感覚を持っているという事実が主張したいポイントであり、そういう感覚を持った社長が経営を行うことが優秀企業になるために重要であるということである。

あまりに企業規模が大きく、また製品ラインナップが関連無く多過ぎる巨大総合電機メーカーのような企業では、自社商品の一つひとつについて現場を見極められるだけの力量をトップに求めるのは事実上不可能であろう。

現場とは商売の生の場である。だから、一次情報が大切。社内のスタッフ部門にまとめさせた二次情報でなく、大変でも経営者自ら現場に出かけて情報ソースを直に現場に持つことが大事である。現場に行く時間がないという経営者がいるが、それなら、取引先の接待とかゴルフをやめればよい。実際に確認してみれば、この類の活動は会社の経費がかかる割に効果がない。当然であるが、供給する商品やサービスの質が良ければ、接待がないからといって、誰も取引を切ろうとは思わないからである。

現場感覚を保つための努力

信越化学も、社長が現場感覚を持っている企業である。

同社では、卓越した経営者である金川千尋社長が一元的に経営判断を行う体制が確立していることが強みになっているが、これを可能にしているのは、信越化学の事業コンセプトと企業規模が、連結対象子会社を含めても金川氏が事業の内容を本当にすべて把握し得る範囲に収まっているところにある。

金川氏の現場感覚を保つための努力には目を見張る。氏は、社長のミッションを果たすため、業務から離れないよう不断の努力を払っている。毎朝、七時過ぎに出社すると、世界各地から届いたファクシミリにすべて目を通し、その場で電話で指示をする。書類決裁は、疑問が残るものがあれば直接担当者レベルまで電話をかけて確認する。電子メールは使わない。「メールだとディスカッションができない」からである。

信越化学の金川千尋社長

子会社についても収益を月次決算ごとに厳しく管理しており、毎月二〇社ぐらいの決算書に目を通す。それ以外の子会社も、減益とか赤字になると直ちに具体的報告を求める。子会社の社長を評価する場合、売上げとか利益とか決算の数字をチェックし、それもその内容を評価する。

子会社の社長については、企業を経営する力は年齢に関係ない、入社して一〇年も経てばそれ以上やっても同じとし、実力本位で若くしてできる人は責任者にする。本社で年齢がいき、肩書きがある人を選んで子会社の社長にするような考え方はとらない。

加えて、信越化学の主要子会社は他社の場合と違い階層的関係ではなく、人材も一括して本社の人事部が管理する形となっていて、子会社が本社の事業部と一体化している。また、金川社長と著しく判断が異なる人間は子会社の社長につけない。これらが金川社長がグループ全体を管理する体制の裏付けとなっており、連結対象子会社の業績の良好さと、グループとしての強みにつながっている。

親会社である信越化学全体の従業員でも二六〇〇人弱で、本社はそのうちの一部であるから、客観的に見て小さな本社と言えるが、それでもまだ本社の管理部門の従業員が多いと金川氏は考える。

役員、部長、課長の人数も減らし、本社を最小限の規模にする。余計な会議は開かない。より本社規模を小さくし、有能な人材を配置して組織を簡素化することが一番という。グループ会社のある会社の経営がおかしくなった場合、的確に意見を言う人を五、六名集めて徹底的な議論をすれば、原因を突き止めることができて、そこで決定すれば話はすんでしまう。形式ばかり積み上げて物事を進めても時間がかかるだけ、というのが金川社長の主張である。

金川氏の社長像は、かなり厳しい役割を負った社長像であり、優良企業の中でも社長によるトップダウンのリーダーシップ型の経営に属すると言える。

我が国の総合化学企業には、伝統的に合併による企業競争力強化を目指す、いわゆる「集約化」という路線が見られる。しかし、信越化学から学べる重要な点は、小さな設備をそのまま残して合併して、単にトータルの企業規模が大きくなっても、競争力強化にはつながらない可能性である。ポイントは、一つひとつの工場なり設備なりが競争力があるかないかであり、合併に伴って、老朽で小さい設備を全部スクラップして、競争力のある最新鋭の設備を代わりにつくるなら生産の規模の利益の享受もありうるかもしれないが、そのような設備を新たにつくって償却できるかどうか、厳しい経済状況下では難しい判断となろう。本当に合併することがいいのかどうか、個々のケースについて、きちんとした議論が必要である。

現場感覚と「日に新た」

任天堂の前社長の山内溥氏も現場感覚のある経営者であり、環境変化を認識する感性の鋭さを持ち、それゆえ変化への対応力に優れていた。

氏は常々「朝令暮改はしてもいい。終始一貫することにこだわる余りに柔軟さを失うことは、計り知れないマイナスがある。過去の成功体験にあぐらをかけば、一瞬で天から地に落ちる」と言っていた。

環境変化が加速している今日、終始一貫することより時代に合っている判断に柔軟に切り替えていくことの方が大切になってきた。しかし、経営者は、終始一貫しないと批判されるため、ついつい時代が変化しているのに、過去の自分の発言、決断に縛られることが多い。優秀な経営者の中にマスコミに出ることを嫌う人が多いのも、一旦経営者が発言してしまうと引っ込みがつかなくなって、それに縛られてしまうことを恐れるからである場合が多い。

山内氏の場合は、前言を頻繁に覆しても揺るがない求心力があったため、柔軟性の発揮が可能であった。この点は、創業者の家系で、オーナー型トップでリーダーシップが強かったことと無縁ではないかもしれない。

ただし、強調しておかなければならないことは、山内氏は、同時に、任天堂の企業コンセプト、理念である「今までになかった新しい娯楽、つまり新しい楽しさと面白さをユーザーに提供すること」というところは不動不変の理念として愚直に守り抜いてきた。それ以外のことは例外なく決して手がけようとはしないという点では、頭が固いと思われるまでの信念が山内氏にはある。

逆に、成果の良くない企業には、世に言われる時代の変化に右往左往して、何でもかんでも事業を中途半端に手がけ、何をやっているか、その企業の核を見失ってしまっている場合も多い。山内氏の行ってきた経営は、任天堂という企業の存在する意義、基本理念を徹底して守る一方、それを実際の現場に適用していく、その時々の具体的な方策については、極めて柔軟に、まさに朝令暮改的に時代の変化に合わせていったものと判断できる。

松下電子工業における松下幸之助氏（1959年当時）

これに関連した議論として、松下幸之助氏は、かつて次のように述べている。「正しい経営理念というものは、基本的にはいつの時代にも通じるものである。……しかし、その経営理念を現実の経営の上にあらわすその時々の方針なり、方策というものは、これは決して一定不変のものではない。というよりも、その時代時代によって変わっていくのでなければならない。いいかえれば、〃日に新た〟でなくてはならない。

……昨日は是とされたことが、今日そのままで通用するかどうかは分からない。情勢の変化によって、それはもう好ましくないということが往々にしてある。……よく、長い歴史と伝統を持った〝しにせ〟といわれるところが、経営のゆきづまりに陥ることがある。そういうところは、正しい経営理念を持たないかというと決してそうではない。むしろ、どこにも負けないような創業以来の立派な経営理念が明確に存在しているのである。しかし、せっかくそうしたものを持ちながら、それを実際に適用していく方針なりやり方に、今日の時代にそぐわないものがあるわけである。かつて成功した昔ながらのやり方を十年一日のごとく守っているというような場合も少なくない。……だから正しい経営理念を持つと同時に、それに基づく具体的な方針、方策がその時々にふさわしい日に新たなものでなくてはならない。この〝日に新た〟ということがあってこそ、正しい経営理念もほんとうに永遠の生命をもって生きてくるのである。」（松下幸之助著『実践経営哲学』一九七八年、ＰＨＰ研究所）。七〇年代に書かれたものとは思えないほど、全くの至言である。

IT時代でも、「場」の共有による情報の厚み

本章の冒頭でも触れた通り、取り組む事業の範囲が絞り込まれており企業が一つのコンセプトの塊になっていること及びこのため企業組織のヒエラルキーが重層でなくフラットな構造にとどまっていることは、経営者と従業員の間の「顔と顔のコミュニケーション」を容易にし、それが商品開発や事業の円滑な遂行に多大な貢献をすることも確認された。

IT時代になって、フェイス・トゥ・フェイスのコミュニケーションの重要性など薄れたのではないか、と思われる方がいるかもしれない。しかし、この研究での調査結果は異なっていた。

特に、従業員が、自分自身でも自分のアイディアについて顕在化させ切れておらず、未だにあいまいな認識しかもっていない段階（いわゆる「暗黙知」の形成段階）では、経営者が「おい何やっているんだ」というように従業員に語りかけて直接コミュニケーションを採ることの重要性が確認された。IT時代になっても、暗黙知を形成する段階では、「場」の共有による情報の厚み、ニュアンスが大切なので、フェイ

ス・トゥ・フェイスのコミュニケーションが欠かせないのである。

無論、知識が一旦形式化されてしまえば(「形式知」の段階)、それを短い間に多くの人に共有するという点でＩＴの威力は大きく、これにより企業経営の合理化が進んだことは併せて認識しておかなければならない。

セブン-イレブン・ジャパンは、「顔と顔のコミュニケーション」を重視している企業の例である。同社の経営陣は、現場感覚を保つため、情報を共有化することに多大なコストをかけ続けてきており、それが強みとなっている。同社には、鈴木敏文氏が創業以来続けてきた、毎週行われる二つの全国規模の会議がある。

セブン-イレブン・ジャパンの組織には、各店舗に助言を行うスーパーバイザー(同社では、「オペレーションフィールドカウンセラー(ＯＦＣ)」と呼称される)を十名程度管轄する「ディストリクト」(釧路とか帯広といった広さの地域)ごとに「ディストリクトマネジャー」がおり、さらにこれを統括する「ゾーンマネジャー」(北海道といった広さの地域ごと)がいる。

毎週月曜日には、全国のこれらのディストリクトマネジャーとゾーンマネジャーを全員集めて、鈴木会長以下本部のマネジャーも参加の上、朝九時半から十一時頃まで「マネジャー会議」と呼ばれる会議を開催する。この場では、各地域でどういう問題が起きているかの報告を求め、本部からはそれぞれの問題に対する対処方針を示す。

翌日の毎週火曜日は、ディストリクトマネジャーやゾーンマネジャーに加えて、全国のオペレーションフィールドカウンセラー（ＯＦＣ）を全員集めて、朝九時から夕方まで「ＦＣ会議」と呼ばれる情報共有化のための会議を開催する。

これらの会議は、創業以来、ずっと続けられており、お盆や年末年始の繁忙期で二、三回休むことがあるが、それ以外は毎週開催され、それぞれの会議が年間に約五〇回も開催される。今では交通の便も良くなったので、ごく一部の地域を除いて、九州であれ、北海道であれ、会議の出席には、当日早朝の飛行機で間に合うようになったという。鈴木会長は、「航空会社にとっては、今、我々が一番の上得意の顧客になるのではないか。」と冗談めかして言う。

「FC 会議」で話す鈴木敏文会長

情報通信技術が発達した現代にわざわざ物理的に集まる必要があるのか、という人もいるだろう。しかし、人間は情報を単純に流されるだけでは自分勝手に解釈するもの。その現場にみんながいて、意見や質問を出し合って、その解釈を統一するのとは臨場感が全然違う。同じ「場」を共有しなければ、情報の厚みやニュアンスは伝わらない。それも鈴木会長は、一週間に一回ぐらいの頻度が必要という。

各店舗のオーナーとの情報共有化についても、年に一度、北海道、九州など地域ごとにオーナー全員を集めて、商品の傾向などを直接説明し、ミーティングする場を持っており、これについても、鈴木会長自ら出席している。

難しいものこそ自分たちでやる

取り組む事業の範囲の絞り込みとの関係で、内外製の判断、すなわち、どの部品、材料を自社で生産し、どれを外注に出すかは、製造会社の経営問題として大切な意思決定事項である。

それは、自社の将来の利益の源泉、競争力の源泉をどこに求めるかという問題そのものだからである。

トヨタ自動車では、内外製の判断は、歴史的に、現場マターではなく、役員マターの経営問題であり、製造担当、購買担当、技術担当などの役員が集まって決める決定事項であった。トラックのキングピン一本を内で生産するか、外で生産するかで役員間で論争になる。トヨタでは、製造ラインを止める権限さえ、現場の作業員一人一人に渡しているのにである。

今でも、大事なものは、すべて役員クラスが集まって判断している。その理由は、仮に、将来、自社のコスト競争力の源泉になりそうな部品、材料についても外注した場合、自社の設計担当と外注メーカーの間に間接部門（購買担当や事務）が入り、自社で製造する場合に比して相互にコミュニケーションが取りにくくなる。外注メーカー側も面倒になって、メーカーに言わずに自分たちでどんどん意思決定していってしまう。結果として、自社の競争力強化の機会が失われてしまうからである。

現に、設計を行っても、実際に製作してみて物にしてみないと本当のことは分からないし、したがって、良い部品、材料に仕上げるためには、設計とそれを基に製作してみた物の間を何度もフィードバックする必要がある。すなわち、何回もやってみては駄目だ、やってみては駄目だということを繰り返して初めて良い部品、材料に到達する。設計や生産技術が失敗をたくさん重ねることによって初めて現場の競争力が強くなっていく。

うまくいっていない会社においては、内外製の意思決定が、経営レベルではなく、

トヨタ生産方式の生みの親
大野耐一氏

現場の製造課長などの課長クラスに任されていることが多い。内外製の判断を現場に任せた場合、やりやすいものは内に、やりにくいものは外に、すなわち、生産性が上がりやすい量産は内に、非量産で少量多品種は外にというように、自社の将来の利益の源泉、強みの確保とは反対の方向の意思決定がなされがちになってしまう。

トヨタでは、「難しいものこそ自分たちでやる」という考えが受け継がれている。トヨタ生産方式の生みの親と言われる大野耐一氏は、完成車の組み立ての内外製の考え方について、たくさん同じ車種を造っている量産車種（カローラなど）は、ボデイメーカーに製造をお願いする、逆に少量品はトヨタ自ら製造するという方針を貫いていた。なぜなら、後者ほど改善の余地が大きいからである。

アウトソーシングが流行りであるが、現段階での短期的なコスト計算のみでアウトソーシングを行うと、長期的競争力にマイナスの影響が及ぶ可能性がある。

自社が取り組む事業のコンセプトを十分考えることなく外注に出す企業がある。これは誤りであり、内外製の判断という局面でも、経営者が、自企業で採り上げるものと採り上げないものの境界をきちんと認識して自企業で何を行うか判断すべきであるという、優秀企業に共通する原則が当てはまるのである。

「企業を分けること」とウィリアムソンの議論

なぜ合併などのように統合することが望ましくないのか。分けることが重要であるのか。

経済学的に考えれば、二つの企業で可能であったことは、合併して一つの企業になった後も可能であるはずである。論理的には、二つの企業が分離していた時と同じ状況にすれば良いからである。だとすれば、企業の生産性が合併後に少なくとも低くなることは起こりえないはずである。

加えて、合併後の企業の経営者は、仮に合併前の二つの企業の間の調整を行うことが望ましいと判断したならば、合併後は、二つの企業の経営に介入することが論理的に認められる（「選択的介入」と呼ばれる）。この点からも、合併は生産性を高めるだけのように考えられる。すなわち、競争政策上の考慮を除けば、すべての企業が合併し、一つの企業になったほうが望ましいはずである。

それでは、現実には、なぜ、そのようなことが起こらないのか。経済理論は、合併に関して、何らかのコストがかかることを示さなければならない。

この点についてカリフォルニア大学の Oliver Williamson は次のような議論を行っ

た［Williamson（1985）］。

合併などの統合のコストとして、彼は組織が巨大化することに伴う官僚的な傾向に関わるコストを指摘した。具体的にはその候補として三点を挙げている。①管理する傾向が強まること、②厳しさがなくなり許容度が大きくなること、③政治的な影響である。

①の「管理する傾向の強まり」は、次の二点である。第一に、組織には不確実性を抑えようとする傾向があり、実際には新たな様々な事象が次々と発生するにも関わらず、それらを定型化したものとして扱い、以前の型に合わせた意思決定を行おうとする傾向が出てくる。

第二には、組織の目的自体よりも組織を維持することのような、本来の目的でない副次的な目的を社員が追求する傾向が出てくる。すなわち、組織を管理すること自体が目的となってしまい、本来の組織の目的から逸脱することから、それが統合のコストとして跳ね返ってくるとの議論である。

②の「厳しさがなくなり、許容度が大きくなること」とは、同じ取引を市場を通じて行う場合と企業内で行う場合を比較してみると、取引条件を満たせなかった場合に、市場を通じての契約の方がより厳しい対応が行われることを意味している。

無論、情報の取得可能性だけを考えれば、企業内取引の方に情報上の有利性は存在するはずである。だから、取引を企業内で行うことにした場合、管理は市場を通した場合よりもやりやすくなるはずである。しかしながら、企業内では甘さが出るため、社員のインセンティブを弱める傾向が認められるとの議論である。

③の「政治的な影響」とは、企業内部で社員がお互いに助け合うために企業内取引を選択した場合に生じる問題点である。効率性の観点からは、本来であれば市場を通じての取引とすべきところを企業内取引で代替するわけであるから非効率性が生じる。企業の設備の更新などについても、更新すべき設備が同一企業内の他の部門によって提供されている場合には、非効率な設備が温存される傾向がある。

本文中において、取り組む事業の範囲を絞り込む長所の一つとして、企業組織のヒエラルキーが重層でなくフラットな（平らな）構造にとどまるため、経営者と従業員の間の「顔と顔のコミュニケーション」が容易になり、それが商品開発や事業の円滑な遂行に貢献することを挙げた。この点の経済理論による裏付けも、Williamson の一九六七年の論文に萌芽をみることができる。

彼は、組織の階層が増えるにつれて、経営者のコントロールが弱くなり、非効率性が発生することをモデル化した。そして、企業の内部組織のヒエラルキーについて最適な高さが存在することを示し、企業がそれ以上の規模になると効率が悪くなることを示したのである［Williamson（1967）］。

ある階層の社員が一つ下の階層の社員として自ら管理できる人数の上限を一定とする。また、生産に直接携わるのは、ヒエラルキーの一番下の社員とする。したがって、その企業の生産物の産出量を増やしていくに従い、必然的に企業のヒエラルキーの高さは高くせざるを得なくなる。さらに、経営トップから数えた末端までの階層が一つ増えることによって、末端の社員の一人あたりの産出量は一定の割合で逓減すると仮定する。階層が増える度に、ちょうど伝言ゲームのように経営トップから発信される情報が変質する可能性が高まり、上司の意図の一定部分だけが部下によって満たされるからである。

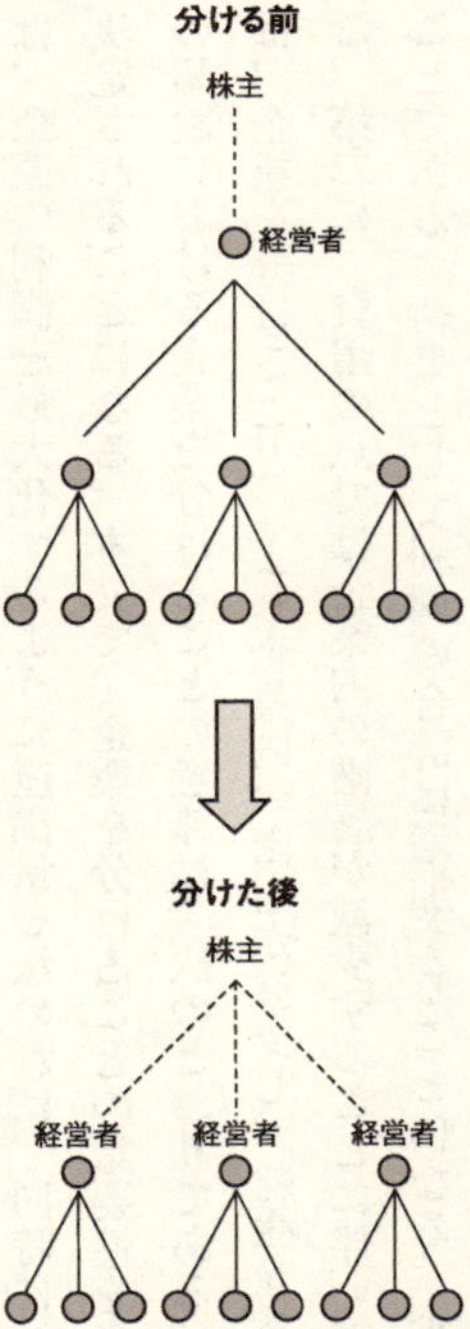

なお、社員の賃金は末端から数えた階層の数が多くなるに従い高くなると仮定している。

このモデルに従え

ば、企業の利潤を最大化するように産出量を決めれば、同時にヒエラルキーの高さが決定されることになる。本文で、企業を分けることの重要性を説いたが、Williamsonの議論における企業を分けることの意味は、次のとおりである。第一に、収入の点では、企業を分けることにより企業内の階層が減少し、総生産量が増加することである。第二に、費用の点では企業内の階層が減少することに伴い賃金コストが減少することである。結果として利潤の合計は増加することになる。企業を分けることに伴う、経営者と従業員の間のコミュニケーションの円滑化に光を当てている議論として注目される。

参考文献

[1] Williamson, Oliver E., *The Economic Institutions of Capitalism* (New York, NY: Free Press, 1985)

[2] Williamson, Oliver E., "Hierarchical Control and Optimum Firm Size," *Journal of Political Economy*, 75, 2 (1967) : 123-138.

補論二

「内部金融市場」論vs「多角化による減価」

現在と異なり、一九六〇年代の米国におけるコングロマリット型合併の時代は、多角化のメリットが強調されていた。株式市場では、企業が事業を多角化することにより企業内に「内部金融市場」が形成されるメリットが信じられていた。事実、実証的にも、多角化を発表した企業の株価が上昇したことが確認されている［Hubbard and Palia (1999)］。特に、最も株価が上昇したケースは、資金制約に直面していない企業が資金制約を有する企業を買収した時であった。これは、「外部金融市場」で資金を調達できなかった企業を資金余力がある企業が買収して「内部金融市場」をつくることによって、効率性を改善する期待があったと推測される。

論文は、この現象を解釈して、当時は外部金融市場が発達しておらず、企業と金融市場との間での「情報の非対称性（両者に影響を与える情報を、一方は知っていても一方が知らないこと）」が大きかった。このため、資金制約を持った企業が本来能力があるにも関わらず金融市場から資金調達を行うことができず、多角化による「内部金融市場」の形成によって初めて効率的な資金配分が実現したからであろうと推測している。

これに対し、本書においては、企業が意味のある考え、あるいはコンセプトのまとまった塊になっていること、また、事業を経営トップが十分理解している範囲に絞り込むことの重要性を指摘した。すなわち、多角化を行う場合でも、自らの企業のコンセプトを逸脱して、関連性のない異質な事業を含みこむ形で行うことへの警鐘を鳴らした。

この点について、Rajan, Servaes and Zingales (2000) は、事業の多角化を行う場合に、類似した事業を展開するのであれば資金は効率的に配分されるが、異質な事業を同一企業内に抱え込んだ場合、社内の資金が非効率な事業にも配分されてしまい、企業価値を下げてしまう可能性があることを示した。

二つの事業部からなる企業を考える。各事業部とも、「良い投資（その効果が当該事業部内だけでなく企業全体に及び、かつ、収益率が高い投資）」と「悪い投資（その効果が当該事業部内にしか及ばず、かつ、収益率が低い投資）」の二種類の投資機会を有している。経済学でいう「契約の不完備性（将来起こりうる出来事に関して、契約上にすべてを明記することはできない状態）」が存在する現実的な状況を想定する。このため、各事業部の投資の成果に依存させる形で各事業部に対して成果を配分することはできず、成果の配分は事業部間の交渉に委ねられることとなる。

このモデルの結論は、以下のとおりである。各事業部の事業がお互いに類似しているならば（投資資金の所持量や投資案件から発生する収益性にほとんど違いがないならば）、どちらの事業部も「良い投資」を選択することとなり、企業全体として最善の投資が行われる。しかしながら、異質な事業に多角化しているならば（投資資金の所持量や投資の収益性に事業部によって大きな違いがあるならば）、より良い投資案件を抱える事業部、もしくはより多くの資金を所持する事業部は、事業部の外に成果の配分が「流れ出す」ことをきらい「悪い投資」案件に投資する誘因が生まれることとなる。

企業の経営企画部門は、このような事態の発生を防ぐために、各事業部に平均的に資金配分を行うインセンティブが出てくる。だから、関連性のない異質な事業に多角化した企業においては、資金が非効率な事業部へも配分されることとなる。無論「契約が完備」で、良い投資を行った事業部に投資成果の多くを配分することが可能とすれば、経営企画部門はより収益性の高い投資機会を持つ事業部に資金全額を配分することが可能となる。しかしながら、契約完備性の仮定は企業の実態からすれば、現実的ではないであろう。

また、Scharfstein and Stein（2000）は、多角化した企業において生産性の低い事業部へも投資資金の配分が行われる理由について、当該事業部の事業部長のインセンティブの観点からモデル化を行っている。

経営者は、事業部長を新しく雇うにはコストがかかるため、現職の事業部長が辞めないインセンティブを作り出す必要性に直面している。生産性の低い事業部の事業部長は担当する事業部の成果に依存する私的便益（心理的満足感、成果に応じて得られる賃金等）が小さくなるため、他企業への就職応募活動などの自分自身の外部機会を高めるための努力（レント追求活動）に従事する傾向が出てくる。この傾向を抑えるために、生産性の低い事業部へも投資資金の配分を行うことで、事業部長の満足度を向上させる必要が出てくるとの議論である。

ところで、筆者が主張する取り組む事業の範囲を絞り込むべきとの主張に対する主要な反論は、冒頭に述べたように、複数の事業部門を持つ多角化企業は、社内に「内部金融市場」をつくり出すことによって効率的な資金配分を実現しているとの議論であろう。ある企業が多角化された大企業の一事業部門に吸収されたならば、独立の企業であるときよりも相対的には社内で効率的に資金の再配分を受けることができるとの判断があり得る。したがって、多角化して複数の事業部門を持つ企業の「内部金融市場」は、相対的に効率的な資金配分を実現するという議論である。

しかしながら、Stein（1997）は、仮にこのような資金再配分機能としての「内部金融市場」の説明を受け入れ多角化企業を肯定するとしても、それでもなお、コンセプトのまとまったより狭い範囲の事業に多角化の対象を絞り込んでいる企業の方が、この「内部金融市場」の機能をより発揮することができるとの理論的可能性を示した。

企業が多角化し、多数の事業部門を抱え込むとしても、事業の内容としてはコンセプトを逸脱した関連性のない多角化は行わない企業の方が「内部金融市場」の効果をより発揮させることができるとの主張である。

その理由は、次のとおりである。経営者は社内の各事業部門に資金の配分を行う際、各事業部門の収益率を相対評価してその相対評価に基づいて行うとする。このとき、各事業部門の収益率に関する不確実性がお互いにより高い相関を持っている企業（すなわち、取り組む事業の範囲が絞り込まれている企業）の方が相対評価が正確になる。だから、結果としてより効率的な資金配分を実現できるのである。「内部金融市場」論に基づいて多角化企業のメリットを主張する論者の立場に立ってみても、なお一定のコンセプトの範囲内に多角化の境界を抑えることの意義を主張しているもので、興味深い。

参考文献

[1] Hubbard, R. Glenn, and Darius Palia, "A Reexamination of the Conglomerate Merger Wave in the 1960s: An Internal Capital Markets View," *Journal of Finance*, 54, 3 (1999) : 1131-1152.

[2] Rajan, Raghuram, Henri Servaes, and Luigi Zingales, "The Cost of Diversity: The Diversification Discount and Inefficient Investment," *Journal of Finance*, 55, 1 (2000) : 35-80.

[3] Scharfstein, David S., and Jeremy C. Stein, "The Dark Side of Internal Capital Markets: Divisional Rent-Seeking and Inefficient Investment," *Journal of Finance*, 55, 6 (2000) : 2537-2564.

[4] Stein, Jeremy C., "Internal Capital Markets and the Competition for Corporate Resources," *Journal of Finance*, (1997) : 111-133.

補論三

「中間的組織形態」のデメリットと経営者へのインセンティブ

本文において、取り組む事業について経営者が十分理解していないのであれば、企業を分けるべきことを説いた。それも、株式市場との関係でも経営責任が分離されるよう、できれば資本関係も分離することが望ましいと主張した。例えば、企業分割、他企業との事業交換、事業売却、さらには事業撤退という明確な形でである。

一方、企業体として完全な形で事業を分離してしまうのではない「中間的組織形態」、例えば、「カンパニー制」(事業部制の延長として、事業部をカンパニーと呼称し事業部長をカンパニー社長と呼称する組織形態)、あるいは、「持株会社制」(持株会社をつくって、各事業部をその持株会社の一〇〇パーセントの子会社にして、事業会社として独立させる組織形態)といった最近流行の組織形態は中途半端になりがちであると述べた。このような実態感覚を経済理論で裏付けることができるだろうか。

Aron (1991) は、「スピンオフ」の議論についてではあるが、筆者の問題意識へのヒントを示している。

「スピンオフ」とは、実際にはそれほど多く観察される現象ではないが、親会社が子会社の株式を親会社の株主に与えることによって子会社を株式市場から直接評価される別会社とすることを言う。Aron は、スピンオフが子会社の経営者に効率的にインセンティブを与えることを示した。

スピンオフ以前は、子会社の経営者について株価に基づくインセンティブ報酬契約を考えた場合、親会社にすべての株式を所有されている子会社では、その経営者の報酬は親会社の株価に依存させる形で支払われるしか方法がない。この意味で子会社の経営者は自己の事業成果の指標としては不完全な指標をもとに報酬が与えられるわけで、自らの子会社の事業の経営に資する努力をするインセンティブは弱いものとなってしまう。

これに対し、スピンオフが行われると、子会社の株価に子会社の経営者の報酬を直接連動させることが可能になり、子会社の経営者に効率的にインセンティブを供与できることになる。同時に、子会社の株価を通じて、投資家に子会社の経営者の成果についてのより正確なシグナル（合図）が与えられることになるわけである。しかも興味深いことに Aron は、事業の多角化の程度が進むにしたがって、加速度的にスピンオフをすることが望ましくなることを示した。

この議論を応用すると、多角化された持株会社制の企業あるいはカンパニー制を採る企業を事業部門ごとに企業体として完全な形で分割することによって、それぞれの事業が独立の企業体として株価が形成されるようになることが望ましいとの議論が成り立ちうる。これは、経営成果についてより正確なシグナルが投資家に与えられることを意味するとともに、独立の企業体としての株式という、より正確な情報に依存して各事業部門の経営者に報酬を与えることが可能になることを意味する。このため、各事業部門の業績に資する努力に向けて効率的にその事業部門の経営者にインセンティブを付与することができるようになるのである。多角化企業の完全な形での分割が各事業部門の経営者にインセンティブを与える道具として機能しうる可能性をこの議論は明確にしている。

参考文献

[1] Aron, Debra J., "Using the Capital Market as a Monitor: Corporate Spinoffs in an Agency Framework," *Rand Journal of Economics*, 22, 4 (1991) : 505-518.

第二の条件

自分の頭で
考えて考えて考え抜くこと

業界の常識、成功の形を信じない

優秀企業に共通する第二の条件は、「自分の頭で、考えて考えて考え抜いていること」である。言い換えれば、「トップが論理的であること」が優秀企業の条件である。

よく経営は現実であって論理ではない、という言葉を耳にすることがあるが、本当に持続的に優秀な企業の経営者は、例外なくロジカルである。彼らは、自分の行った一つひとつの意思決定について、実に論理的に説明ができる。なぜそうするかについて、理由を突き詰めて考えて、簡単に議論を断念しない論理性がある。無論、結果的に失敗した意思決定はあるわけであるが、それについても、少なくとも、あのときはこう考えていた、こうだった、ときちんと説明ができるのである。経営は、まさに、論理であるといえる。

ビジネス一般やあるいは個々の業界には、皆に信じられている「常識」や「通説」といったものが多くある。また、それぞれの業界には、業界の一番手企業やパイオニア企業があって、その成功の形がある。こういった、常識、通説、他企業の成功の形を無批判に受け入れてはいけない。他企業の成功例を自分の頭で考えるきっかけにするのはいいとしても、自社について本当に自分の頭で考えて考えて考え抜くことが大切なのである。

同じ業界の成功例の形を同じようにまねしていくパターンをとっても、成功例を無批判に受け入れている場合は、決して先行事例を超えることができていない。

日本の経営者たちは、長引く不況下で、皆、一様に各種の経営手法などについて、本を読んだり、勉強会を行ったり、コンサルタントを入れたりして、よく勉強しており、少なくとも形式的には十分な知識を有していた。しかし、ただ知識を詰め込むだけなのか、知識を得た上でそれについても疑って自分の頭で改めて考え抜いているか、そこが分水嶺となっている。議論を順に追っていって結論が出れば、自分で自分自身をこれで間違いないと説得する、ある意味で孤独な作業の連続が必要である。

うまくいっていない企業の場合は、コンサルタントなどの他人の意見の無批判な導入や同業者のまねが多く、良いところのみ取ろうとして、かえって継ぎはぎになってしまう。

大切なことは、知識を詰め込むことではない。ましてや、それを鵜呑みにしてはいけない。勉強したことを考えるきっかけにするのはいいけれど、大切なことは、そこから自分の頭で考え抜くことである。

顧客の視点で素人のように考え抜く

コンビニ最大手、セブン－イレブン・ジャパンの鈴木敏文会長は、同業他社を見たり、本を読んだりすると、物まねになる。そして、物まねは絶対いけないというのが昔からの考えだという。

人間は、どうしても自分の経験の範囲でものを考えがちである。自分の経験とか成功事例というものにとらわれるから、あまりいろいろなものを見たりすると、良いところだけを取ろうとして、継ぎはぎになってしまう。

自分たちは現場にいるのだから、顧客のことだけを考えて、自分で仮説を組み立て、それを実地で検証する。それが自分たちの仕事だという。もし、物まねをしたり、色々な人の意見を聞いてそれに左右されて判断していたら、今のセブン－イレブンはできなかったと思うという。顧客に対してどうなのかだけを考えればよい、顧客の立場に立って、便利性は何なのか、それだけを追求しろ、どんなことがあってもその信念を通せという。

鈴木氏はイトーヨーカ堂取締役時代の七三年、コンビニ事業について米国サウスランド社と契約を結ぼうとした際、社内外の猛烈な逆風に遭遇した。

伊藤雅俊オーナーを含め慎重論が大勢を占めたというが、反対の理由は、これだけスーパーマーケットが全国に展開したいま、小規模店舗で勝負になるはずがない、雑貨店、昔の十銭ストアとどこが違うのだ、というものだった。

鈴木氏は電機などの日本の輸出産業を見よ、と反論した。

当時、日本の家電メーカーは規模に勝る欧米メーカーを圧倒し、世界シェアを伸ばしていた。日本の輸出産業が勝ったのは、規模ではなく、生産性である。生産性を高めれば、小規模店舗も勝てるはず。生産性を上げるためにはシステム化すればいい。

セブン-イレブン・ジャパンの
鈴木敏文会長

鈴木氏は論理で日本初の本格的コンビニ事業への道に着手したのである。

しかし、日本でのセブン-イレブン・ジャパンの歴史を振り返ると、その事業展開も当時の常識をどうやって破るかの連続だったと鈴木会長はいう。

反対を押し切って、米国のサウスランド社と

開業当時のセブン-イレブン・ジャパン第一号店（東京都江東区豊洲）

提携後、同社の研修に参加するために米国に行った鈴木氏は、研修三日目あたりで、サウスランド社による米国セブン-イレブンのシステムをそのまま日本へ持っていってもどうにもならないと気がついたという。鈴木氏も、現在に至るまで五〇年間近くビジネスをやっていることになるが、振り返ってみて、このときぐらい大きなショックを受けたことはなかったという。

当時の日本は、米国ものを入れたというだけで箔が付いた時代だったので、セブン-イレブン・ジャパンのシステムは、米国から輸入したシステムだと社外には言い続けていたが、実際には、セブン-イレブンという看板・商標と「粗利益分配方式」と呼ばれる会計の仕組み以外は、実質的に全部ゼロから日本でつくったものという。しかも、つくり出したのは小売りについては素人の集団だった。

（注）**粗利益分配方式**　加盟店の売上高と売上原価を正確に把握した上で、その差の粗利益を計算し、その数十パーセントを本部がロイヤルティとして徴収する方式。当時の日本では、売上げの一定割合を徴収する「売上分配方式」が普通であったが、これだと加盟店が利益ゼロで商品を売っても、本部への支払いが生じる。これに対し、この方式は、加盟店の粗利益を本部と加盟店が分かちあうもので、当時、斬新な考え方であった。

社内の反対を押し切って着手した事業なので、イトーヨーカ堂から人を回してもらうことができない。そこで新聞に募集広告を出して集まってきた人間中心で始めたのがセブン－イレブン・ジャパンだったのである。イトーヨーカ堂から移った人は、鈴木敏文氏、清水秀雄氏それに労働組合の闘士だった岩國修一氏、商社マンでイトーヨーカ堂に中途入社したばかりの鎌田誠皓《まさあき》氏の四人。あとは中途採用でパン屋の営業をやっていた人や自衛官出身などの人たちで、合計十五人から成るチームだった。

しかし、素人集団だったからこそ、量販店独特の流通慣行が「常識」として頭の中に染みこんでおらず、常識に囚われず、ただひたすら顧客の立場に立って考え抜けたと言えよう。事実、清水秀雄氏によると、創業時の経営陣の頭の中にも、量販店の発想・商法を脱却しなければコンビニ事業の成功はおぼつかないため、かえって量販店のイトーヨーカ堂の経験がない人材を集めたほうが良いとの意図もあったようである。

力の勝負を避け、他社と違う軸で競争する

任天堂も同業他社を見ない。他社と同じ方法での単純な力の勝負を避け、別の軸を打ち立てて戦う。人の後追いではなく、人と違うことをすることを是とする社風である。これは、前社長の山内溥氏の口癖であり、任天堂の事業哲学の真髄である。

例えば、ここ数年のビデオゲーム業界の最大のヒット作であるポケットモンスター（通称「ポケモン」）という任天堂のソフトは、業界がリアルな映像と音声という技術を追求する争いをしていたときに、全く違う軸を追求して生まれ、世界に展開され、成功を収めた。

これは、一九八六年に発売された「ゲームボーイ」という八ビットの前時代的なハードの上で走るソフトであるが、日本でも、米国でも、欧州でも最も売れたソフトとなっている。

「スーパーマリオブラザーズ」や「ゼルダの伝説」をつくった任天堂の世界的なゲームクリエイターに宮本茂という人がいる。彼は、ポケモンの発売にあたり、ハードの容量を増やして一五一匹のモンスターを全部記憶できるようにするとともに、モンスターの出現率が違う「赤」と「緑」の二種類のバージョンのソフトをつくり、それによって、対戦とか交換をする動機をつくろうというアイデアを出した。例えば、赤のポケモンでは「アーボック」というモンスターはよく出てくるが、「ペルシアン」というモンスターはあまり出てこない。逆に緑のポケモンでは、「ペルシアン」はよく出てくるが、「アーボック」はあまり出てこないという関係をつくろうというのである。

当時、何の実績もないポケモンである。知名度はゼロ。その中で、二つの色のバージョンのソフトを用意して売るということは、決して営業部門からは歓迎されなかった。前例がないため、顧客に説明することが難しいほか、問屋さんに説明するのが難しく、管理は煩雑で、需要予測も難しくなるからである。

しかし、宮本氏は、「赤」と「緑」、どちらを買おうかと悩むところからゲームが始まると言って会社を説得し、当時の山内社長は、今までにないことだからこそやる価値があるという決断をし、この二種類のバージョンの構想を実現した。

スーパーマリオブラザーズ
© 1985 Nintendo

ゼルダの伝説
© 1991 Nintendo

8ビットの任天堂の
ゲームボーイ

ポケットモンスターの赤版（左）と緑版（右）
© 1995 Nintendo/Creatures inc./Game FREAK inc.

結果、多くの人がポケモンを新しいものとして認めてくれた。生活必需品ではなく、究極には「要らない」娯楽品をつくるビジネスは、他社をまねて同じ軸で競争すれば、相手が倒れるまで値下げ競争をする消耗戦になって誰も利益を上げられない。もし任天堂が同業他社を見て、他社と同じ軸で勝負をしようとする企業なら、ポケモンを前時代的なソフトだと片づけて、今日のように世界中にお金をかけて展開しようとは思わなかったであろう。

しかし、他社と違う軸でつくられたポケモン、いわばローテクの枯れたゲーム機上で実現されたソフトに、今までにないたくさんの魅力が詰まっていた。また、ゲームソフトだけでなく、同時に、カードゲーム、テレビアニメや映画、そして様々なキャラクター商品を多面的に展開するビジネスの方法論は、当時としては、新しくて珍しかった。これも、自分の頭で考え抜いた勝利である。

加うるに、当時、日本発のかわいいタイプのキャラクターが世界を席巻《せっけん》したことは、例がなかった。だから、ポケモンが日本で大成功した後でさえ、海外の販売子会社からは、「こういうかわいいキャラクターは西洋ではウケないのが常識」と盛んに言われたそうである。

「ピカチュウ」というかわいい黄色いネズミのキャラクターがいるが、もっと筋肉もりもりにした方がいいとか、もっとリアルに怖くした方がいいとかいって、怖くて筋肉もりもりのピカチュウの絵が海外の販売子会社から任天堂に送られてきたことさえあったそうである。

ただ、任天堂は、常識、通説を疑い、今までと違う自社の商品の力を信じて、ポケモンをそのまま出した。それが良かったという。

制約があるなら、破ればいい

シマノも業界常識を破ることで成功をおさめた。

自転車業界は、完成車メーカーと部品メーカーの分業体制である。したがって、自転車部品メーカーが自社の製品についてイノベーションしようとしても、自社の生産する部品の接合面（嵌合《かんごう》部分という）を必ず他の部品の接合面に合わせなければならないという制約があり、無駄な努力に終わるという自転車業界の常識があった。そこで止まっていたらいまのシマノはなかったであろう。

しかし、シマノはこの業界の常識を疑い、考え抜くことで、常識を破った。部品と部品の嵌合部分（接合面）が問題になるのであれば、機能的につながっている一連の部品を組み合わせて、一つのシステムとしての部品にし、外側だけ接合面を確保すればよいではないか、と考えたのである。この結果、製品のイノベーションが可能となり、シマノは一部品メーカーであるにもかかわらず、グローバルな競争力と高い利益率を上げるに至った。

シマノに最初から国際競争力があったわけではない。一九六〇年代になって、同社は本格的な海外販売に乗り出すが、当時はほとんど相手にされなかった。自転車はいくつかの鍵となる部品（パーツ）でその能力、パフォーマンスが決まる。

したがって、競技用変速機の原型を考案し、自転車ロードレースの歴史を支えてきた名門企業であるイタリアのカンパニョーロ社が自転車部品の世界で当時は圧倒的な国際シェアを有していた。世界的な競技会で走る自転車はカンパニョーロ社の部品を搭載したものばかりということになり、その事実がさらにカンパニョーロ社のブランドを押し上げるという状況になっていた。

自転車はたくさんの部品からできあがっているが、部品は部品専業メーカーがそれぞれつくって、完成車メーカーがこれらの部品を集荷してきてそれらを組み立てるというのが自転車産業の形態である。この形態は、おそらく二〇世紀初め英国で確立し

自転車を構成する主な部品

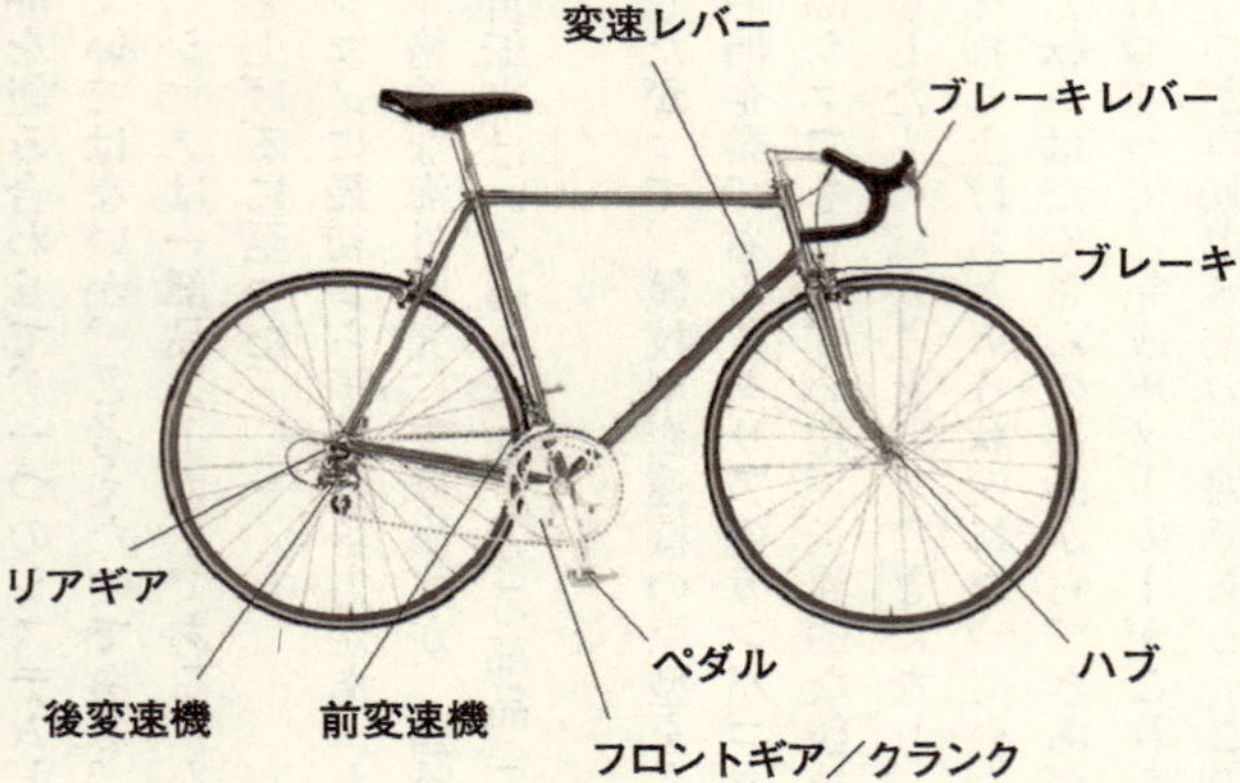

たのではないかと思われるが、以来万国共通で変わっていない。

したがって、完成車メーカーは、ほとんどの部品を外部から調達して組み立てるため、自転車の機能向上の多くは部品メーカーが担ってきたものであり、特に評価の高い部品は多くの完成車メーカーに採用されることになる。また、部品の規格は、世界中で統一されていて大量につくれるためコストメリットを追求できるが、部品と部品の嵌合部分がすべてにあり、その嵌合部分についての取決めは互換性確保のため、非常に厳しくなっている。

したがって、カンパニョーロ社のような名門企業を追い抜こうとして、個々の部品メーカーがそれぞれ別々にいくらイノベーションしようとしても、相手の部品の嵌合部分があるので、なかなかイノベーションできないというのが業界の宿命であり、常識であった。

シマノはこの点に着目して考え抜いた結果、機能的につながっている部品を組み合わせて全体としてワンセットの部品に統合してやれば、イノベーションできるのではないかとの結論に至り、「システムコンポーネント」という概念を自転車業界で最初に導入したのである。無論、シマノのシステムコンポーネントとフレームやハンドルバーなどの他の部品との接点のところは業界標準になっており、他社製品との組み合わせができるようになっている。

部品間の互換性確保のための制約で、一社だけでイノベーションができなかった自転車部品業界にあって、部品と部品を組み合わせたセットのトータルコンポーネントとして、イノベーションを図り、この制約を破ったのである。

物理的に一つの塊になっていなくてバラバラの位置に装着される部品でも、機能的につながっていれば、シマノではシステムコンポーネントと考える。だから、物理的に同じところにある一塊の部品のセットでなく、バラバラの位置にあってもセット化するという考え方でシステム化に取り組んでいる。

カンパニョーロ社をはじめとする欧州メーカーの高い壁を越えることができたの

は、このように業界常識を破った独自製品の開発で選手にとっての自転車の使いやすさを向上させたことによる。

例を挙げてみよう。

自転車レース中の選手は前方を見ている。だから、勘と経験で変速レバーを操作しなければならなかったため、時折、ギアを軽くしすぎたり、重くしすぎたりすることがあった。

その難点に目をつけたシマノは、簡単に、かつ、正確に変速ができる装置を開発した。これは、変速機の中に位置決め装置を内蔵して、位置決め装置を使ってギアを変え正確に変速するもので、分かりやすくラジオとの類推で言えば、ボタンを押すだけで一番電波の強いところへ選局していくようなシステムである（これは、「SIS」（The Shimano Index System）と呼ばれる）。このシステムも、選手が操作する変速レバーと車輪部分にある変速機、変速レバーと変速機をつなぐケーブル、ギア、チェーンを組み合わせて一体としてイノベーションしたもので、システムコンポーネントになっている。

八八年にはこのSISを使った米国チームが国際的な競技大会で優勝し、シマノは、一躍、注目を集めることになる。

デュアルコントロールレバーのしくみ

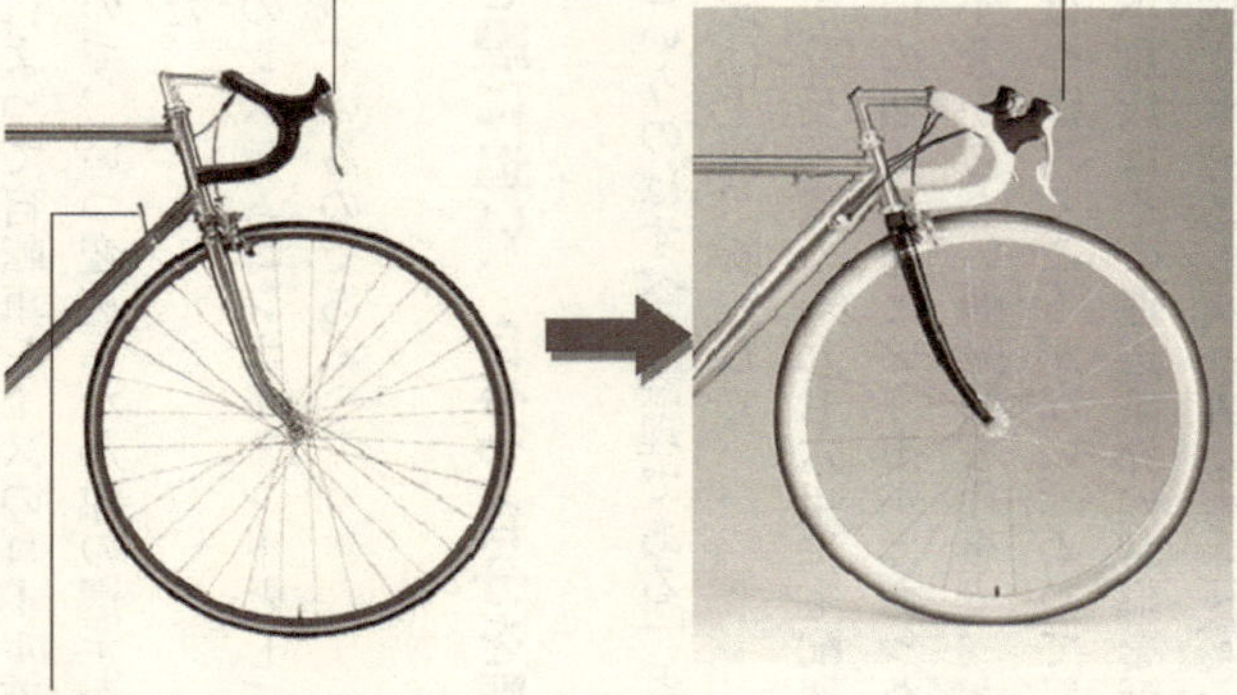

さらに九〇年には、ハンドルに付いているブレーキ用のレバー（ブレーキレバー）を横方向に動かすことで、ハンドルから手を離して変速レバーに手を移すことなく機敏に変速できる製品（「デュアルコントロールレバー」）を発売した。

従来、変速レバーは自転車のフレームの下パイプにあり、他方、ブレーキレバーはハンドルについていて、異なる場所にあった。この二つをハンドル上のブレーキレバーの位置で一つに組み合わせて統合し、システムコンポーネントとすることにより、ハンドルから手を離さずにブレーキレバーを持ちながら変速できるようにしたのである。これによって自転車レースのゴール前の駆け引きでも、選手の手がハンドルから離れないので、いつ変速したか他の選手から見て分からないうちに変速することが可能となった。

これらのシステムコンポーネントとしてのイノベーションが現在のシマノの高業績につながっているのである。

議論を順に追い、自分で自分を間違いないと説得する

「経営というのはすべて論理である」と宅配便の始祖で、ヤマト運輸の社長だった小倉昌男氏は生前、断言していた。

小倉氏が社長時代の一九七六年に宅配便事業に乗り出す前から、郵便局だけが行っている小口の個人輸送という市場はあった。しかし、それはいつ、どこの家庭から出荷されるか分からない偶発的な仕事で、どこに行くかも決まっていない非定型性があり、需要はつかみどころがない。よって民間業者では採算はとれない……と信じられていた。小倉氏はその運送業界の常識を疑ったのだ。役員たちの反対を浴びながら、宅配便を成立させるシステムを考え抜き、「宅急便」として結実させた。彼の思考の

ハブ・アンド・スポークシステム

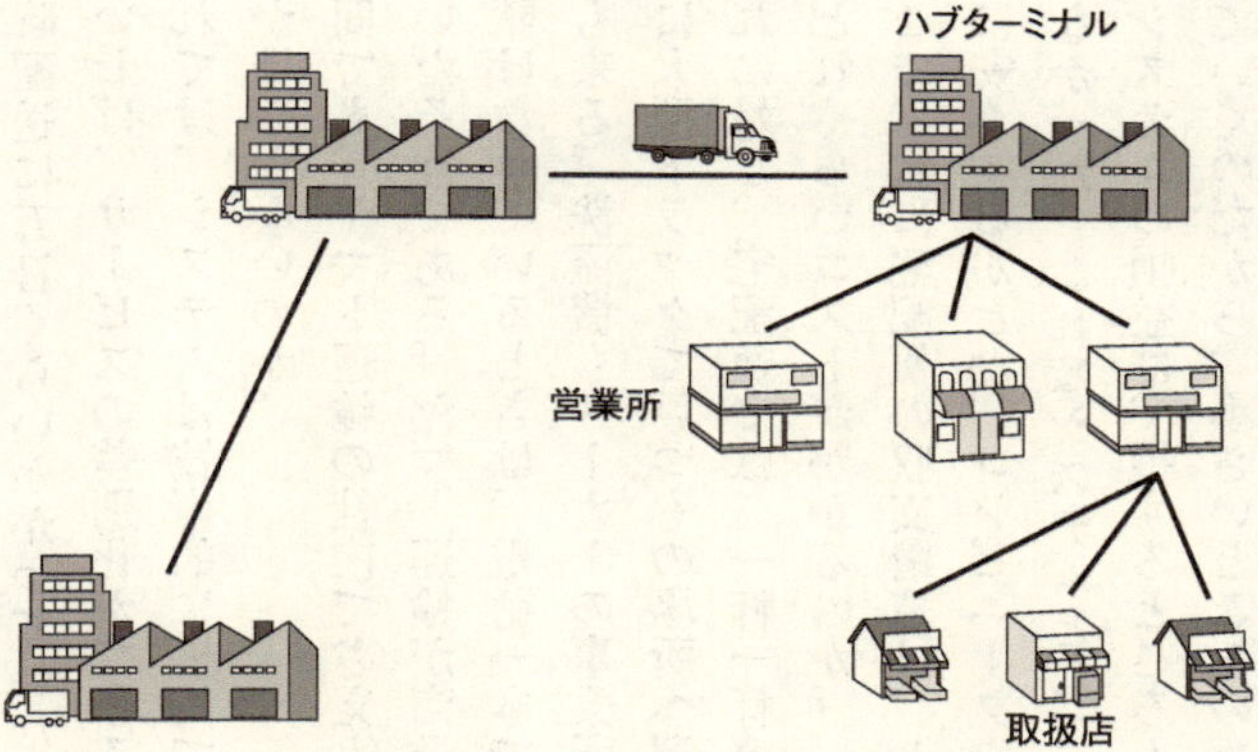

過程を追うと次のようになる。
まず、日本全国に小さな荷物を送るシステムが構築できるか。それは、米国内の飛行機路線のような「ハブ・アンド・スポーク」のシステムを貨物でつくり上げればできるはずだと考えた。
四七都道府県だから、約一県に一つのハブターミナルをつくる。一つのハブターミナルには二〇か所ぐらいの営業所をくっつける。そして、夜のあいだにハブターミナルからハブターミナルへ高速道路を使って大型トラックで輸送する。朝着いたら、直ちに集配を担当する営業所に輸送する。そして営業所にはドライバーが待機していて、到着したらすぐに荷を積んで出掛けていくというシステムである。そうすると翌日配達ができる。郵便局は当時配送に五日ぐらいかかっていたので、翌日配達ができれば勝てると結論できる。いわば、サービスの差別化ができることになる。

それでは、システムは技術的に構築できるとして、次に、この宅配便の仕事は儲かるのか儲からないのか。

世間でも、ヤマト運輸の社内でさえも、みんな儲からない、赤字になると当時は言っていたそうである。ヤマト運輸が商業貨物の運送会社で、例えば家電メーカーの仕事を請け負っているときは、電話一本でテレビの運送の仕事が一〇〇台あるいは一五〇台も来る。洗濯機もメーカーの事業所へ行けば運ぶ商品が山と積んである。それらを単に大型トラックでいつもの場所へ運べば訳なく仕事が済んでしまう。

これに対し、宅配便では、一軒一軒家庭を回って荷物を集めなければならない。それにどれくらいコストがかかるのか。

そこで、次に宅配便の収支構造は、どうなっているのか考える。集荷するコストをいかに安くするかとか、コンピュータを使うかどうかとかを考えているうちは解は得られなかった。これはシステムとしての損益であることに気づいて道が開けたという。システムの損益は、損するところもあれば得するところもある。それをならしてやっていくのだから、小さいところのコストダウンをいかに図るかを考えても仕方が

宅配便の損益分岐点分析

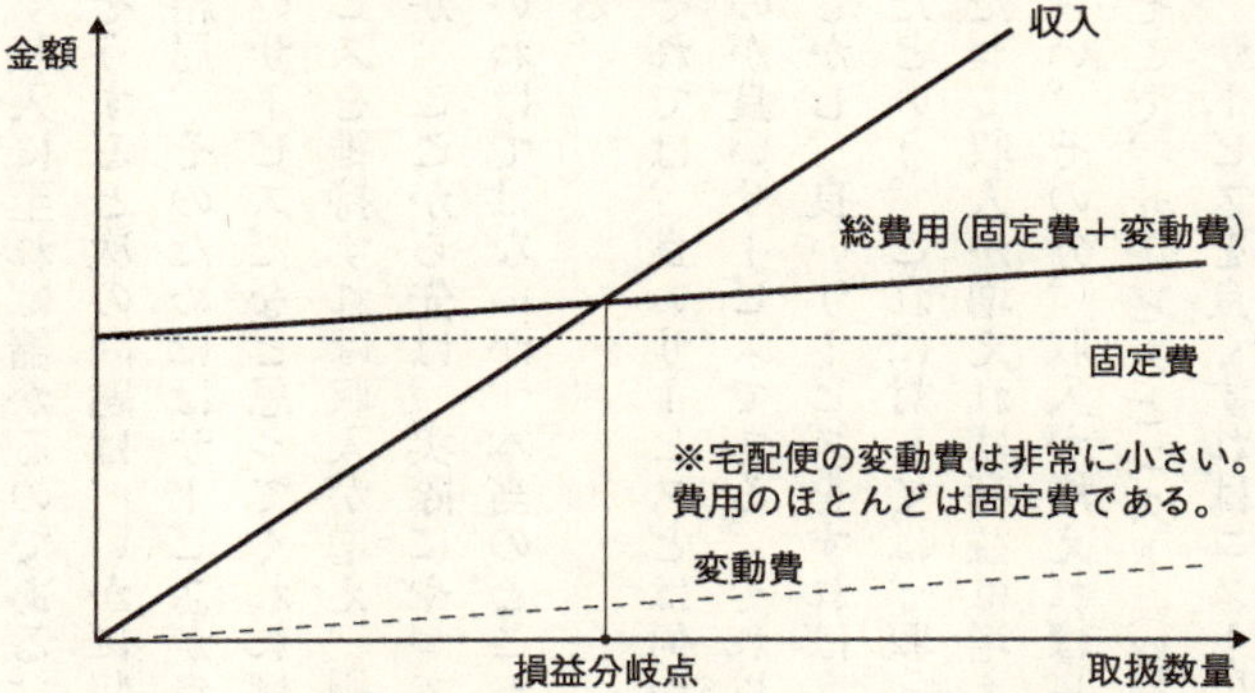

※取扱数量が損益分岐点より多くなれば、収入が総費用を上回り、利益が出る。

ない。

単純な議論で、グラフに固定費、変動費を書いて合計した総費用を書き込んでみる(一三五ページのグラフ参照)。他方、収入の直線を書き入れ、それが総費用とぶつかったところが損益分岐点である。宅配便のコストは固定費の割合が大きい。荷物があってもなくても集荷に行かなければならない。荷物があってもなくても営業所で仕分けをする。朝出勤してもらったら運転手の人件費も固定費である。

グラフを見れば、固定費の線を横に引っ張って、ゆるい傾斜の変動費の線を斜めに入れて、合計した総費用の直線が収入直線にぶつかる損益分岐点を越したら、利益が出ると理屈から言える。収入が増えて、損益分岐点を越す収入に至れば儲かるのである。

そうすると次の問題は、いかに収入を増やすか、それぱかり考えればいい。結局、そのためにはサービスが良くなければいけない。ターゲットの家庭の主婦がいいサービスだなと思ってくれれば荷物が集まる。宣伝とかの問題ではない。良いサービスを維持すれば収入が増え、損益分岐点を越したら利益が出る。問題はそれがいつか。ここから先は、実際にやってみなければ分からない。シミュレーションもできないわけではないが、本当のところは、分からない。やりながら、検証していくのである。

それでは、良いサービスとは何か。顧客である家庭の主婦がやって欲しいことをやるのが良いサービスである。それ以外にない。

しかし、良いサービスをすれば人件費が増えると小倉氏のところに社内から意見が来たという。これに対しては、収入引く経費（費用）イコール利益だから、経費が増えたって収入が増えれば利益は増えると考える。そう考えれば、経費がいくら増えても良い。その分、収入が増えれば良い。

そこで、サービスとコスト（経費）はトレードオフということをきちんと認識する。サービスを良くすればコストは限りなく上がっていく。コストを抑えればサービスにある一定の限度が出てくる。トレードオフだとしたら、両方満足はできないから、両方満足させることをはじめからあきらめる。しかし、どちらを先にやるかということは大事。サービスを先にやれば荷物は増えてくる。荷物が増えればコストは下がってくる。他方、コストのことを先に考えたら利益も出ないし、荷物も増えない。したがって、「サービスが先、利益は後」という標語をつくって、守ってもらうように徹底する。

良い循環を起こすためには、「サービスが先、利益は後」。小倉氏は、その優先順位を絶対間違えないでくれと口を酸っぱくして言ったという。

以上が小倉氏が業界常識を疑って、宅配便について考え抜いた思考のプロセスの再現である。まるで、数学の証明問題を解いているような論証プロセスである。まさに、「経営は論理」を体現したと言えよう。小倉氏は、「いつも、議論を順に追っていって結論が出れば、自分で自分をこれで間違いないと説得するのだ」という。まさに自分の頭で考え抜くことの見本といえる。

小倉昌男氏のもつ論理性について、あと二つだけ紹介しよう。

彼は言う。ものごとには何でも「メリット」と「デメリット」がある。メリットだけのものなどない。他方、デメリットだらけのものもない。メリットがあるからやろうというのならみんながやる。メリットがあって、それを追いかけるのだったら、誰でもできるのである。デメリットがあるところで、そのデメリットをどう克服するかというところにビジネスチャンスがある。工夫してそれをメリットに変えるのだという。

雪が降ったら、北海道の営業は困る。お客はいないし、荷物は少ないという。しかし、そんなことはない。雪が増えれば学生がスキーをかついできて、スキーを置いていく。だから、デメリットをメリットに変えるためには、スキーを荷受けできるよう山の中に営業所をつくればいい。デメリットがあるものは何かないかと一生懸命ビジネスチャンスを探して、それをメリットに変えるための知恵、それが経営者の知恵であり、それを考えることが経営であるという。

また、規制についても次のように考えるという。彼は、周知のとおり規制緩和論者なので、シンポジウムなどで規制がなかったらいいでしょうね、と出席者からよく言われるという。しかし、本当は規制があるからこそ、それをくぐったら新しいサービスになるのだという。大多数の人は、規制があるからダメだとあきらめる。でも知恵さえあれば、「規制あるところにビジネスチャンスあり」なのだという。

「講師の説を鵜呑みにして、それでやられては困るのです」

先に、他企業の成功例を「形」だけ同じようにまねしていくというパターンをとっても、成功例を無批判に受け入れている場合は、決して先行事例を超えることができないのだと言った。「本質」が分からないで「形」をただ入れてくると、単なる「物まね」になりやすい。

しかし、ただ形を導入するだけで満足するのではなく、導入する意図について何か本質的理由があって考え抜いてやっている場合には、「形」の導入も、組織に自ら考えさせる契機となりうるなど出発点になりうる。

花王は、米国で開発された経営指標、EVA（Economic Value Added, 経済的付加価値）を導入している。「米国式」の「形」の一つである。これは、税引後事業利益が資本コストを上回ったときに生み出される付加価値のことで、この値がプラスであれば、株主の期待を越える利益を企業が上げたことになり、逆にマイナスであれば、株主の期待を利益が下回ったことになる。

当時の後藤社長が九九年度に花王にEVAを導入したのは、ただ時流に乗ってこの

EVA（Economic Value Added、経済的付加価値）とは

EVA ＝ 税引後事業利益 ー 資本コスト

注1.税引後事業利益 ＝

税引後利益 ＋ 特別損失 ー 特別利益 ー 金融収支

注2.資本コスト ＝ 投下資本 × 資本コスト率

（資本コストとは、資本の調達にかかる費用のこと。負債の利子と、株主に最低限支払わなければならない配当金を合わせたもの。）

EVA®は、スターン スチュワート社の登録商標

指標に飛びついたわけではない。同社の米国子会社ジャーゲンズで別の理由から先行して導入したところ、これによって社員の間に資本コストに対する認識が広まって、活気が出てきた。その事実を踏まえて、半年間議論し、社員に資本コストをきちんと頭の中に入れてもらった上で新規投資をする、新商品開発をする、在庫減を図るシステムとしていいのではないかということになり、花王への導入を決めたのである。つまり後藤氏の意図は社員に資本コストの意識を持たせることにあり、ＥＶＡはその出発点として利用したにすぎないと言える。

もうお亡くなりになっているが、ホンダの創業期に本田宗一郎氏とコンビを組んで経営を担った藤沢武夫氏は、ホンダの近代企業への脱皮を目指して、全社をあげて模索しながら勉強に

励んだ時代を思い出して次のように書き残されている。

当時、箱根などに一週間缶詰めになって、各工場から集まった部長や課長が、会社が呼んできた講師の話を聞いて勉強する場をよく持ったそうである。最終日には、藤沢氏も必ず行くようにしていたそうで、そこでたいていこんなあいさつをしたそうである。

「今回教わったことは非常に有意義だったと思います。みなさん、それをよく整理して考えてみてください。しかし、さきほどの講師の方の説に私は納得はしていないんですよ」。そんなことをいつもいうものだから、大学などから来た講師の先生はいやな顔をする。それでも藤沢氏はいっておくだけはいっておかないといけないと思った。講師の説を鵜呑みにして、それでやられては困るのです、ということを（藤沢武夫『経営に終わりはない』昭和六十一年ネスコ刊。文春文庫に文庫化）。

知識を詰めこむことが重要なのではない。ましてや、それを無批判に鵜呑みにしては絶対にいけない。それを参考にするのはいいけれど、大切なことは、自分の頭で考えて考えて考え抜くことなのだ、ということを明快に語っているエピソードと言えよう。

製品のアーキテクチャとシマノの戦略

近年、特に経営学の分野で、「設計思想」（アーキテクチャ）という言葉が登場することが多くなった。製品の設計思想は、大きく「統合（擦り合わせ）型」と「モジュラー（組み合わせ）型」の二つに分類できる［藤本（2002）、新宅（2002）、青木・安藤（2002）など］。

統合（擦り合わせ）型とは、最終製品のモデルごとにそれに合わせて部品間の擦り合わせをしながら部品の最適な設計を行い、そうやって設計された特殊部品をまとめ上げて最終製品にしていくタイプの型で、歴史的には、日本の自動車産業をイメージしていただければよいと思う。

これに対し、モジュラー（組み合わせ）型とは、汎用部品を用い、これらを標準的なインターフェースに基づいて、寄せ集め、組み合わせて、結合して、最終製品にしていくタイプの型で、歴史的には、パソコンをイメージしていただければよいと思う。

日本の「ものづくり」は、この分類でみると、統合（擦り合わせ）型の製品が強みと言われてきた。それは、比較的部品も自社で内製し、また、外注する場合でも部品メーカーとの緊密な連携を維持することで、多くのコミュニケーションと微細な調整を行い、最適な製品を設計、生産する能力が高いと考えられるためである。

しかし、近年のITの発達やコスト意識の徹底の必要性は、従来、統合型であった製品領域までモジュラー型の進出を促しており、日本の得意技が失われるのではないかとの危惧が提起されてくるようになった。

機能的につながっている一連の部品を擦り合わせをしながら組み合わせて、一つのシステムとしての部品にし、外側だけ標準的なインターフェースを確保するというシマノの「システムコンポーネント」のイノベーションは、このような日本のものづくりの置かれた課題に対する一つの対応の方向を示唆していると思われる。

本文中で説明したシマノの「システムコンポーネント」の考え方は、シマノによって結合された部品のシステムの内側は、統合（擦り合わせ）型の設計思想になっているが、他方、システムの外向けにはモジュラー（組み合わせ）型の設計思想になっており、外に向けて販売可能となっている。

すなわち、システムコンポーネントを構成する個々の部品は、特殊部品であり、シマノの部品同士の組み合わせでなければ性能が十分に発揮されないし、シマノ同士の部品をくっつけることで初めて予定された最高の機能を発揮するよう十分擦り合わせられた最適設計を採っている。

他方、システムコンポーネントの外に向けては、顧客との関係で、そのコンポーネント全体と他の部品との間で標準的なインターフェースが確保されており、汎用性が効くかたちになっている。すなわち、結合したコンポーネント全体は、顧客向けにはモジュラー型の部品となっているのである。自己の製品の内部構造は汎用ではなくて統合型なので、他企業がまねできない技術がしっかりと中に入っていて、日本のものづくりの強みが活かされている。他方、外に対しては、モジュラー型の産業体制に適応可能となっているのであるから、非常に収益性の高いパターンとなっているのである。いわば、統合型とモジュラー型の良いところを組み合わせることに成功したイノベーションがシマノの「システムコンポーネント」の考え方と言えよう。

参考文献

[1] 藤本隆宏「やさしい経済学　企業の実力」日本経済新聞朝刊二〇〇二年一月二五日から二月一日

[2] 新宅純二郎「やさしい経済学　事業の選択」日本経済新聞朝刊二〇〇二年二月十三日から十九日

［3］ 青木昌彦、安藤晴彦編著『モジュール化 新しい産業アーキテクチャの本質』二〇〇二年、東洋経済新報社

第三の条件

客観的に眺め
不合理な点を見つけられること

経営者は「傍流の時代」か？

優秀企業に共通する第三の条件は、改革のため、自社を「客観的に眺め不合理な点を見つけられること」である。

この研究を進めていくうち、良好な成果を上げている企業、特に企業改革に成功した企業の経営者をみていると、失礼な言い方であるが、経営者は「傍流の時代」とも呼ぶべき現象が観察された。

会社の主流を歩み順調に出世してきた人よりは、多少はずれた、周辺部署や子会社で苦労した人物のほうが本社の中枢に入り、改革を成功させている場合が多い。

例えば、当初は社長に就任することが想定されていなかったように思える人物が、アクシデントが発生して緊急事態で社長に着任することとなったと推察される場合である。

自分より年下の社長が若くして急逝して緊急事態で社長に就任したキヤノンの御手洗冨士夫会長の場合がそうである。後述するとおり、御手洗会長にはキヤノン本社の経験がほとんどなく、海外子会社育ちともいえる。あるいは、武田薬品の武田國男会長の場合もそうで、社長を継ぐ既定路線だった兄がジョギング中に急死するというアクシデントが起こり、暫く後、緊急事態で弟の國男社長が就任した。

あるいは、通常のサラリーマン的な内部登用で社長に就任した場合でも、各社の本流事業出身というより、傍流の事業経験が長かったり、子会社への出向経験が長い人物が社長に起用される場合である。花王の後藤卓也会長の場合は、同社の売上げの七割以上を占める家庭用品事業ではなく、化学品事業出身の、ある意味「傍流」であり、出向経験も長い（連結売上高は、家庭用品七四パーセント、化学品一八パーセント、化粧品八パーセントである。二〇〇五年三月期）。

ただ、ここで留まっていたのでは、ジャーナリスティックに面白いだけである。突き詰めなければならない問題は、なぜこういう現象が観察されるのかである。傍流であれば誰でも良いなどということになるはずもない。こういう卓越した経営者が身につけている能力は何が一般の経営者と違うのか。

トップにとって傍流経験が貴重な体験となる理由は何か。調査の結果推定された理由は次のとおりである。

まず推測されたのは、その企業のその時点の核となっている事業、既存の事業に対してしがらみがないので思い切った決断ができるという側面である。

確かに、自分の始めた事業は思い入れが強く、失敗していることが明らかでもそれを認めたくないと経営者が思い、だから、景気のせいにして、いつか回復すると祈るような気持ちで経営をし、部下もなかなか経営者に撤退を直言できないという場合は見受けられた。

しかし加えて、重要である側面は、こういう「傍流体験」を有する経営者は一度中心の外から客観的に会社を眺められる機会を得ているゆえ、会社の裸の事実を冷静に認識し、経営者として改革しなければならない不合理な点をよく見出せたところである。

例えば、海外子会社の経営者を経験して本社の経営陣に戻ってきたとき、ずっと日本の本社で育っていたら不思議には感じなかったであろう不合理性を直観するような場合である。この点は、経営者が企業改革の必要性を自ら悟り、断固として実行していく上での自信を裏付けている。

「傍流」と言うと、それでは、オーナー企業などで、後継者候補が事実上、早くから絞り込まれている場合は、企業改革に成功できる優秀な経営者になりえないのかという疑問がわく。この場合の有意義な例をヤマト運輸の小倉昌男氏に見ることができる。

同社は父親の小倉康臣氏が創業した会社であり、昌男氏はその子息として同社に入社した。したがって、当初より、同社を引き継ぐ可能性が高いと認められていたと推測される。しかし、昌男氏は間違いなく商業貨物から宅配便の会社への事業転換という大きな企業改革を成功させた。氏に同様な経験はなかったのか。

経歴をみると、入社後わずか数ヶ月で四年半の結核の療養を余儀なくされた氏は、復帰して一年も経たないうちに関連会社の静岡運輸に出向になっている。

小倉氏が出向した子会社の静岡運輸

同社は経営が破綻したため、金融機関の依頼でヤマト運輸が子会社化していた。氏は総務部長に就任するが、部下は庶務課長と女性事務員の二名だけ。就業規則も賃金規則も整備されておらず、業績も赤字続きの厳しい現場だった。しかし、この会社が氏に運送会社の生の現場を見る貴重な体験を与えたようである。氏は、この出向時代を回想して「小さな会社だっただけに、労務管理から現場の作業にまで目をくばらなければならない。だからトラック運送会社の経営のイロハを身につける上で、この出向は実に役に立った」と語っている。

これまでの日本企業は、大きな営業を取ってきたというようにどこかの部門で卓越した業績を上げた人材、いわば「撃墜王」に加点をする、という人材選抜が一般的だった。しかし、経営者は経営の専門職なのであり、名選手をいきなり引き上げても名監督になるとは限らない。

しかも、そういう選抜方式に納得可能性を持たせるために、ローテーションをさせながら経営者層を選んでいくという方式を取ってきた。それぞれの段階で、「本流ポスト」と目されるポストがあり、そのポストで業績を上げれば、上のレベルの「本流ポスト」に就くという形で、長期的に「評判」を形成し、トップを選出するという方式である。

会社の現状にマッチした能力を有する候補者を選出することよりも、なんとなく、あのポストを経験し、このポストを経験して上がってきているから、おそらくあの人が社長になるであろうと社内が納得するという「納得可能性」を重視してきた。加えて、伝統的に技術系しか社長にしないとか、労務系しかしないというように、あらかじめ「畑」でトップの候補を絞り込んでしまっている会社も多かった。

このタイプの経営者の選抜方式が、企業を取りまく環境、「時代」が大きく変わるときに不適合を起こしたがゆえ、（企業改革が必要な企業については特にであるが、）優秀な成果を挙げている経営者に傍流が散見される、経営者は「傍流の時代」という現象が観察されるのではないか。定型のルートをつくった選抜方式は結果的に二十年後の社長を選ぶわけであるが、二十年後の社長にどういう人がふさわしいかわからないのは、我々が今から二十年前にどういう社長を望んでいたか考えれば自明ではないだろうか。

本社で育っていたら不思議に感じなかった

それでは、具体的な企業を例にとって、ケーススタディをしてみよう。まず、ついに経団連会長にも就任したキヤノンの御手洗冨士夫会長である。

キヤノンは、一九九五年に氏が社長に就任してトップ主導で企業改革を猛烈なスピードで実施し、成功を収めた（総資本当期純利益率で見ると、就任時の二・三パーセントから六・六パーセントへ、自己資本比率で見ると、三五・一パーセントから五四・一パーセントへ改善、いずれも一九九五年と二〇〇二年の比較）。が、氏の社長就任に至る経緯はかなりドラマチックであり、いわば、緊急事態による傍流組の社長就任である。

もともと同社の社長には、九三年三月に初代社長の御手洗毅氏の長男である肇氏が、山路社長に代わって既に就任していた。肇氏は、米国スタンフォード大学で電子工学の博士号を取得した後、米企業に電子工学の研究員として勤めた経験のあるほどの人物だったが、社長を継いで二年後の九五年八月三十一日、五六歳の若さで病気で急逝してしまう。

急遽、同日夜、当時の会長の賀来龍三郎氏を中心に後任人事が話し合われ、三歳年上の冨士夫氏（当時五九歳）に白羽の矢が立った。翌九月一日、キヤノンは取締役会を開催、冨士夫氏の社長就任を決定、発表したのである。

冨士夫氏は初代社長の御手洗毅氏の甥に当たるが、御手洗家の出身とは言っても、同社は歴代社長を見てもわかるように同族会社ではないし、当初から社長となるべく育成されてきた人物ではないと思われる。事実、冨士夫社長の就任発表記者会見の中で、賀来会長は、五〇歳ちょっとの人がよかったが、その年代で経験のある人がいなかったので冨士夫氏がクローズアップされた旨述べている。

冨士夫氏は中央大学法学部を卒業して一九六一年にキヤノン（当時キヤノンカメ

ラ）に入社したが、入社五年目の六六年には早くもニューヨークに本社のある米国法人、キヤノンU.S.A.Inc.に出向し、以来ずっとキヤノンU.S.A.Inc.に勤務、七九年には同社の社長にまでなっている。

すなわち、八九年に、当時の賀来社長が社長を引退して会長に就任するとき、賀来氏以外の他の代表取締役がすべて技術系になるのは不安があるということで、日本に呼び戻されて、キヤノン本体の専務に就任するまでの実に二十三年もの間、ずっと米国で過ごし、キヤノン本社の経験を一切していないという人物である。氏は、三〇歳の平社員のときに米国に行って、五三歳で帰国したときには本社の専務になったことになるのである。まさに、緊急事態による傍流組の社長就任だった。

キヤノンの御手洗冨士夫会長

ところがその米国での傍流経験が社長職に就いたときに生きた。氏は「本社に戻ってきたとき、不合理性を感じる部分が確かにあった。それは、ずっと日本の本社で育っていたら不思議には感じなかっただろう」と語っている。

加えて、御手洗冨士夫社長（以下、特段明記無きときは、御手洗冨士夫社長を指して単に御手洗社長と記す）の経営力は、かなりの程度米国の子会社時代に培われていると推測される。

キヤノンＵ．Ｓ．Ａ．Ｉｎｃ．は、それまでベル・アンド・ハウエル社という現地企業が販売権をもって販売していたキヤノンのカメラを販売契約が切れることを見越して自社で販売しようとして設立した法人である。氏は、設立直後に派遣されたのであるが、この自社販売は実際には六年間実施されず、氏は梯子《はしご》をはずされた形になった。後続の大規模増員もない中、氏は、悪戦苦闘して、経理、総務、人事、市場調査の仕事を自ら手がけ、暇を見ては学校にも通い、夜中まで働いたそうである。

このように、立ち上げ期の米国法人をほとんど一人で管理し、財務、会計を必死に勉強して悪戦苦闘したことが、氏に経営的能力の基礎を与えたといえる。経営者は経営の専門職なのであり、将来経営を担う見込みのある人であれば、早い時期、できれば三十代のうちに子会社などの経営を任せて、悪戦苦闘の中で経験を積ませることの重要性を明らかにしているケースと考えられよう。

企業内企業の誕生と全体最適の喪失

御手洗社長によるキヤノンの企業改革について具体的に見てみよう。

最初に、氏が社長に就任したときのキヤノンの経営課題を概観すると、次のように整理される。

第一に、売上最優先の製品開発と投資判断の是正である。

技術優先主義の行き過ぎで、技術開発で新しく生まれた製品があれば、収益性をきちんと吟味せずに製造を行っていた。ベンチャー気分の行き過ぎで新しい技術はとにかく商品化して、儲からないものでも売るようになっていたのである。利益のない製品を次から次へと売上第一で製造していくと、運転資金が利益から出せずに借金に頼っていくわけだから財務体質が悪くなっていく。その是正が必要だったのである。

第二に、財務体質の弱体化の是正である。

資金がなくなると転換社債（株式に転換できる社債）などを乱発して安易に資本市場から資金調達を行う。これは、キヤノンという大会社のサイズにはマッチしていない典型的なベンチャービジネスの行動である。結果、転換社債がどんどん株式に転換するので、株数が増え株価が上がらなかった。また、借入金への依存度が高く、事業が失敗したときには屋台骨が揺らぐ危険性があった。

第三に、行き過ぎた事業部制の是正である。

事務機やカメラなどの事業ごとに独立した組織をつくり経営させる「事業部制」でキヤノンは発展してきたのであるが、行き過ぎがあり、事業部がそれぞれの事業利益を最優先して行動するため、「企業内企業」になってしまって会社全体に求心力が失われてしまっていた。

部門間に壁ができ、自々の事業部が自分最適を考え、重複による無駄が発生、キヤノン全体の最適性を失っていたのである。また、そのために開発領域のピントがぼやけ、IT化の時代を迎えて、本命であるデジタル化やネットワーク化への対応が遅れていた。

さらに、重点化もせず、撤退もしない放任により、キヤノンとしてのリソースの投入が拡散してしまったため、製品は色々できるが大型新規事業が生まれにくくなっていた。

それでは次に、このような問題点、経営課題がなぜキヤノンに発生してきたのか、そのプロセスを見ておこう。

キヤノンの歴史を振り返ると、特に三人の社長の時代に焦点をあてることができる。初代社長である御手洗毅氏の時代（在任一九四二年から七四年まで）、賀来龍三郎氏の時代（在任一九七七年から八九年まで）、そして御手洗冨士夫氏の時代（在任一九九五年から二〇〇六年まで）である。

賀来社長は、それまで四から五パーセントだったキヤノン株式会社の売上高研究開発費比率を一〇パーセントに引き上げ、研究開発を強化した。同時に、事業部制を導入し、技術者集団のボトムアップによる新製品開発を活発化させる。キヤノンの事業の幅は複写機からプリンタ、ファクシミリ、コンピュータなどへ急拡大した。

この結果、キヤノンは米国での特許登録数で、トップに立った。最近までのキヤノンの連結業績の推移を観察すると米国での特許登録数の推移との間で相関関係を見てとれる。技術を特許などの知的財産権に変え、それらを原動力に企業成長を目指すというモデルを、賀来社長がつくったと言える。八〇年代前半までの躍進の時代である。

しかし、九〇年代半ばになると、いくつかの問題点が顕在化していた。

賀来社長の敷いた事業部制の行き過ぎで事業部が肥大化、事業部が事業部ごとの「部分最適」しか考えられなくなっており、会社全体についての「全体最適」ではなくなってきていた。

例えば、円高対策で海外に工場を建てる際、同じ国に別の事業部がそれぞれ工場をつくり、場合により子会社は子会社でまた独自につくる、という現象まで生じてい

賀来社長時代の米国における特許登録数上位企業

（順位と登録件数）

1987		
1	CANON	847
2	HITACHI	845
3	TOSHIBA	824
4	GE	779
5	US.PHILLIPS	687

1982		
1	GE	740
2	HITACHI	479
3	RCA	465
4	IBM	436
5	SIEMENS	434
12	CANON	290

1977		
1	GE	822
2	IBM	504
3	WESTINGHOUSE	495
4	XEROX	493
5	BAYER	483
47	CANON	160

1988		
1	HITACHI	908
2	TOSHIBA	751
3	CANON	723
4	GE	689
5	FUJI PHOTO	589

1983		
1	GE	637
2	IBM	484
3	AT&T	465
4	RCA	448
5	HITACHI	432
11	CANON	331

1978		
1	GE	821
2	WESTINGHOUSE	488
3	IBM	450
4	BAYER	434
5	RCA	424
45	CANON	163

1989		
1	HITACHI	1054
2	TOSHIBA	962
3	CANON	954
4	FUJI PHOTO	892
5	GE	819

1984		
1	GE	789
2	IBM	609
3	HITACHI	596
4	TOSHIBA	543
5	AT&T	488
7	CANON	430

1979		
1	GE	610
2	BAYER	355
3	WESTINGHOUSE	345
4	IBM	321
5	HITACHI	304
29	CANON	153

⋮

1985		
1	GE	778
2	TOSHIBA	693
3	HITACHI	662
4	IBM	578
5	US.PHILLIPS	446
7	CANON	427

1980		
1	GE	768
2	BAYER	414
3	RCA	410
3	USA NAVY	410
5	AT&T	406
33	CANON	173

2002		
1	IBM	3288
2	CANON	1893
3	MICRON TECHNOLOGY	1833
4	NEC	1821
5	HITACHI	1602

1986		
1	HITACHI	731
2	GE	714
3	TOSHIBA	691
4	IBM	598
5	CANON	523

1981		
1	GE	875
2	BAYER	508
3	IBM	502
4	HITACHI	489
5	RCA	437
20	CANON	268

キヤノンの米国特許登録数と経常利益額の推移

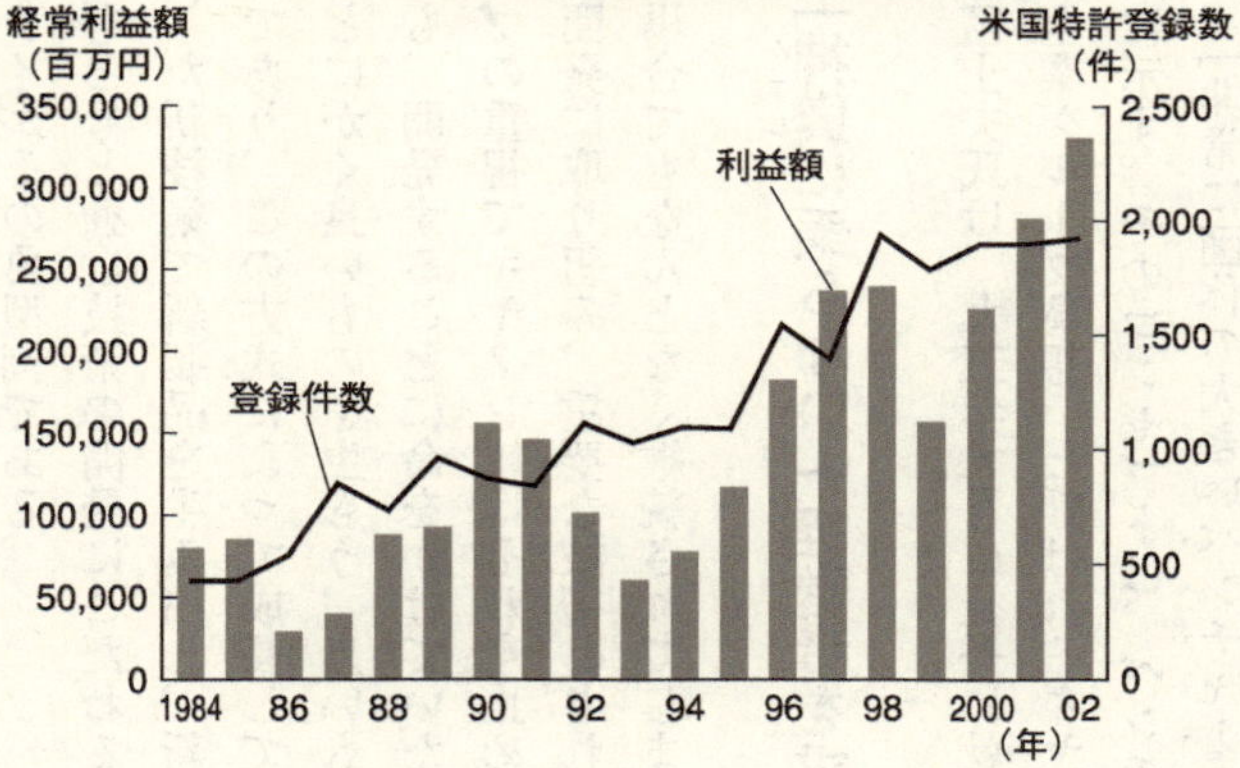

た。従業員については、不採算事業部があって人が余っているのに、好調な事業部は事業を拡張するときに外部から新たに雇用し、会社全体としてみると余分な人員を抱えることになっていた。

同様の無駄は、資金調達でも生じた。儲かって金利の低い貯金をしている子会社があるのに、別の子会社が大きな借金をして銀行に高金利を払っていた。また、各事業部が「企業内企業」と化し、財務・経理部門でも、事務機など有力な事業部が出してくる予算には、異議を唱えられなくなっていた。技術志向の会社のため、財務を軽視する傾向もあった。

不採算事業をやめられないために赤字の累積も起こっていた。パソコンやＦＬＣディスプレイがその典型例である。

もともと独自技術の開発にこだわるのがキヤノンの伝統である。そして、開発に成功した新技術で新製品を生み出し、新事業を創出する。これがキヤノンの得意パターンであり、この方式によって成長してきた。

とにかく良いものを生もう、良いもので社会をあっと言わせようというので、技術者も、開発することに命をかけていた。にもかかわらず、技術者集団からのボトムアップの重視でキヤノンにはそれを止める仕組みができていなかったのである。いったん開発に取り組み、重要な技術とされると、採算性、競争力などの面から成り立たない場合でもなんとなく継続されてしまうようになってきていたのである。

「神輿《みこし》に乗らない」経営者を求める

冨士夫氏は、九五年九月に社長に就任すると、九六年年頭には早速「グローバル優良企業グループ構想」と呼ばれるキヤノンを復活させるための自らの一〇年計画を社員に示す。そのコンセプトは、ベンチャーからエンタープライズへの転換、すなわち、「非常に図体の大きいベ、ン、チ、ャ、ー、企業のようなキヤノンをベンチャー精神を持った大企業に転換させていこう」(御手洗社長(当時)、傍点は筆者)というものである。

この中で、氏は、「部分最適」から「全体最適」への転換を掲げ、中央集権に一回戻した上で、三点の意識改革から始めることを提示した。第一に、右肩上がりの時代の「売上優先主義」から「利益優先主義」への転換を示す「利益マインドの確立」。第二に、本社内の最適化から連結経営への転換を示す「連結指向の定着」。第三に、組織の縦割り行政の打破を目指す「組織の壁の打破」である。

中長期の経営計画を策定すること自体は、キヤノンの特筆すべき点ではない。事実、この五年から一〇年間をみたとき、改革に成功した企業、成功できていない企業を問わず、たいていの企業がいわゆる中長期計画のようなものを策定している。

このような計画の策定に力を入れているか否かでは、優秀企業とそれ以外の企業を区別することは、全くできない。良好な成果を得ていない企業でも、株式市場関係者を意識してか、カタカナや格好のいいフレーズが散りばめられた、カラー刷りの美しいたいそう立派に見える計画書が策定されていた。しかし、この類いの計画を見比べてみると、コンサルタント会社を使っているためなのか、同業他社を見ているためなのか、会社が違っても内容が非常に類似していることが見てとれる。

変革の時代にあって、経営者の最も大切な仕事とは何であろうか。それは、ターゲット、目標を与えることである。そして、その目標を間違えないためには、第一の条件のところで論じたとおり、現場感覚のあること、すなわち、事業に精通していることが必要なのである。

右肩上がりの時代には、上手に神輿《みこし》に乗ってくれる経営者でよかった。経営者がはっきりした方向性を示さなくても、部下が阿吽《あうん》の呼吸でやったり、部下のつくった案にそのままハンコをついているだけでよかった。

ただし、このような神輿に乗っていればよいという経営の仕方は、すべてのマーケットが拡大していく高度成長期ならではのものである。なぜなら、右肩上がりの時期であれば、どの方向に事業が行っても、どのやり方でも、そう大きな間違いはなく、ビジネスチャンスもどこにもあるから、大体がうまい事業に仕上がっていたからである。

しかし、このような神輿に乗る経営スタイルは、変化の激しい今の時代には合わない。自分の目で見、自分の耳で聞き、自分の頭で考え、自分の言葉で語り、自分の腹をくくる経営者が求められている。

にもかかわらず、経営トップの理念やビジョンが社内に伝わっていない企業を調べてみると、理念やビジョンを社長室、秘書室、企画室などの会社の管理部門のスタッフに任せて書かせてしまっている場合が多い。だから、内容は、社内各部門に万全の配慮がなされ、調和のとれた内容になっているが、メッセージ性に乏しく、従業員の心に響く部分がなくなっている。他社の「物まね」や「借り物」の言葉では、本気としての経営者の気持ちが伝わらない、従業員の心が動かないのは当たり前と言える。

愚直にくどいくらい伝え続ける

経営者の理念、ビジョンを社内へ徹底するための第一条件は、自分の言葉で語る「顔の見える経営者」となることである。社内の管理部門に頼ることを止め、自分の理念や方向性を組織に浸透させる為に、自分の言葉で、粘り強く、繰り返し、繰り返し語り続けることである。

自分で語った言葉が、肥大化した組織の中で、十分現場に伝わらないと発言する経営者の方に多くお会いした。しかし、社員の反応は、最初の三、四回でやっと「まだ言ってる」、五、六回で「どうも重要らしい」、十回でやっと本気が伝わるといった反応であることを肝に銘じなければならない。

かっこいい言葉や新しいコンセプトなどなくていい。地味でいい。愚直に自分の理念やビジョンを自分の言葉でくどいくらい何度も何度も言葉に出して伝え続けることが経営者が本気を伝える唯一の方法であると断言する。

御手洗社長の場合、「グローバル優良企業グループ構想」という経営計画を示すことの意味は、まさに自らの改革への理念、戦略を社員に向けて自らの言葉でわかりやすい形でまとめて示すことにあった。事実、その策定は、社長が自らの思いを語り、企画本部がそれを口述筆記する形で行われたという。

そして、氏は、九六年の年頭演説でこの構想を示した後、早速一月中に自ら国内拠点をすべて回り、自分の言葉で、自分の理念、ビジョンを語る「伝道」を行っている。その後も、毎年一月から二月初頭にかけて、十三ある国内拠点をすべて自ら一つずつ回り、さらには海外拠点についても、中国、ベトナム、タイ、マレーシアなど各地に自ら出かけ、幹部や社員に根気強く、繰り返し、繰り返し、自らの今後のビジョンを直接伝え続ける努力を行っている。

御手洗社長（当時）は言う。「組織というのはおよそトップダウンであるべきである。トップは部下任せにしないで自ら目標設定をし、戦略をつくり、戦術をつくり、実行のときは自らの預かる組織を率先垂範する。そして進捗状況と成績をチェックし、それを基に、公平な評価をする。それがトップダウンである」と。

キヤノンにおいては、トップダウンの一環として、社長だけでなく、管理職それぞれのレベルについて同様な機能を期待している。「トップにいかなる目的でやっていこうか、というアイディアがなければ、アイディアのある部下と替われ」と氏は言う。

理念、ビジョンを形骸化させない

経営者の理念、ビジョンを社内に徹底するための第二条件は、言行を一致させること、すなわち、自分の言葉で表現した自分の理念や方向性通りの会社運営を実行することである。すなわち、理念、ビジョンを形骸化させないことである。この条件が、自分の理念や方向性を自分の言葉で何度も伝える根気を持つことに加えて、必要なのである。

言行不一致は、経営者が社内に何も語らないよりさらに悪い。なぜなら、社員が経営者の「本気」を信じなくなり、「真面目に取り合わない方がいい。あとで、馬鹿をみるから」といった感じになり、経営者と社員の間の信頼関係が破壊されてしまうからである。

そんなことは言うまでもない、といわれるかもしれない。しかしながら、経営者の言行が不一致になっている企業が意外に多い。肝心の具体的事業計画や予算や人員配置が降りてくると経営者の理念、ビジョンが骨抜きになっていて、経営者が本気でないことが下から見てわかってしまうケースも多い。

仮想的に例をあげてみよう。売上至上主義で無駄な営業活動にエネルギーを注いでいた企業において、経営者が売上げを下げてでも利益を重視するとの方向転換を宣言した。営業現場は、方向転換を歓迎し、利益重視の販売計画を練り上げ、社員は強い使命感の下、新しい販売計画に沿って仕事に取り組んだ。

ところが、決算を一ヶ月後に控えて、競合他社の販売情報が報告され、競合他社の売上げが予想を上回っており、自社の売上シェアが低下する見込みであることが発覚する。そんなことは覚悟の上だったはずであり、動じることは何もないはずであった。しかし、途端に、あわててジタバタした経営陣は利益重視から再び一八〇度転換し、翌月の販売目標量の上積み変更を現場に指示してしまう。

現場は言うまでもなく大混乱となり、利益を度外視して社員は売上拡大に奔走することになった。販売コスト、物流コストは急激な方針転換で大幅上昇。最終的には、売上げシェアを落とさずには済んだが、営業現場には経営者に対する不満とあきらめが充満した。社内の活気は以前より薄れ、志気の低下は回復しようもない。経営者と社員の間の信頼関係は完全に破壊されてしまった。

第一の条件のところにおいて記したように、基本的な経営理念を実際の現場に適用していく具体的方策については柔軟に変更していくことが必要だが、「売上優先」か「利益優先」かといったような基本的な経営理念自体がふらふらするというのは、極めてまずい。

しかし、観察してみると、この仮想例のように、経営トップが示した理念やビジョンと実際の会社運営が不一致に陥ってしまっている大企業は多かった。「取りあえず他社もやっているから我が社もやってみよう」とか「効果はわからないが、取りあえず形だけでも導入してみるか」といったノリで「改革」しようとすれば、この仮想例の企業のような最悪のパターンにはまってしまう。

言行一致の断固たる実行

これに対して、御手洗社長によるキヤノンの企業改革の特筆すべき点は、まさに言行一致の断固たる実行にある。そこで、次に、その実行をみてみよう。

「利益優先主義」への転換については、何でもつくって売れば良いというものではないとして、利益の出ない事業をなくしていくことを決意した。

以前のキヤノンには、どのような事業であっても、売上げを上げれば、その結果利益が後からついて来るという考え方が強かった。そこを、まず、利益から入ることとした。利益を出すために強い事業をつくろう。強い事業にするために強い製品をつくろう。そのためには強い技術をつくろう、というように逆の発想を植えつけたのである。第二の条件のところで、ヤマト運輸の宅配便事業進出について、損益分岐点を超すには、収入を増やす必要があり、そのためには、サービスを良くしなければならないから、「サービスは先、利益は後」と述べた。しかし、これは、あくまでも宅配便事業が収入が増えれば利益が出る事業であるという小倉氏の突き詰めた論理的思考の上での判断であり、そもそも事業自体に利益性がないものを選択するのとは全く異な

キヤノンのコンピュータ事業の売上げ及び利益の推移（連結）

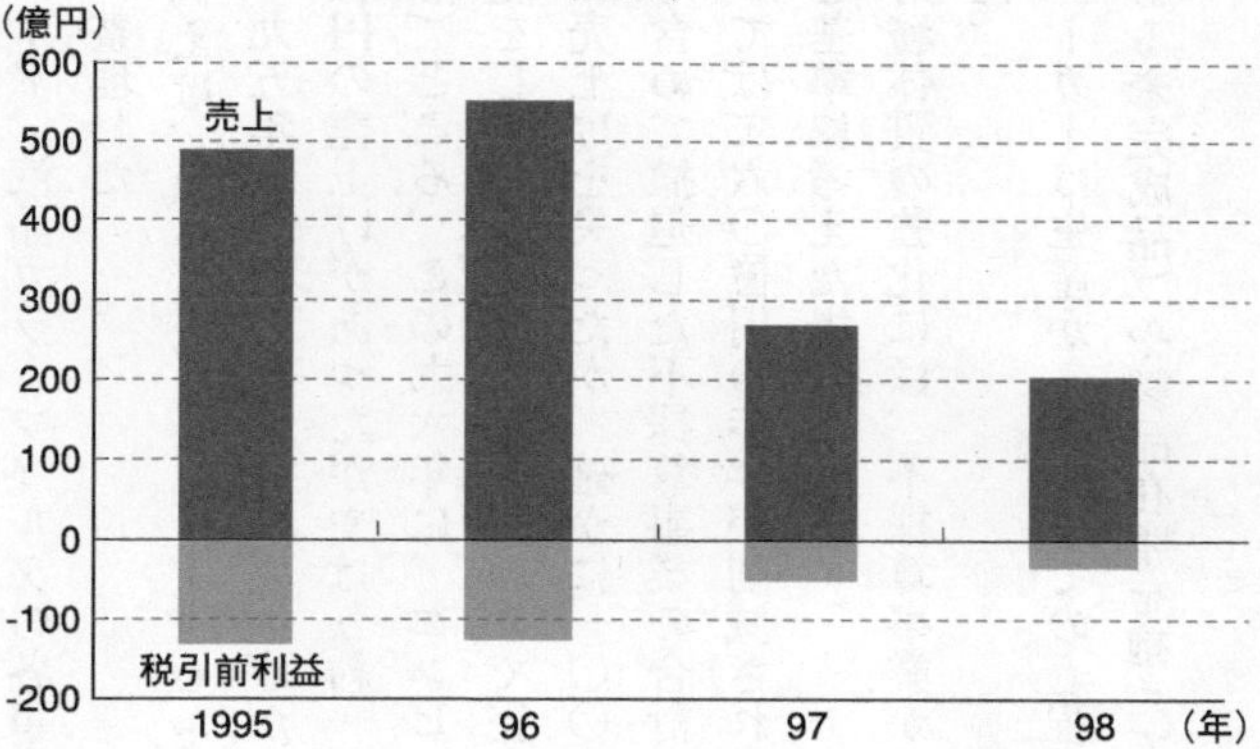

る。どの事業を選択するかは、あくまで慎重でなければならない。

御手洗社長によれば、企業の使命は、従業員の生活の安定、株主への利益の還元、社会への貢献、そして、会社が存続していくために先行投資をすることであり、その四つの企業の使命を全うするためには、事業で利益を上げることが不可欠であるとした。売上げや事業規模が拡大するだけでは使命は果たせない。

だから、不採算事業については、本当に売上げを減らしてでも利益体質にすべきとの強い意志を持って、パソコン、ワードプロセッサ、液晶表示装置の一つである強誘電液晶ディスプレイ（FLCディスプレイ）、電子タイプライター（ETW）、光磁気ディスク、光カード、液晶カラーフィルタの各事業からの撤退を本当に実行し、不採算事業を大幅に整理した。

例えば、パソコンとワードプロセッサ等を足したコンピュータ事業については、九五年は約五〇〇〇億円の売上げがあったが約一〇〇〇億円の赤字、九六年は約五五〇〇億円の売上げがあったがやはり約一〇〇〇億円の赤字だった(一七一ページのグラフ参照)ところ、この九六年に、コンピュータ事業から撤退する決断をし、三年かけて減産をしていき、九九年の終わりで完全に事業を打ち切った。結果として、五五〇〇億円の売上げを失ったが、確かに一〇〇〇億円の赤字がなくなった。コンピュータ事業以外も含めて撤退した不採算事業の合計では、七四〇〇億円の売上げを失ったが、利益については二六〇〇億円の赤字が削減され、利益体質の企業に変貌した(いずれも、九六年を基準に考えた場合)。

財務体質の強化には、不採算事業からの撤退と並び、生産方式の変更が大きく貢献した。

メーカーは生産から販売までの過程でたくさんの部品、仕掛品(製品の製造工程中にある未完成品)や製品在庫を抱えている。これらを減らせば、かなりの資金が浮く。

そこで、それまでのベルトコンベアを使った流れ作業による生産方式をやめて、セル（細胞）と呼ばれる少人数のチームが複数の工程をこなし一つの製品をつくり上げる「セル生産方式」に移行した。

一つの商品のライフサイクルが短くなってくる時代においては、ビジネス機会が訪れたら即座に製品をつくり、需要が落ちてきたらすぐさま生産を減らすことが重要である。ベルトコンベアのラインによる生産のように少品種大量生産を前提にした仕組みでは、商品の生産量の短期的な調整が困難なことに加え、一つの商品の生産から他の商品の生産へのラインの組み換えに時間がかかり、このような時代の要請に適合しにくい。

この点、セル生産方式の場合、少人数のセルで一つの単位が完結しており、かつ、用いる工具や機械も比較的単純なものが多いため、新製品の生産も準備期間なしに垂直的に立ち上げ

セル生産方式による組み立て風景
（キヤノン阿見工場）

ることが可能である。また、新製品の立ち上げ時にバグ（不具合）が発生した場合なども設計変更への対応が容易である。さらには、生産量の変動に合わせた作業が可能になる柔軟性があり、部品、仕掛品や製品在庫を大幅に減らすことができる。

キヤノンにおいても、それまでのコストダウン努力といえば、自社の努力というより、毎年外部の調達先の企業からの調達価格をいかに下げるかの折衝が中心であった。自社の努力として技術で対応可能なコストダウン努力はないかといろいろ調べて、当時はまだ今ほど有名でなかったセル生産方式にぶつかったのである。御手洗社長は、早速、この生産方式をキヤノンに導入するため、「ＰＥＣ」という会社に約三〇〇人の人間を研修に派遣した。

しかし、ここでも、言行一致の実行が重要である。一般に、企業の研修派遣というと、将来のためにといって若い下の人を派遣するのが常である。しかし、セル生産方式が広まっていない当時のことである。下の人では、せっかく研修して帰ってきても、上司が納得してくれなければ、実行できずに終わってしまう。

そこで御手洗社長は、年配の管理職自らを研修派遣した。管理職の場合、自身が感心して帰ってくれば、自分の権限で実行に移すことができる。それで成功した。キヤノンでは、二年間でセル生産方式の世界の全工場への導入を実行した。

効果は大きかった。九八年から二〇〇二年にかけて部品、仕掛品、製品を合計した在庫（棚卸資産）は約二〇〇〇億円削減され、全世界で借りていた倉庫約一三万平方メートルを返却した。九八年と二〇〇二年を比較すると、生産要員二万七千の人員が浮き、浮いた労務費コストが一七〇〇億円強にのぼった。また、ベルトコンベアは合計二万メートル撤去され、これらによって、大型の工場九から十個分に当たるスペース（約七二万平方メートル）があいた。

連結経営への転換の実行については、事業本部別連結業績計算制度の導入により、事業部と販売子会社の間の壁を取り払おうとした。

キヤノンは販売部門を別会社とする製販分離の形を採っており、かつ、販売子会社はすべて国ごとに独立した会社になっている。したがって、従来は、メーカーである事業部が製品を製造して販売子会社に一旦売ってしまえば、事業部の方は、売上げが立ち利益が上がる。それから先は知らない。だから各事業部は新製品を開発し、それを生産して国内や海外の販売子会社へ供給しさえすればそれでよく、実際には売れ行きが悪くて在庫となってもそれは販売子会社の問題として処理された。当然、在庫を販売子会社に押しつけてよしとする向きもあった。

これではいけないというので導入されたのが事業本部別連結業績計算制度である。

これは、事業部別に開発、生産から販売、アフターサービスまでビジネスの流れ全体を捉え、業績を算出する制度である。

新制度では、事業部は製品をたくさん開発し、工場で安く生産するだけでは評価されなくなった。販売子会社に売っても、販売子会社から顧客に売られなければ自分の事業グループの売上げとして認められない。販売子会社が売り残せば、事業部全体の業績に在庫としてはね返ってくることとなる。したがって、事業部も、世界の販売子会社を回り歩いて営業を支援するようになった。加えて、事業部が販売子会社の話に耳を傾けるようになり、製販分離で生産側に市場の情報が入りにくくなっていた欠陥が補われた。

組織の「形」をいじること自体が改革ではない

縦割り行政の打破を目指す「組織の壁の打破」については、事業部間の縦割りをなくし、組織に横串を通す工夫を行った。九八年に設けた「経営革新委員会」である。開発システム革新、生産・物流システム革新、グローバル・ロジスティクス・システム革新など八つの会社横断的なテーマを掲げ、これらの分野の改革を事業部の枠を

キヤノンの経営革新委員会

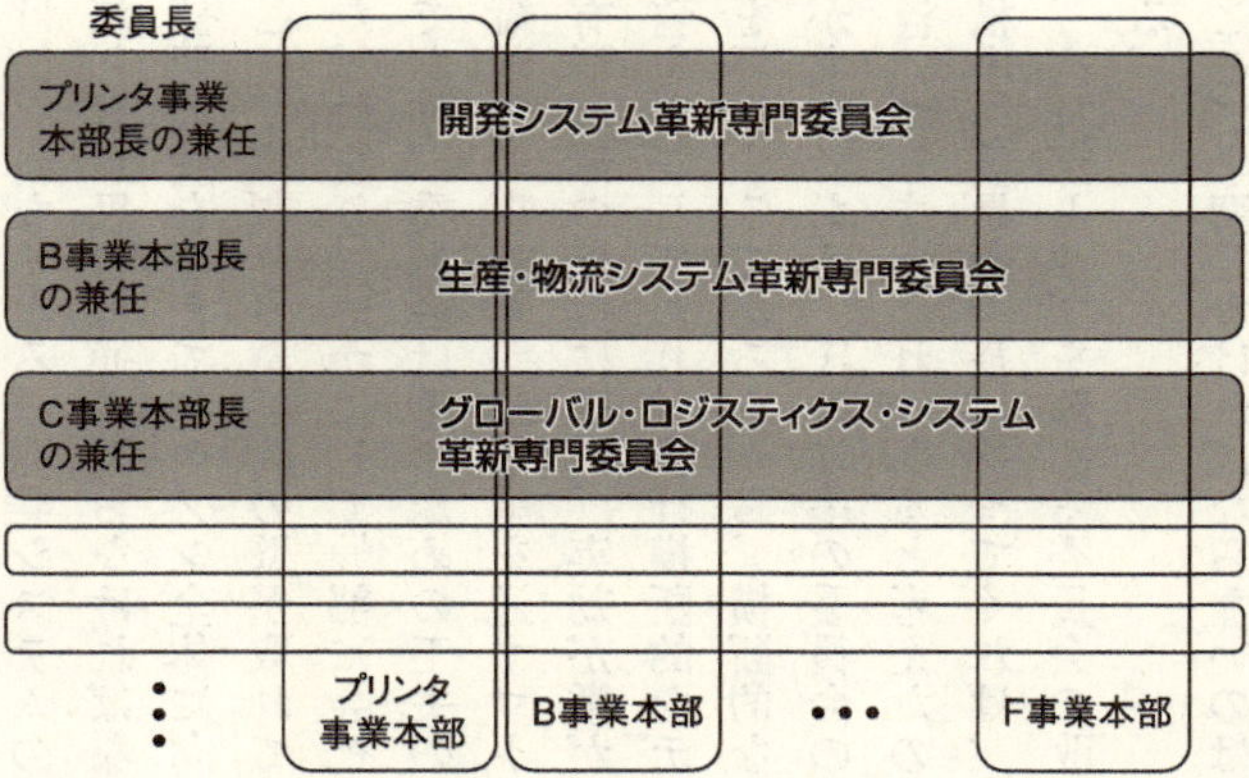

超えて指導させることとした。

　しかし、本書において何度も繰り返し繰り返し述べているように、組織の「形」だけいじってみても全く意味がない。そして、ここでも御手洗社長による改革の要点は言行一致の実行にある。

氏は、委員会の提案する改革案に各事業部がついてくるよう、改革テーマごとの各委員会の委員長に、主に縦割り事業部の事業本部長を兼任でつけた。例えば、プリンタ事業本部長のA氏が開発システム革新専門委員会委員長を兼任する、といった縦割り組織と横割り組織の複合である。

　そうなれば、事業部制が発達し縦割りの事業部間で交流が乏しいといっても、A氏はプリンタのことばかり考えていればいいというわけにいかなくなる。開発システムの革新というもう一つの仕事を行うには、他の事業部とも意思の疎通を図らなければならなくなる。いきおい、A氏の眼はおのずと事業部間の壁を超えてキヤノン全体に向かう。

これで縦割り事業部間の壁が取れて、役員たちが互いに連携するという効果が出てきた。つまり、いかにして幹部に会社全体を視野に入れてもらうかが御手洗社長の狙いであり、委員会はそのための工夫の一つであったのである。

縦割りの事業部間に横串を通すマトリックス型の組織の試みは、実態上縦割り組織の有形無形の抵抗に遭い、実効が挙がらないことが多い。社員は縦割り組織で日常の業務をこなしており、会社横断的なテーマの業務が日常の仕事とぶつかれば、日常業務を優先するであろうから、横断的なテーマの業務をこなすには時間をやりくりするのが大変である。氏は横串の委員会の長に専門の人材をあてれば、縦割り組織の抵抗で浮いてしまう恐れがあると考えたのである。だから、縦割り事業部のトップを兼任で横串の委員会の長に持ってくれば、そうはいかなくなると判断した。もし抵抗すれば、自分がトップを務める委員会の改革案も受け入れられなくなる恐れがあるからである。

ここで学習しなければならないのは、組織の「形」をいじろうというところから入っているのではなく、いかにしてキヤノン全体を考える経営陣をつくるかという問題の「本質」から入って、その問題の本質を解決する一つの手段として組織の「形」を考えている点である。

組織をいじって効果が出ている場合には、そこに「形」ではない何か本質的な理由が必ずある。そして、「形」をいじっていく過程で、常にその問題の本質が解決されるか、実効が挙がるかがレビューされている。

政府に関する改革論議などでも、ときに組織の「形」をいじること自体が改革であると誤解されて議論されることが往々にしてある。組織という「形」をいじること自体は比較的容易にできるが、それ自体は何の改革でもないのである。本質的に何を目標としているのか、その目標を本当に達成しうるのか否かが、常に問われなければならない。

最後に、御手洗社長によるキヤノンの企業改革の成果を、数量的に確認できる範囲になってしまうが押さえておこう。

連結純利益は、氏が就任するまでの五年間の平均額が三九〇億円（九一年から九五年の平均）に対し、九八年から二〇〇二年の五年間の平均額は一三四四億円となっており、三・四倍になった。

キヤノンの連結収益の推移

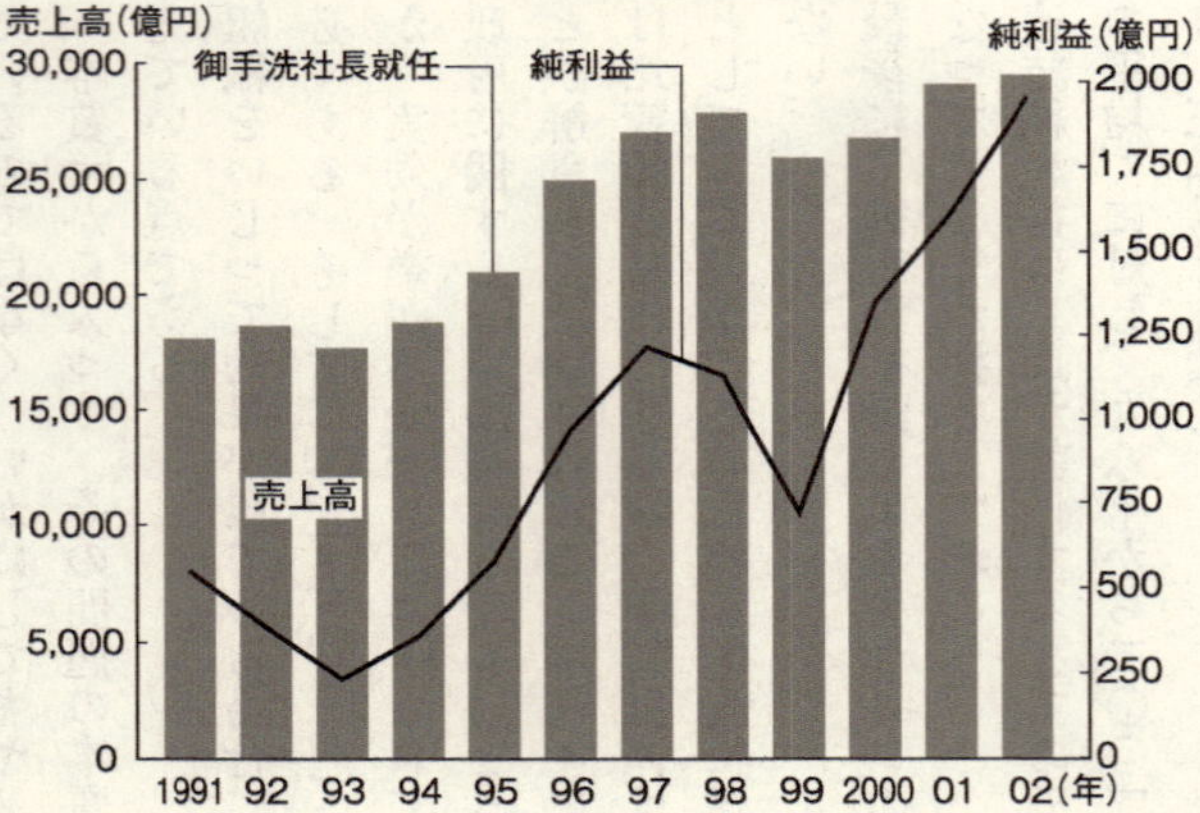

キヤノンの有利子負債依存度の推移

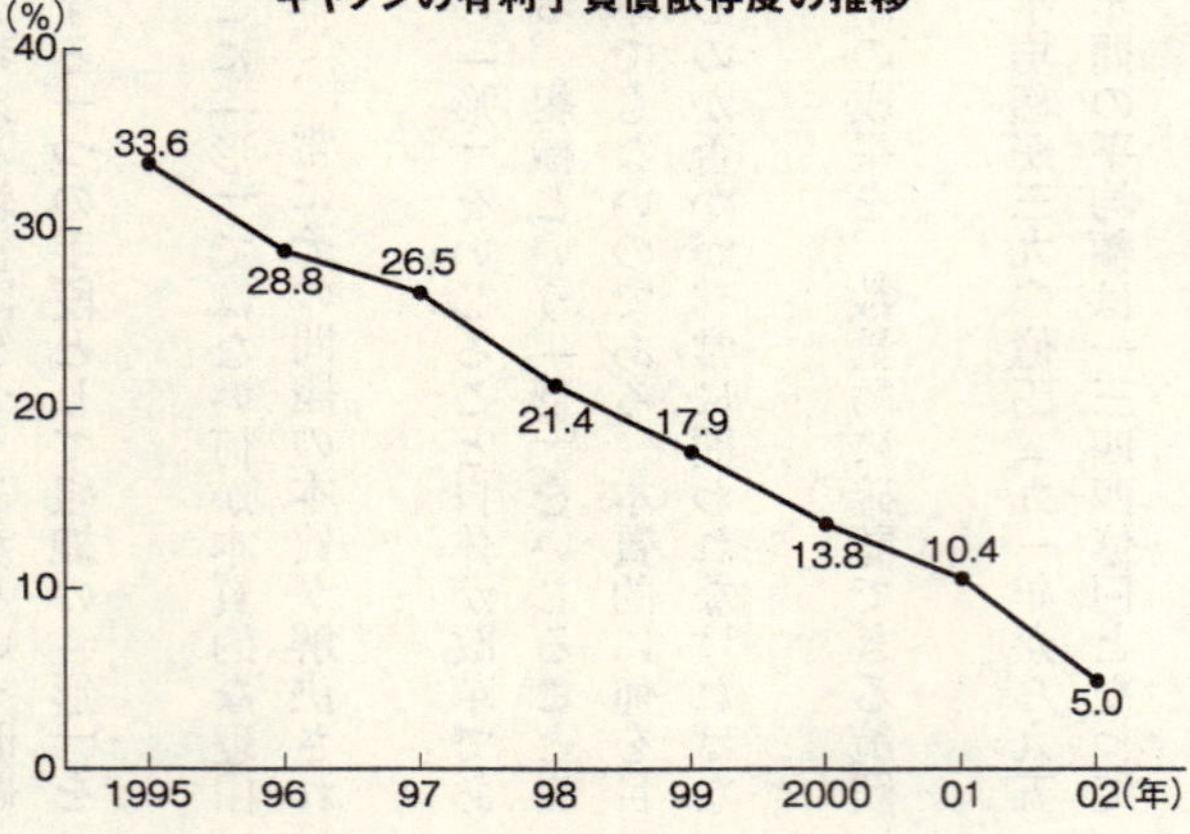

氏の就任時の一九九五年と二〇〇二年を比較すると不採算事業からの大幅撤退の実行により連結売上高の伸びは約一・四倍に留まったが（二兆八五八億円から二兆九四〇一億円に）、同期間の連結純利益の伸びは約三・五倍になっている（五五〇億円から一九〇七億円に）。

財務的安定度を示す自己資本比率も三五パーセント（九五年）から五四パーセント（〇二年）まで上昇し、逆に、有利子負債依存度は三三・六パーセントが五・〇パーセントまで、六分の一以下に減少した。

剰余金は、キヤノンの創業期から氏の就任時の九五年までの累積でも、連結ベースで四三三五億円であったが、二〇〇二年にはこれが一兆二〇三二億円にもなり、創業以来の剰余金の六四パーセントを二〇〇二年までの七年間で積み上げている計算となっている。

企業改革を実現した地味で控えめな社長

同様に社長就任後、企業改革を実施し、成功を収めた花王の後藤卓也会長も、ある意味「傍流」から登板した、しかも個性も歴代経営者とは異なるリーダーである。

氏は、売上げの七割以上を占める花王の本流の家庭用品事業出身ではなく、一七パーセント弱の化学品事業の出身である。しかも、二度にわたる出向で計十年程度、花王本社の外で勤務していた。氏は千葉大学工学部工業化学科を卒業して、一九六四年に花王（当時花王石鹸）に入社、化学品事業本部長などを経て、九七年に社長に就任した。

よく知られているように花王は歴代、高名な社長を生み出してきた。後藤社長の前々任は丸田芳郎氏（在任一九七一年から九〇年まで）、前任は常盤文克氏（在任一九九〇年から九七年まで）である。

丸田社長は破天荒なカリスマ型経営者として知られ、「丸田イズム」という言葉が後世に残ったほどである。常盤社長は、学究的経営者と言われ、経営論についても著書が多い理論家である。タイプは違うが、いずれもよく目立つ外向的で華やかな経営者であったといえよう。

この二人の前任と対比すると、どうみても後藤氏から受ける印象は地味である。少なくとも社長時代は社外で講演をするといった仕事は好まなかったし（社長時代に話をしたのは、本書のためと、もう一回だけと伺った）、自己についての説明も控えめで、自身に光が当たること自体も好んでいないように見える。自分は、前任から花王を引き継いで、後任に引き継いでいく、花王の歴史の一コマを担っているだけ、というのが口癖である。堅実・実務的なタイプの社長だった。

しかし、反面その内にある意志の強さは、社長就任直後からの企業改革の断固たる実行を見れば明らかである。氏は九七年に社長に就任すると、早速企業改革を実行する。その具体的内容は次のようなものであった。

第一に、社長就任翌年の九八年には足を引っ張っていたフロッピーディスクを始めとした情報関連事業からの完全撤退という大鉈《なた》を振るった。これは利益率の改善に大きく貢献した。

八五年に花王がフロッピーディスク、すなわち情報関連事業に参入した当時、社内の思いは二つあった。一つは、情報関連産業は伸びゆく産業であり、その伸びる産業に花王もついていく必要があるとの認識であった。もう一つは、第一の条件のところにおいて記したとおり、花王は日用雑貨の会社としては異例であるが自ら化学素材を手がけており、その技術を生かせば品質の良いフロッピーディスクを開発できるという自信であった。すなわち、市場は間違いなく伸びる、技術はある、ということで参入したのである。

ところが、重要な論点は、花王という企業が取り組む事業のコンセプトは、これも

第一の条件のところで既に述べたとおり「清潔・美・健康という点で消費者の役に立つ」というものであり、このコンセプトのまとまった塊からみると明らかにその外側の事業であったという点である。

事実、参入してみて、甘かったことがはっきりするのは、花王は、情報関連事業の分野で、ハードウェアを持っていないしソフトウェアも持っていない。単なる情報媒体に過ぎないフロッピーディスク、あるいはCD-ROMのみを取り扱うわけで、マーケットにおいてイニシアチブを取りようがなかった。だから、確かに商品の品質は良く、マーケティングの積極攻勢もあって、特に米国においてはナンバーワンのマーケットシェアを取り、全世界では八〇〇億円の売上げを上げるようになったものの、やはり収益の上がる見込みは得られなかったのである。

だから、後藤氏の社長就任時には、社内でも情報関連事業撤退のムードはそれとなくあった。しかし、過去のしがらみもあり、社員もなかなか言い出しにくい雰囲気だった。それを感じ取った後藤社長は大胆に完全撤退を打ち出した。氏は当時の状況を控えめに次のように述べている。「私が言い出したというか、決めたのはみんなで決めた。そういうムードになっていたし、ちょうど変わり目のいいタイミングだったのかもしれない。なかなか言い出しにくかったのかもしれないし」と。

企業改革の第二は、販売会社の統合である。花王の特徴である問屋を経由しない自前の販売会社制度について、全国八つに分かれていた販売会社を一九九九年に一社（花王販売株式会社）に統合したのである。

よく知られているように、花王は六〇年代の前半、今から三十年以上前に、努力の末、卸を通さずに同社が直接マーケットに売っていく「販社システム」を作り上げた。そして徐々に卸との関係を調整しながら、当初は一〇〇以上あった「販社」を集約化してきたのであるが、後藤氏の社長就任時においても、まだ八社に分かれていたのである。

顧客側である小売業のチェーンが全国チェーンになっていることを考えると、完全統合した方が効率的なのはわかっていたのであるが、地元との関係もあり、完全統合は簡単ではなかった。そこを氏は実行したのである。一社への統合によって、情報の共有化が進み、また、小売業の全国チェーンへの対応が円滑化し、さらに間接業務の効率化も果たされた。

第三に、同じく九九年に、第二の条件のところにおいて述べたとおり、ＥＶＡ（経済的付加価値）という経営指標を日本の企業としてはかなり早い段階で導入した。トータルコストリダクション（ＴＣＲ、全社的費用削減運動）という活動が社内に定着

花王の連結収益の推移

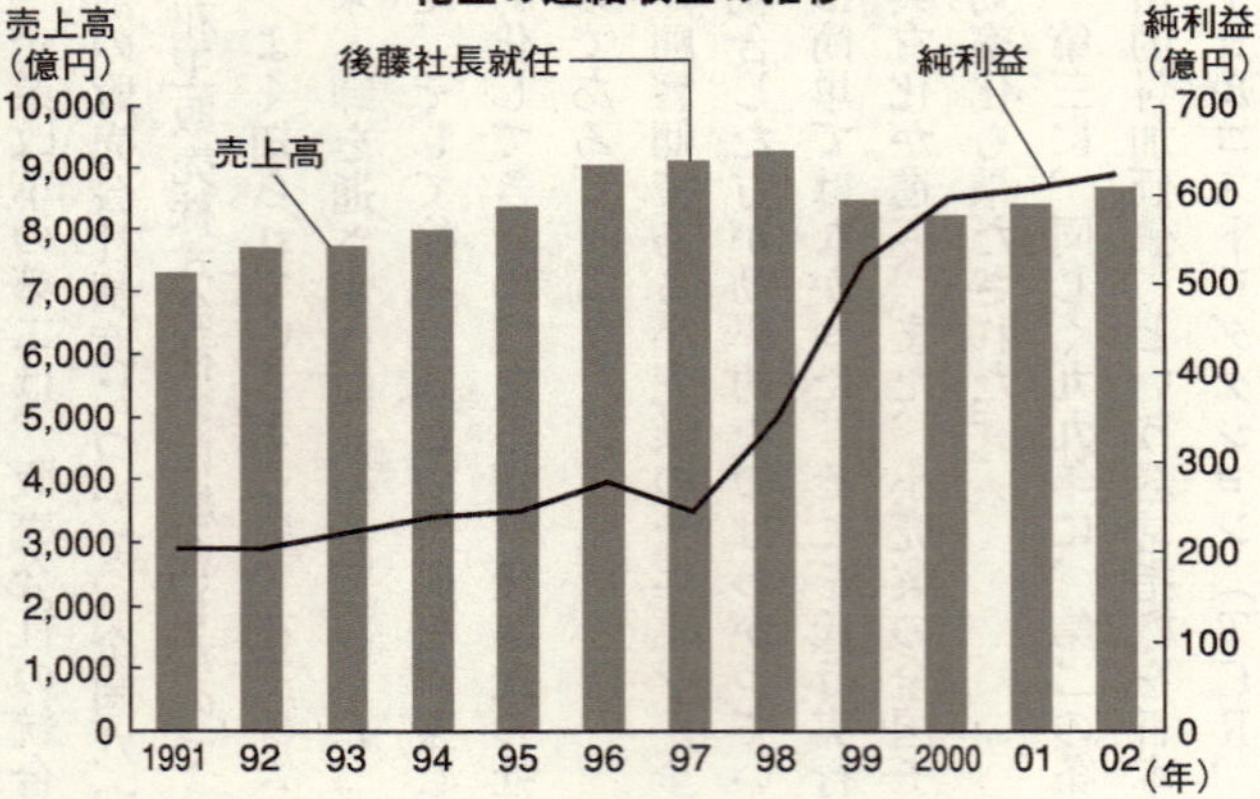

してきて、草の根的運動も含めて費用削減に対する考え方が浸透してきていたことを土台として、その延長線上として、ＥＶＡを導入し、社員に資本コストの意識を徹底させようとしたのである。

第四に、やはり九九年に、脂肪の付きにくい油として大ヒット商品となった「エコナクッキングオイル」を十五年にわたる開発の成果として世に問うなど、ヘルスケア分野の強化を打ち出した。

さらには、翌二〇〇〇年六月には、自分以外に代表権を持っていた五人を含む八取締役の退任を決め、経営陣の世代交代を図った。

最後に、後藤氏によるこれらの改革の成果を数量的側面から確認しておく。

無論、かつてより花王という会社は優秀な

企業であり、改革の成果も先人の弛まない努力の上での成功ではある。しかし、それを割り引いても、後藤氏の社長就任後の花王のさらなる改善には特筆すべきものがあると筆者は考える。それは、社長に就任した時期の運によるもののみでは決してない。

氏の就任時の一九九七年と二〇〇二年を比較すると、収益性を示す総資本経常利益率は、七・九パーセントから一五・八パーセントへと大きく改善した。

成長性をみると、情報関連事業からの完全撤退により連結売上高は減少したが（九〇一四億円から八六五二億円に）、同期間の連結純利益の伸びは約二・三倍になっている（二七六億円から六二五億円に）。

財務的安定度を示す自己資本比率も五四・五パーセント（九七年）から五七・九パーセント（〇二年）に上昇した。

意図的に傍流経験を作り出す

「傍流」出身の経営者に学ぶ新しいトップのつくり方とは、いかなるものであろうか。

もし、経営者という職務が、これまでの日本の大企業でどちらかといえば尊重されてきたような社内調整能力や社内政治力といった能力より、価値観とか理念・ビジョン、企業にとってのターゲット・目標を与えていくようなセンスを要求される専門的な職務だとすれば、その分野の能力があるかどうか見なければならない。であるとすれば、三十代くらいの若いうちから経営的な能力を試し、育成していくことがやはり必要である。

「傍流」というのは、良い人が「偶然」で社長になっているのであるが、これを「必然化」しないといけない。もう少し組織的に埋め込むのである。偶然ではなく、意図的に「傍流経験」を積ませるのである。

そのためには何をすればよいのか。

将来経営を担う可能性のある人材なら、早い時期、できれば三十代のうちから、経営の実践の場としての緊張感のある「修羅場」、すなわち経営的に厳しい現場に挑戦させることである。候補としては、海外子会社や厳しい環境に置かれた関係会社の経営者、あるいは、厳しい環境に置かれた事業部の長などが考えられよう。

しかも、本社の経営者とある程度独立して判断し、しかも結果について責任を取らされる場でないといけない。本社の言うとおりやっていれば、大過なく過ごせるポストは適さない。厳しい状況で結果について責任を取らされないと「修羅場」にはならない。経営を任されて、死ぬ思いで悪戦苦闘した結果が本社の経営に生かされるというのが「傍流」出身の経営者の教えるところである。

大切なことは、そのポストを「本流」を昇る単なる「ルート」にしてしまったのでは、またしても「形」だけの改革になってしまい元も子もない。やはり、本社の経営陣にとっては、当該候補者の経営的な適性を試す場でもあるわけであるから、成果をみて、経営能力があると判断されれば、本社の経営陣の候補者の一人に残していく、そうでなければ、また現場に戻し、個々の分野の現場の「撃墜王」として会社に貢献してもらうというように、実質的な判断を加えなければ意味がない。そうすれば、「修羅場」をくぐり抜けた人材が経営を担う仕組みが出来あがる。

調査をしてみると、日本の大企業は、ようやく経営者を計画的に育成することを試行錯誤ながら始めたという段階であろう。

海外子会社のトップに将来の経営陣の候補者を就けていくというのは、それでも出てきたが、四十代後半の世代だったりで年齢的にやや遅い。

ましてや、国内関係会社の経営者にあっては、まだまだ天下りの人材の受け皿とのイメージが強い。このタイプの関係会社をみると、親会社の経営陣をいつまでも自分の単なる部下と思っているのか、親会社の全体最適に向けたグループ全体の経営方針に従わない場合も多い。また、関係会社自体も経営的にみて問題のある場合が多い。五十代から六十代になって、本社のトップになれなかった人物を代わりに関係会社の社長にあてがう人事は、そろそろ終わりにする必要がある。

ところで、新しい経営トップのつくり方を日本企業が採用していくには、整理しておかなければならない課題がある。なぜ、従来は、経営者層の選抜方式に本流ポストのローテーションによる評判形成という選出方式を日本企業が採ってきたか、である。

それは、社長になる人が一番偉くて、現場の前線で撃墜している戦闘機乗りがそれよりも下だという認識があるから、適性いかんにかかわらず、経営陣に上げなければならないとなるのである。だから、経営者というのは、経営の専門職として会社に貢献しているだけであって、現場前線の撃墜王で頑張っている人も、研究開発を行っている技術者も、そして経営者も、それぞれの仕事で会社に貢献している、同じなんだというよう認識できるようにしなければならない。

一つの尺度で社員を計っているから「会社に貢献しているのに……」と不愉快に感じる社員が増えてしまう。もし、色々な多様な尺度で評価ができるようにすれば、どんな形であれ会社に本当に貢献している社員は、その世界で満足な会社生活を送れる。

ということは、実質的な意味でみて、「ピラミッド型」の評価を「複線型」の評価に変えていかなければならない。従来は、「ピラミッド型」の評価の下で、中堅以降になると経営者予備軍選抜が人事評価の要《かなめ》となり、他の尺度で会社に貢献している人材を充分に遇することができなかった。

しかし、今後は、特定の分野で会社の利益に貢献している社員の方が経営者より厚い処遇を受けることも当たり前にならなければならない。プロ野球のチームの一流プレーヤーと監督の関係のようにである。そうすれば、年配になって現場経験のある人がその経験を活かして、自分の子供くらいに若い経営者に本当に仕えていくというようなこともごく自然に行えるようになるはずである。また、その年配の人が若い人より給与が低かったとしても不愉快にならないはずである。

経営者は社外から連れてくればいいのか？

さて、本章を締めくくるに当たり、もう一つだけ論点にふれておきたい。「会社にとって、経営者の育成が大切というが、この考え方は終身雇用を前提とした古い考え方である。終身雇用を崩して、経営者を社外から連れてくればいいではないか」というよく出てくる質問についての筆者なりの考え方である。

筆者が本書の要旨を発表して以降（「動け！日本　日本の優秀企業研究　中間報告要旨」（経済財政諮問会議提出資料、二〇〇二年六月二十一日）、「優秀企業ベスト経営者の能力」（「文藝春秋」二〇〇二年九月号、同年八月十日発行）、いずれも筆者著）、実務家の方、研究者の方など多くの分野で反響があったが、この第三の条件（「客観的に眺め不合理な点を見つけられること」）をめぐっては、ここに掲げられた「傍流」の経営者と、別の世界の社外から来る経営者が同じか違うかが、争点の一つになった。筆者の記した「傍流」の経営者を、テイクオーバー（乗っ取り）による企業再構築と類似のものと考え、「擬似的テイクオーバー」と解する見解もあった。企業のテイクオーバーの場合、経営者は外から供給されるが、この場合は、「傍流」経営者に経営を「乗っ取らす」こと（コントロール権の移転）でそれに近い効果を挙げようとするものであると解釈するものである。大変興味深い議論と考える。

しかし、筆者自身の考え方を問われれば、本章で記した「傍流」の経営者と、別の事業の社外から来る経営者や企業「乗っ取り」による社外からの経営者就任は明らかに異なると考える。だから、外からの経営者が本章で述べたような企業改革を実行することは、不可能とは言わないが、社内のインサイダーの相当な協力がない限り、困難と考える。

なぜか。

本研究の結果、明らかになった改革をリードする経営者に必要な条件とは、一方で、①既存の考え方やしがらみにとらわれず発想でき行動できることであるが、一方で、②その企業の事業についての現場感覚があること、事業に精通していることが必要だからである。この点は、本章で述べた具体的な企業のケーススタディからもわかるであろう。そして、別の事業の社外から来る経営者が②の条件を満たすことは簡単ではない。

日本の証券業界に新しいビジネスモデルをもたらした松井証券の松井道夫社長によると、革命というのは、前のいろいろな問題点を知っている人ほど、実は一番、先鋭的な改革者になれるのだという。

歴史的にみても、何も知らない外部の人間が、仮に何のしがらみがなかったとしても、新しい仕組みをつくれた試しはないと言ってよい。ある時代が変わるときは、内部から「実は、どうもおかしいのではないか」と不合理性を感じる造反者が出てきて

米国フォーチュン500社トップ10企業CEOの出身（2003年）

	企業名	業種	CEO	出身	CEO就任時期	入社時期	入社からCEO就任までの期間
1	Wal-Mart Stores,Inc.	流通	Lee Scott,Jr.	内部	2000.1	1979	21年
2	General Motors Corporation	自動車	G.Richard Wagoner,Jr.	内部	2000.6	1977	23年
3	Exxon Mobil Corporation	石油	Lee R.Raymond	内部	1993	1963	30年
4	Ford Motor Company	自動車	William C.Ford,Jr.	内部	2001.10	1979	22年
5	General Electric	複合企業	Jeffrey R.Immelt	内部	2001	1982	19年
6	Citigroup	金融	Sanford I.Weill	合併	1998	（合併による）	——
7	Chevron Texaco	石油	David J.O'Reilly	内部	2001.1（Chevron CEO就任。2001.10にTexacoと合併）	1968（Chevron入社）	32年
8	International Business Machines	電子関連機器・サービス	Samuel J.Palmisano	内部	2002	1973	29年
9	American International Group	金融・保険	Maurice R.Greenberg	内部	1967	1960	7年
10	Verizon Communications	通信	Ivan G.Seidenberg	内部	2002.4	1991年Verizon前身のNYNEX取締役就任	11年以上

（注）内部、外部の判断については、副社長（Vice President）以上の役職で入社している場合を外部として整理した。
（注）Citigroup の Sanford I.Weillについては、American Express Company 社長（President）から、1986年、Travelers GroupにCEOとして入社(-98)。1998年、Travelers GroupはCiticorpと合併し、Citigroupに改称。合併と同時にCitigroup社CEO。

クーデターが起きる。これがイノベーションのポイントである。だから大企業で変革が起きるときは、大企業の中で変革は起きるはずである。

よく米国は、終身雇用制でないので、経営者は社外から来る、と言われることが多い。

しかし、事実は違う。米国の上位企業のCEO（最高経営責任者）を調べればすぐわかるが、経営者育成に失敗した例外的なケースを除いて、ほとんどが社内から上がってきたCEOである（前ページの一覧表を参照）。

無論、米国では雇用の流動性が高いのは事実であり、A社に勤めていてもB社にアプリケーション（入社願書）を出している社員は多い。だから、B社は成果の不十分な社員を解雇して、面接の結果能力の高い人間であればその人を雇う。つまり、社員は、社内で競争しているだけでなく、社外とも競争させられている。だからこそ、それに耐え抜いて生涯勤め抜いた人間は誇りを持っている。「結果的終身雇用」による経営者の選抜である。

だからこそ、やはり、社内でいかに経営トップを育成していくのかは持続的優秀企業となるための鍵となるのである。

我が国で、社外から呼んできた経営者の代表格のように語られることの多い日産自動車のカルロス・ゴーン社長でさえ、外部から経営者を呼んでくることにはデメリットがあり、一概に良いとは言えないと語る。その理由は、社内の人を知らない、会社の文化を知らない、そして事業を知らないからだという。だから社内で明日のリーダーを養成することは大切で、日産では、若い優秀な人間にこそ難題を与える人事を行うという。難題を克服することが財産になるのであり、幹部候補生を「守ってはならない」のだという。まさに、緊張感のある「修羅場」で悪戦苦闘させるということである。

リーダーシップと現場感覚、率先垂範

本文中で、変革の時代においては、経営者によるリーダーシップが重要と説いた。神輿《みこし》に乗るのではなく、経営者自らがはっきりした方向性を示し、ビジョンを社内に徹底し、実行のときは自らの預かる組織を率先垂範する大切さを説いたのである。

ところで、「リーダーシップ」とは理論的にはどう理解されるであろうか。経済学の世界で分析を行った先行研究は多くはない。筆者が注目をする研究は、カリフォルニア大学の Benjamin Hermalin によって発表された研究である［Hermalin(1998)］。

彼は、リーダーシップを「組織のメンバーが強制されてではなく、自主的にリーダーの指示に従うこと」と定義した。その上でなぜ組織のメンバーが自主的にリーダーの指示に従うかを分析した。モデルは、リーダーがメンバーよりも経済学で言う「情報の優位性」を持っていることを前提して、メンバー全員に影響を与えうる情報を持っていることがリーダーシップの源泉であるとして議論を展開している。

メンバー全員に影響を与えるような、具体的には、メンバーが労働を提供するとどれだけ生産性が上がるのか（正確には労働の限界生産性＝労働一単位を増やすと生産量がどれだけ増加するか）という確率変数を想定する。この確率変数は高い値かもし

れないし、低い値かもしれない。その真の値（高いか低いか）を知りうるのはリーダーしかいないと仮定する（経済学では、このような場合を、リーダーに確率変数の値について「私的情報」があるという）。

この場合、リーダーはメンバーに対して、確率変数の真の値を正直に伝達するかといえば、必ずしもそうではない。リーダーとしては、メンバーには常により多く働いてもらいたいので、真の値が高いか低いかに関わらず、確率変数は高い値であるとメンバーに伝達して働かせようとするインセンティブがあるからである。

これを予想するメンバーは、リーダーが労働の生産性は高い値であるという「シグナル」（合図）をメンバーに対して送ったとしても、そのシグナルを信じないことになる。重要なのは、この構造の下でリーダーがどのような対応をとるかである。

本当に確率変数（労働の限界生産性）が高い値であるときは、リーダーは自分に協力して労働することが得であることをメンバーに説得するとともに、自らが真実を語っていることをメンバーに確信させなければならない。そこで、リーダーは確率変数の値が本当に高い値であることをメンバーに納得させるための手段を講じることになる。その手段として、Hermalin は二つの方法を挙げている。

①第一は、本文で述べた「率先垂範」である。リーダー自身がまずは努力（労働）

を自ら率先して行うことによって、確率変数が一人で努力をしても価値のあるほどの高い値であることをメンバーに対して信用できる情報として示すのである。

あるいは、②第二は、リーダーの「犠牲」によるものである。リーダーがメンバーに対して付加的な支払いをするなどの犠牲を払うことによって、その犠牲を払ってでも高い利益が実現するのだということを示し、メンバーに確率変数は高い値であることを納得させるわけである。そして、Hermalin は、①の「率先垂範」の方が社会的に望ましいことを示した。

このHermalin のリーダーシップ論のポイントは、本文との対比でみると、二点である。

第一は、彼がリーダーシップの源泉をリーダーの持つ情報の優位性に求めていることである。本文において、改革をリードする経営者に必要な条件として、その企業の事業についての現場感覚があること、事業に精通していることが不可欠であることを挙げたが、彼の議論は、その一つの裏付けを提供していると考えられる。まさに、何も知らない外部の人間が、たとえ何のしがらみはなかったとしても、新しい仕組みをつくれた試しはない、ということなのである。

第二は、Hermalin がリーダーシップを具体化する良い方法として、「リーダーが自ら率先垂範すること」を導き出していることである。本文において、経営者が自分の理念や方向性通りの会社運営を実行する、言行一致の断固たる実行の大切さを主張し、実行に当たっては自ら率先垂範する重要性を指摘したが、本文の議論と一致していると考えられる。

参考文献

[1] Hermalin, Benjamin E, "Toward an Economic Theory of Leadership: Leading by Example," *American Economic Review*, 88, 5 (1998) : 1188-1206.

第四の条件

危機をもって企業のチャンスに転化すること

危機を脱したのは当たり前か？

優秀企業に共通する第四の条件は、「危機をもって企業の千載一遇のチャンスに転化すること」である。

言い換えれば、追い詰められたときこそ、冷静さを失わず考え抜いて、危機がつくり出した「隙間」を確実にモノにして、長期的発展に向けた新しい方向性を見出すことである。追い詰められたときこそが、新しい方向性を見出すチャンスである。そして、冷静さを失わず、考え抜くことによってそれが可能になる。

こういうと、今優秀企業として残っているのだから、危機に直面した企業であれば、それを脱したのは当たり前ではないか、という疑問が湧くかもしれない。

しかし、具体的な企業のケーススタディをしてみると、単に危機を脱していることのみに留まらず、危機だからこそ新しいビジネスモデルを構築でき、危機のときに現在の優秀企業となる基盤を構築したという意味で危機に積極的な意義を見出すことができる。後にみるように、玩具用のシェアが一〇〇パーセントであったマブチモーターは、日本製玩具の鉛毒問題で大打撃を受けたからこそ、モーターの用途の多用途化という基本戦略を確立し、その後の発展の礎を築けた。戦後、長距離輸送への進出に出遅れ、商業貨物の輸送市場で競争に負けて会社存亡の危機に瀕したからこそ、ヤマト運輸は、宅配便市場を切り開けた。

なぜ、危機は千載一遇のチャンスに転化しうるのか。それは、危機は、従来どおりの企業活動を千年一日のごとく継続する場合のコストを大きくし、新しい方向性に分け入るリスクとコストを乗り越えさせる蓋然性を高め、経営者に新しいビジネスモデルを構築するギリギリの「隙間」を与えるからである。だからこそ、日本経済の危機的状況は、見方を変えれば、千載一遇のチャンスを与えたとも言える。

ただし、危機があれば足りるかと言えば、そうではない。

危機が「あせり」につながれば、悪循環に陥るだけである。事実、このパターンに嵌《はま》ってしまった企業は多い。

危機をチャンスに転化できた企業の経営者は、危機の中でも、冷静さを失わずに自分で考え抜いている。今までの何が悪かったのか、あるいは自社にとっての新しい方向性を考えるに当たって、自分の持てるものの中で何が使えるかを冷静に見つめている。

逆に、悪い成果を示す企業は、あわてて自社のこれまで全てを全否定してしまって、規律を失い、業界内の横並び的行動に身をゆだねてしまう場合が多い。危機の中でしっかり考えていく能力があるかないかが、やはり企業の後の発展を決める。

本章で事例としてみるマブチモーターやヤマト運輸といった企業のめざましい成果は、直面したピンチをチャンスとして生かした結果に他ならない。だが一方で、実際の危機に追い詰められる前にも、自己満足を嫌い、常に神経質なほど社内の危機感を煽《あお》るという文化を持つ企業もある。

百点満点で八十点のテストの見方

逆に、成果の悪い企業の方は、本当に危ないときでも「うちは絶対に潰れない」と社員が信じ込んでいることが多い。そして、こういう企業の中で、「社員には危機感をもて、危機感をもてと言っているのだが、社員が危機感をもってくれない」と嘆いている経営者に多くお会いした。

しかしながら、危機感をもてとだけ社員に言っていても、危機感はもてるわけではない。具体的にどう社内に危機感を植えつけていくのか、そのメカニズムを考える必要がある。

常に危機感をもつには、危機の先がけとなる会社の有する問題を社員がいかに早く社内で顕在化させ、それを社員で共有するかが大切である。だから、異常な点、問題点を早く顕在化させる能力が備わっている組織は強い。実際にいろいろな企業を見ていくと、悪い情報が上に上がりやすい企業は、危機感を鼓舞しやすい。

小学生のテストを考えてみて欲しい。先生から百点満点で採点が八十点のテストの結果を返されたとしよう。そのときに、八十点分マルがついているところに目が行ってマルが八割ついていると思って悦に入る小学生と、二割のバツがついているところに目が行って、なぜ二割バツがついたのかを考える小学生の違いみたいなものがやはり大きくある。明らかに後者の方が危機感をもちやすい。二割のバツがついているところに目が行くというのは、問題点を早く顕在化する社風があるということなのである。

そのためには、異常な点に関する情報、悪い情報を上げてきた社員に対して「大問題を早くに見つけてくれてありがとう」と心から経営陣が言える文化が必要である。それがあれば、自然に、「問題点、問題点」と、社員が追いかけていく企業文化ができあがる。これが危機感を植えつける具体的方法である。

経営者にとって快適でない情報ほど現場から経営者に伝えなければならない。トップが悪い情報を積極的に評価する姿勢を見せなければ、人事権をトップが握っている以上、部下は、皆、トップが気持ち良いと思う情報を上げるようになる。だから、成果の悪い企業ほどグッド・ニュースのみが上がって、バッド・ニュースが上がらない状況になっていることが多いのが観察される。取り巻きや中間管理職層（ミドル）が耳触りの悪い情報をトップに上げない「イエスマン」の集団になっているのである。これでは、トップがいくら社員に危機感がないと文句を言ったところで、危機感を共有する文化など会社に根付くはずもない。まず、バッド・ニュース・ファーストである。

企業が常に存続の危機にあることを社内で顕在化させる文化があるかないかは、優秀企業とそうでない企業の大きな分かれ目となるのである。

危機の理由は単品経営ではない

それでは、危機をチャンスに転化したプロセスを具体的にみてみよう。

マブチモーターの場合、創業三年目の一九五七年（昭和三二年）に存亡の危機に瀕し、これをまさにチャンスに転化して、同社が世界の小型モーター市場のガリバー企業に成長する礎を築いた。落ちついて冷静に判断し、事業の多角化ではなく、製品の用途の多くの業界向けへの多用途化と製品の標準化という基本戦略を確立したのである。

この年、日本製の金属玩具に塗ってある塗料に鉛が含まれていることが問題となり、子供がなめると毒だ、体に悪いというので、九割の製品が米国で陸揚げストップの憂き目に遭った。このため、日本の玩具業界は大変なダメージを受け、中には潰れる会社も出た。当時、マブチモーターは、玩具用モーターに一〇〇パーセント依存していた。鉛毒問題で壁に突き当たって突然モーターが売れなくなり、会社には在庫が積み上げられ、同社は、モーターという単品経営で一業種に依存するリスクを嫌というほど味わったのである。

ここであわててモーター以外の事業に多角化していたら、同社は普通の企業の域を出られなかったであろう。しかしながら、このときでもマブチモーターは、今までの自社の何が悪かったのか、逆に自らの持てるものが何であるのかを冷静に見つめ、モーター以外の色々な事業に進出すればいいという発想をしなかった。

取り扱う商品を狭い種類のモーターに絞り込む「単品経営」がこの時点の問題だったのではない。あくまでモーターの用途がオモチャだけだったのがまずかったのだ。

製造するモーターを色々な用途に使えるように他業界の需要も掘り起こせば、玩具業界が駄目でも、ほかの業界まで一緒に駄目になることはないと考え、製品の多用途化に乗り出した。逆に多用途化を積極的に進めないと、単品経営は、依存先の業界の情勢に振り回されて危険であると考えた。

そこで、用途という柱の数をどう増やすのか、そしてその柱をどう太くするのかを考えた。

用途という柱を増やすためには、商品であるモーターの機能を最大化しないといけない。一つのモーターにおいて、コンパクトで、音も静かで、電流の消費も少なく、寿命も長いといったように、備わった機能を最大化していく。モーターの機能を強化すれば、おのずと用途は広がってくると考えた。そして製造量を最大化するように、とことん価格を安くしていくことを考えた。

すなわち、多用途化の鍵になるのは、機能の強化とコスト最小化による低価格。それが実現できれば、あとはグローバルな展開をして市場を世界に求めていけば、当時は日本より一桁以上大きいマーケットの存在を享受でき、たとえ単品経営であろうと、用途は広がり、経営は安定する。

無論、用途の拡大については、既存のマーケットにもどんどん入っていかなければ

マブチのモーターの多用途化の歩み

年	用途	年	用途
1946	学校教材	1984	CDプレーヤー、ヘッドフォンステレオ
1947	模型	1985	プリンター
1953	玩具	1987	自動車エアコン
1960	音響（テープレコーダー）、精密（時計）、映像（スライド）	1988	音響（LD）、VTRカメラ
		1989	自動車パワーウィンドウ
1963	モデルレーシングカー、家電機器	1990	音響（DAT）、フューエルポンプ
1966	自動車電装機器（ウォッシャーポンプ）	1991	ウォッシャーポンプユニット
1969	工具（小型芝刈機）	1992	ミニディスク
1975	カーミラー、カセットテレコ、ラジカセ	1994	自動車（ABS）
1977	カメラ	1996	自動車（ランバーサポート）、DVD
1980	VTR	1997	ページャ（ポケットベル）
1981	ミニプリンター、ドアロック、ドリル	2001	携帯電話

ビデオデッキのローディング用モーター

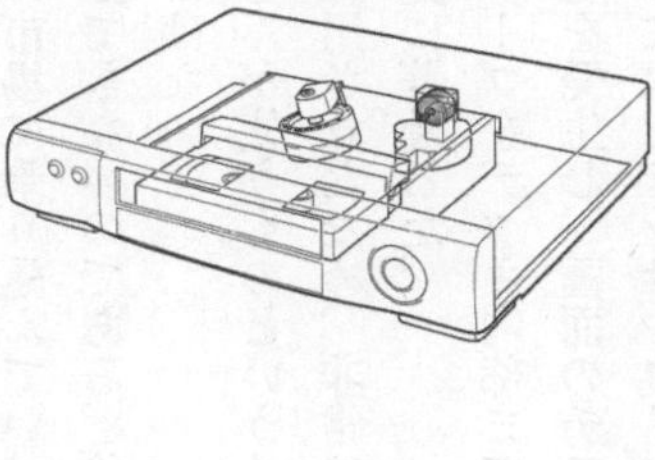

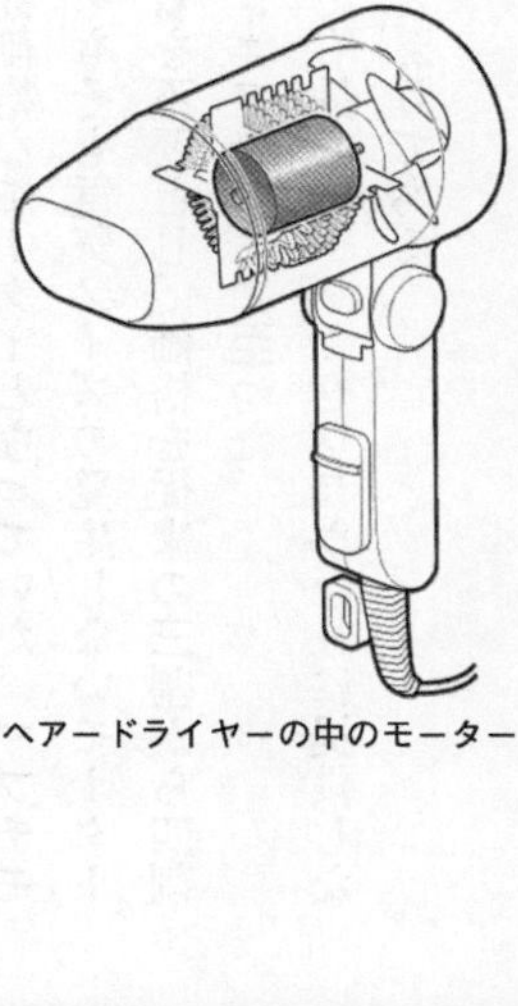

ヘアードライヤーの中のモーター

ならない。後発参入企業というハンディを負っても、その市場に乗り込んでいって、きちんとシェアをとれなくては、柱を増やすことは事実上できないのである。後発企業でありながら、競争力を獲得するのは、並大抵のことではない。

そのむかし、ヘアードライヤーは大きく、プロの床屋さんが使うものというイメージだった。しかし、マブチの小型マグネットモーターが採用されたため、非常にコンパクトで、軽くて、値段も一桁安いものになり、一般家庭に普及した。

ビデオデッキのローディング用モーター（差し込んだテープをデッキ内部まで引っ張り込むためのモーター）は、しばしば電気ノイズや火花を発生し、画面のチラつきの原因となりやすい。したがって、電気ノイズをとるためにコンデンサやコイルなどたくさんの電子部品を装着していたので、高価格なモーターとなっていた。マブチモーターは、ブラシの構造を工夫することでそもそも電気ノイズの発生しないモーターをつくった。そのことにより電子部品の装着を不要とし、価格を従来の三割から四割安として、後発企業ながら七割から八割のシェアを取るに至った。

また、驚異の低価格で電気ひげそり用途の有鉄心モーターをブラウン社に提供したエピソードは第一の条件のところで述べたとおりである。

標準化が進むと、用途がまた広がる

このようにして、一業種依存の怖さは軽減された。しかしながら、多用途化を進めても、一年の中で見ると生産に季節的な波がある。どの業界の需要も共通して冬場は駄目である。だから、モーターの生産は、半年忙しい思いをして残りの半年は暇でやることがないということを毎年繰り返していた。パートの工員も、せっかく夏場作業して慣れてきた人を秋になると解雇しなければならなかった。すると、作業に習熟する間もなく職場を去るので、生産性がなかなか向上しない。

また、特にヒットした商品というのは需要が一遍に高まる。一遍に今までの注文の三倍あるいは五倍というオーダーがくるのである。そこで、休日出勤を実施し、夜は十一時、十二時まで作業するのだが、それでも間に合わない。結局は「残念ですけれども」と言って受注を断ってしまうことがしばしばあった。

結局のところ、注文を受けてからでなくては生産できず、あらかじめ見込み生産をしておけないことが繁閑差を生じる原因となっていた。これは、生産する側から見ても、購入する顧客の側から見ても、不都合なことばかりである。そこで、「標準化」

をマブチモーターは考える。

調べて見ると、受けた注文の中には、特注品である必要はないと考えられるケースがたくさんあった。そこで、過去数年の注文内容を分析し、どのようなモーターを標準品にすればいいのかを調べる。その結果、五種類から六種類のモーターを標準品として設定すれば、全体の七割前後の注文に対応できそうだということがわかった。ただし、標準化はマブチモーター側の都合だけでは成り立たない。標準品をお使い下さい、と言って顧客のところに持っていくと、顧客の言うことを聞かずにおまえのところの都合を押しつけるのか、となってしまう。そこで、顧客にとってのメリットを明確にして、それを説明しなければならない。「標準品をお使いいただければ値段は二割安いです」とか、「納期が短いです」、「需要が急に増えたときにも多分対応できます」といったことを説明する。そう言っているから、注文があろうとなかろうときちんと生産しておかなければいけない。最初はリスクを覚悟でやったそうである。冬場に生産しておいて、翌年、特注品の価格に比して二割安くして「この標準品ならありますよ」と言うと、特注品から切り替わってくる顧客が半分ぐらいいた。それが、二年目には、七割ぐらいに増える。最初は、値段を二割安くしているので、利益はほんのわずかしか出ない。はだしに近いような状態である。

しかし、冬場に生産するので生産能力が倍になったのと同じになる。加えて、作業に慣れたパートの工員を閑散期に解雇しなくていいので、慣れた人がずっと連続して作業できる。それ以前は慣れた人を一旦は解雇して、また翌年、新米を雇用して作業を一から覚えさせていたわけだから、生産性や不良品率は著しく違う。

また、標準化されてくると、量がまとまるので、部品を外部調達せずに内作すると調達コストが安くなりコスト競争力がつく。だから、結果的に決算をしてみると、値段を二割安くしても、安くする前よりも利益が多くなった。利益が出るのだから、さらに値段を下げて売ろうということで、当初からみると三割価格を下げる。すると、今度は、特注品から標準品に切り替わる顧客が八割以上に増えた。

このように標準化が進むと、効率の良い計画生産になるから、さらに、その標準品について、もっと音を静かに、あるいは消費電流を少なく、というように機能の最大化を突きつめられるようになる。すると、用途がまた広がる。標準化が、ますます一商品当たりの製造量を増やしていく。

企業経営では、顧客の要望にできる限り応えることが大切と言われることが多い。しかし、マブチモーターがライバル企業に差をつけることができたのは、顧客の要望を鵜呑みにしなかったからである。どうすれば本当の意味で顧客のためになるか、それを会社の利益とどうやって両立させるのかを真剣に考えたことが、優秀企業の基盤を構築した。

当時主流だった、顧客ごとに異なった仕様のモーターを生産する「特注品」方式と決別し、「標準品」の生産・販売を主軸に据えた事業スタイルに変更したことが、マブチモーターを世界の小型モーター市場のガリバー企業に成長させる大きな要因となったといえる。

なお、標準化とは言っても、ちょっとした技術を考えれば顧客の要望への対応が楽なものについては、あまり縛ってはいけないという。例えば、モーターの主軸の径と軸の長さについて考えてみる。径は一・五ミリメートルとか二ミリメートルに標準化して、あまり種類を増やしてはいけない。しかし、長さの方は長いものをつくった後で切断するという方法もあるため、割と容易に顧客要望に対応できる。逆に、このようなところまで縛ると顧客が窮屈に感じてしまうのでうまくいかないという。マブチモーターが標準化に着手してから三年から四年で、同社の標準品の販売比率は実に八割まで高まっていた。

商品を標準化したメリットを生かすには、今度は製造方法である。香港のおもちゃ屋さんからも、日本のおもちゃ屋さんから来るのと類似仕様の注文がくるが、日本より香港からの注文の数の方がどんどん増える。明らかに電動玩具の生産拠点が日本から香港に移動しているとわかる。

そこで、マブチモーターは、一九六四年、海外進出の第一歩として香港に工場をつくった。六三年の秋に香港を訪問し、着いた翌日には工場として使うビルのワンフロアを購入し、帰国後すぐに生産設備を日本から運び込み、三カ月後には、モーターの組み立てを始めたそうである。

マブチモーターの生産拠点の移動をみると、同社が初めて自社工場で操業を始めたのは、一九五五年(昭和三〇年)である。しかし、九年後の六四年には、以上のとおり、早くも香港マブチを設立し、海外での現地生産に着手した。そして、六九年には台湾、八六年には中国、八九年にはマレーシア、九六年にはベトナムと海外生産拠点を東アジア一帯に広げた。九〇年代に入ると日本国内での生産は事実上閉鎖され、全量を海外生産するようになっている。

現在の生産体制としては、中国、台湾、ベトナムの三カ国に十現地法人、十二工場がある。

マブチモーターは香港進出の経験により、海外拠点展開をする上でのノウハウを獲得し、海外展開に二の足を踏むということはなくて済んだようで、香港進出の経験があるのとないのとではおそらく以後のマネジメントが変わったと思う、と馬渕隆一会長は言う。

生産拠点の配分については、進出先の国のマーケットに見合った程度の生産拠点で

あるべきとの考え方で、需要地で生産するという考え方である。

研究開発拠点の配分については、生産拠点の海外進出に伴い海外に移動するという考え方ではなく、二極分化させる。現在の商品を少し改良したり、あるいは顧客からオプションを付加したものが欲しいとかいった類いの小さな改良、オプションを付けるという開発は、顧客に近いそれぞれの需要地の現場に持っていった方が良い。なぜなら、顧客企業の設計部門が日本から海外にどんどん移転しているので、この類いの開発拠点は、向こうへ移転しないと逆に対応できない。

ただし、基礎的な研究開発拠点はこれまでどおり、日本に置いておく。

基本的には日本でやるべきは高賃金に見合った仕事であると馬渕会長はいう。日本の従業員の仕事が中国の従業員の仕事と同じ仕事ならば、下手をすれば賃金は中国と同じになってしまうのではないか。それが嫌だというのなら、自らのスキルを上げて、賃金に見合った能力を身につけるしかない。そのために、会社として、従業員のスキルを上げるためのサポートは積極的にやる必要がある。

基礎的な研究開発拠点も生産拠点移転に伴い海外移転すべきという議論もあるが、中国の工場へも、今や飛行機を使えば二時間から三時間で行ける。国内でも、地方に工場がある場合は、それくらいの時間はかかる。今やその違いはない、というのが馬渕会長の考え方である。

マブチモーターのように、標準品を大量生産するビジネスモデルの場合、中国の地元メーカーが開発費もかけずにそっくりの商品を生産するおそれがある。生産工程においても、特に特殊な設備が必要なければ、マブチモーターは、コスト競争力を維持できなくなってしまうのではないか、との疑問が湧く。

この疑問に馬渕隆一会長は、次のように答える。中国の地元メーカーは、規模が小さいから、確かに、管理部門の経常費用は安い。これに対して、マブチモーターには、日本にある本社の管理部門に多額の経常費用がかかっているから、そこで見たら明らかに勝負は決まってしまう。

しかし、本社の管理部門にかかる費用を除いて考えれば、話は違う。海外生産拠点のマブチモーターの現地法人と中国の地元メーカーが商品の生産で競争すれば、同じ中国で同じ中国人を雇用して生産するのだから、同じ土俵であり、前者にハンディキャップはない。加えて、中国メーカーは生産経験が浅いから、マブチモーターの現地法人の方が生産性が高く、歩どまりも良い。生産量も多いから、同じ部材を買っても、中国メーカーより安く購入できる。だから、現地法人同士で競争したら負けるわけがない。

それでは、日本の本社の役割は何かといえば、「親」が「子」に乗っかって、重い荷物を背負わせて、荷物のない身軽なやつと競争させないということである。だから、本社の人間は、より技術集約的な、日本でしかできない高度な製品を開発し、あるいは管理の効率的なシステムを開発することで会社に貢献することが役割となる。それが彼らの二十倍、三十倍の賃金を取っている日本の社員のやることであると考えている。

危機に際し自己を全否定せず、自らの持てるものを見つめる

企業存亡の危機を長期的発展に向けた新しい方向性を見出すチャンスとして活かしたのは、ヤマト運輸の宅急便創業も同様である。

宅急便前夜のヤマト運輸は存亡の危機に瀕していた。創業者の小倉康臣氏（昌男氏の父）は、トラックは近距離、小口輸送のもので、長距離、大量輸送のような身の程

の知らないことをやってはいけないと強く主張していた。一九一九年（大正八年）に創業した同社は、第二次世界大戦前、近距離路線で成功した日本一のトラック運送会社だった。その成功体験が康臣氏にトラックの守備範囲は一〇〇キロメートル以内と固く信じさせていた。

ところが、昭和四〇年くらいから高度成長期に入り、弱電、いわゆる家電製品の輸送需要が出てきた。そして、これらは、まさにトラックの荷物だった。生産しているのは、松下電器、シャープ、三洋電機といった大阪のメーカーで、消費地は東京である。大阪から東京という物流が、「ゴールデンルート」と呼ばれるようになり、非常に大きな輸送の流れになった。西濃運輸や日本運送といった関西の業者はこれにいち早く飛びついたため、ヤマト運輸が遅ればせながら出ていったときには、既にマーケットが全て押さえられていて、松下電器に頼み込んで少し運ばさせてもらうくらいのことしかできなかった。

小倉昌男氏が一九七一年（昭和四十六年）に四十六歳で二代目の社長に就任したときは、会社はまさに危機的状況であった。

このような危機に直面して、氏は、いくら営業努力を重ねても、商業貨物の遅れはもう取り戻せない。ヤマト運輸が生き返るには、今から商業貨物を一生懸命やっても無理であると冷静に判断し、全く違うマーケットに進出することを考えた。それが、輸送の市場の中で商業貨物ではない残るもう一つの分野、当時はやるだけ損をする、馬鹿であると言われていた個人の小口輸送のマーケットだった。

個人の小口輸送は郵便小包しかなかったので、どうしてもサービスにぎこちないところがあるわけだから、民間がきちんと良いサービスを提供すれば勝つだろうと氏は考えたのである。

そして、大切なことは、小倉昌男社長は、危機の中でも、自らの持てるものの中で何が使えるかを冷静に見つめていた。

ヤマト運輸は、一九二三年（大正十二年）以来、三越と配送契約を締結してきた会社であり、百貨店配送のノウハウに特に秀でている運送会社で、個人の貨物の宅配業務に近い家庭への貨物の集配に戦前から蓄えてきたノウハウを有していた。また、そもそも同社は、商業貨物輸送ではあるが、不特定多数の小口貨物を積み合わせる定期便のトラック輸送で創業期の成功を築いた運送会社で、小口貨物輸送は得意領域であった。だから、同社にとっては、宅配便事業は、戦前から蓄えてきた自社の強みが生かされる事業分野だったのである。

ヤマト運輸の宅急便創業は、今ある自社の能力と無関係に、全く異なる新規事業にジャンプした成功例として解釈される場合があるが、筆者は、この解釈は誤りであると考える。自らの持てるものを無視して事業に成功できるほど、マーケットの競争条件は甘くはない。

事実、小倉昌男氏は、宅急便の創業について、「庶民に親しまれた大和便（注・小口貨物の積み合わせ運送を関東一円に展開した便。創業者の康臣氏が実施）という原点にもう一度復帰したいという気持ちだった」と述べている。

トヨタ生産方式の鍵は「止める」こと

一方で、優秀企業の中には、実際に危機に追い詰められる前に、自己満足を嫌い、常に神経質なほど社内の危機感を煽《あお》る文化を持つ会社もあったといった。

トヨタ自動車では、今日に至るまで常に社内に危機感を植え付けるという文化が引き継がれてきている。現在、会長の張富士夫氏がトヨタに入社した時の社長は石田退三氏であったが、新入社員歓迎の辞で「君らがぼやぼやしているとトヨタ自動車なんていうのはなくなってしまうぞ」と言われ、その後も、昇給のときも、ボーナスのときも、ことあるごとに徹底されたという。

しかしながら、大切なことは、トヨタ自動車においては、どのようにして具体的に社内に危機感を植え付ける文化を定着させてきたのか、そのメカニズムを明らかにすることである。

この点を考える前段階として、「トヨタ生産方式」の「鍵」とは何であるか、について考えてみよう。

トヨタでは、工場の作業員一人ひとりにストップボタンとでも呼べるような生産ラインを止めることのできる道具が渡されている。そして、作業員は、自分の標準作業ができないときはそのストップボタンを押して生産ラインを止めなさいと言われている。一つのコンベアラインには、最低三〇〇人はいるので、一人のためにその生産ラインにいるみんなに影響が及ぶのであるが、それでもトヨタは、止めろという。昔からそういう方式が採られてきている。実際にも、このボタンを一日で一人平均一回以上は押している。

トヨタ生産方式というと、在庫の極小化などの面が注目されがちであるが、実は、その核は、この「止める」ことにある。なぜか。

ラインを「止める」ことは、異常な点、問題点を早期に顕在化させる重要な手段になっているのである。止めることによって、その作業ができていないという問題が顕

トヨタ自動車高岡工場の組み立て風景

在化する。マネジメント層がそこで動くわけである。標準作業をさせて、少しでもおかしなことがあったら止める。すると、上司の組長や班長が飛んできて、そこを直した上で、なぜおかしなことが起きたのか、なぜだ、なぜだ、なぜだと遡って修正していく。このプロセスによって問題の再発防止がきちんと図られる。これがトヨタ生産方式の核であり、その大もとが「止める」ことにある。

このラインを止めるという発想がトヨタという企業全体を支配している。

きちんと仕組みをつくって、毎日同じように回しなさい。そして、毎日、毎日の成果を見なさい。マネジメント層が動くのは、この標準作業の管理の幅から飛び出し

トヨタ自動車の張富士夫氏（89 年頃、
米国トヨタ・モーター・マニュファクチャリング U.S.A. の工場にて）

たときですよ、という。すなわち、トヨタでは、異常管理が一番重要と考えられている。

うまくいったら当たり前と見る。何か異常があったときに、初めて出番が来る。また、それがわかるようにきちんと仕組みをつくっておく。

トヨタが自動車の生産で米国進出したとき、米国の作業員一人ひとりにも、ストップボタンを渡した。当時トヨタ・モーター・マニュファクチャリングUSA株式会社の経営を担った張富士夫氏は、「バッド・ニュース・ファーストだ。グッド・ニュースは要《い》らない」と社内に徹底した。普通は、従業員は、「こんなにうまくやった」と物事が順調に進んだときに言いに来る。これに対して、張氏は「グッド・ニュースは要らないよ。ちゃんと見ているからいい。問題だけ知らせなさい」と言い、トヨタ式の問題対処方式を米国工場でも導入したのである。

このようなプロセスを通じて、トヨタでは、社員には自然と「異常は何だ」という目で物事を見る思考方法が身に付いてくる。製造プロセスにおいて「ラインを止めなさい」というのと同じように、事務部門でも、異常があったら、すぐ報告しなさいと言われる。

だから、事務部門でも、工場で生産ラインを止めるのと同じように、「いや、これをやらないとえらいことになるんだ」ということで、問題点、問題点を追いかけていく文化ができあがった。

異常が上がってくれれば、経営層が「大問題を見つけてくれてありがとう」と言って肩をたたく文化。これがトヨタにおける危機感を植えつける文化の定着方法なのである。

トヨタは、日常の経営上の小さな問題の芽を早く見つけ、危機感を社内で共有するため、問題点を数字化して社内に示す「経営の見える化」にも取り組んでいる。

第五の条件

身の丈に合った成長を図り、事業リスクを直視すること

外部資金の導入制限による「背水の陣」の規律

優秀企業に共通する第五の条件は、「身の丈に合った成長を図り、事業リスクを直視する」経営方針である。

資本市場を冒瀆《ぼうとく》しているわけでは決してないが、良好な成果を示している企業は、資本市場に邪魔されない「自律性」を有している場合が多い。これは、キャッシュフローの管理の問題である。

キャッシュフロー（現金収支）とは、ある期間に企業が生んだ資金と出ていった資金の収支を指すと考えておいていただきたい。大まかには、通常、減価償却費と配当後の純利益等の合計である。

そして、自らが生み出したキャッシュフローの範囲のなかで、身の丈に合った研究開発、長期投資を行っていくというのが、優秀企業に総じて観察された考え方であった。キャッシュフローの範囲内で研究開発、長期投資をしていれば、借金経営にはならない。思い切った投資判断ができるのも、失敗したときのリスク管理ができているがゆえである。

今回の調査においても、優良な企業に、研究開発や大型設備投資を思い切って行っている企業は多かったが、その場合でも、資金面のリスク回避のため、長期投資の支払いをキャッシュフローの範囲内に抑えようとする方針を採っている企業が多く観察された。むしろ、キャッシュフローの範囲内に抑えているがゆえに、逆に、気兼ねなく企業の長期的成功をにらんで思い切った投資が行え、かつ辛抱強く持続でき、それが成功へ結びつき、長期にわたり持続的な優秀企業が生まれるということかもしれない。

なぜなら、製品開発が成功までどのくらいの期間かかるかを個々のケースについて調べてみると、イノベーティブなものについては十年以上かかっており、その間、内部の経営陣でさえ、成功するか失敗するか事前には予測できていない状況が続く。そして、結局は成功し、企業の利益に大きな貢献をした製品開発についても、結果論としてはいろいろ語りうるが、途上では、累積損失がたまり、社内的にさえプロジェクトの継続について議論が起きている場合が多かった。

新規プロジェクトについて、これ以上続けても芽が出ないという判断をどの時点でするかは本当に難しい。無論、経営陣が事前にプロジェクトの帰趨《きすう》を可能な限り予測し、プロジェクトの絞り込みを行うことは、不可欠ではあるが、それとて、正直なところ、優秀企業の経営陣にとっても、結果は相当に不確実であるというのが現実であった。

当然、経営陣が「読み」を間違えることは十分ありうるのであり、それを前提とした企業戦略が必要になる。それゆえ、このようなリスク性のある投資を有利子負債や外部資金に頼った場合、途上で断念するよう外部からの過剰な介入が働いたり、また、逆に、失敗した場合に、企業の存続に危機をもたらすというようなことがあり得るわけで、思い切った投資が継続できなくなる。

リスク性のある投資については、まさに事業リスクを直視して、キャッシュフローの範囲の中で身の丈に合った投資を実施することが大切になるのである。

経営者は、外部の投資家より事業の中身をよく知っているがゆえ、資金調達にあたっては、内部資金を外部資金より優先すべきと企業財務論（コーポレートファイナンス理論）は教えるが、この原則は、ここでの優秀企業の研究成果に合致する。

しかし、同時に、企業財務論は、採算がとれるような活動への再投資を差し引いた後に残されるキャッシュフロー（これを「フリー・キャッシュフロー」と呼ぶ）については、効率性のため、増配や自社株の買い戻しを通じて株主に返還すべきとも教える。その論拠は、株主に返還されなければ、経営者は、そのような資金を、経営者の個人的な満足のために、採算にのらない、したがって株主の利益にならない新規投資に投じるおそれがあり、長期投資についての規律が失われるというものである（「フリー・キャッシュフロー問題」と呼ばれる）。

この後者の規律の喪失という点についての筆者の認識は異なる。

むしろ、企業内に財務上の余裕をもつことを積極的に「善」と考え、キャッシュフローをきちんと管理し、その範囲内で研究開発、長期投資を行うという「ルール」に経営者が経営方針としてコミットすること自体が、長期的に株主の利益にならない意味のない投資を行わないよう企業に規律を与え、会社の効率を改善させる圧力となるというのが筆者の結論である。いわば、外部資金の導入を制限することによる「背水の陣」の規律である。

事実、転換社債の発行や借入金によって研究開発費をまかなっていたときは、採算性のない、競争力などの面で成り立たない研究開発プロジェクトを乱発し、中止させることができなかった大企業がキャッシュフロー経営の導入によって規律を回復した例は多く観察された。

残されたキャッシュフローの一部を株主に返還せずにそのままにしておくというのは考えにくいかもしれない。しかし、手元の流動性資産がなければ、投資すべき大きなチャンスが出てきたときにその実行が困難になる。それどころか、事業リスクのある事業の場合、常に最悪の事態を想定して経営にあたる心構えがなければ、ちょっとした事態で会社の存続自体を危うくしてしまう。事業自体には競争力があっても、短期の資金繰りに行き詰まって潰れる会社が確かにある。むしろ、厳しいキャッシュフロー管理は、株主の長期的利益に合致するのである。

製品開発の不確実性を直視する

信越化学の金川千尋社長は、矛盾しているようであるが、新規事業では、こだわり過ぎては撤退のタイミングを誤るが、こだわりがなければ成功するまでやり遂げることはできない、という。

ピカピカの先端技術分野であれば無論であるが、日用品のような分野の商品開発についても、これは、当てはまる。花王について考えてみよう。

花王の化粧品の「ソフィーナ」は、化粧品のブランドとして単品ではナンバーワンシェアを誇り、現在、七八〇億円の売上げを上げている。しかし、その歴史は平坦ではない。

花王の化粧品、ソフィーナ

花王の化粧品開発チームの結成は一九七六年に遠く遡り、かつ、原料の研究に至ってはそれ以前から開始されていた。にもかかわらず、九九年（平成十一年）度までは累積赤字が残っており、二〇〇〇年になってやっと累積黒字に転換したのである。その間、二十年以上の月日が流れている。累積赤字は、最高で二五〇億円を記録した。ソフィーナについては、当時の丸田芳郎社長の何としても成功させるのだという執念があったからこそ、これだけ開発を続けてこられたわけで、累積赤字が膨れ上がった段階でやめていたら今の姿はない。

最近の花王のヒット商品の一つ、体に脂肪が付きにくい油である「エコナクッキングオイル」の開発にも十五年の歳月が費やされている。

当初、花王では、「口どけの良いチョコレート」をつくるため、体温でさっと溶ける油の研究が行われていた。後にエコナの主成分となるジアシルグリセロール（通称ジグリ）は、食用油に成分として含まれているが、体温で溶けないため取り除かれていた。このジグリが何かに使えないかと考えたことが開発の始まりである。

エコナクッキングオイル

調査するうち、「乳児の口には、母乳の乳脂をジグリに変える酵素が存在する」との海外の報告書が見い出される。この報告書は、ジグリに体に消化しやすい性質があることを示唆する。このため、ジグリを使えば「胃に優しい油」がつくれるのではないかとの問題意識で、胃の弱い社員に、ジグリを使ったパンを食べさせる実験をしたところ、「胃にもたれにくい」という結果が得られる。そこで、ラットを使った動物実験が始まった。

しかし、ラットの胃から腸までどれくらいの時間で通過するかという定量的な実験を繰り返したところ、期待どおりの結果が得られず、研究が滞り始めた。データが安定しないのである。先の見えない実験の日々が延々続いたが、ジグリ入りの飼料で長期間飼育したラットは、通常のラットに比べ血液中の中性脂肪が少なくなっていることが偶然発見された。そこで、中性脂肪に関するデータを取り始めたところ、ジグリ入りの飼料で飼育したラットは、通常どおりに成長する一方、全身の脂肪量が少なくなっていることが確認された。このため、「脂肪が付きにくい油」へと研究方針を転換し、長期の臨床試験による効果検証や安全性の確認を経て、やっと「エコナクッキングオイル」の発売に至ったのである。

この紆余曲折の長い商品開発の途上においては、やはり、累積赤字がたまり、商品開発を中止するか、継続するかで経営陣の間で真剣な議論が実際に巻き起こった。

そこを耐えて、「エコナクッキングオイル」は、九八年に厚生大臣から特定保健用食品として許可され、翌九九年に晴れて発売。折からの健康ブームで縮小傾向にあった食用油の市場にブームを巻き起こすことになった。今では、年間約三〇〇億円の売上げを上げているが、プロジェクトの継続について議論が巻き起こったときに開発を中止していたら、そもそも世に出ることもなかったのである。

「ソフィーナ」も、「エコナクッキングオイル」も、現在黒字事業化していることを考えると、製品開発プロジェクトについて、芽が出ないとどの時点で判断するかは、本当に難しい問題なのである。

キャッシュフロー経営の導入による規律回復

キヤノンの御手洗冨士夫会長は、第三の条件のところで言及した「グローバル優良企業グループ構想」(氏が社長就任時に打ち出したキヤノンを復活させるための経営計画)の中で、財務体質を健全化するために、キャッシュフロー経営の導入を謳《うた》った。

それまでのキヤノンは技術者が多いこともあり、お金の流れには無頓着なところがあった。技術者からのボトムアップ重視でいったん研究開発に取り組むとそのまま継続されるようになっており、転換社債・社債の乱発などにより安易な資本市場からの資金調達が行われ、運転資金の借入金依存度が高かった。いわば、研究開発投資についての規律が喪失された状況であった。氏は、キャッシュフロー経営の導入により、自己資金の範囲内で投資する仕組みをつくり、この規律を回復させようとしたのである。

同社のキャッシュフロー経営の考え方は、メーカーは長期投資、研究開発投資を自

キヤノンのキャッシュフローの推移

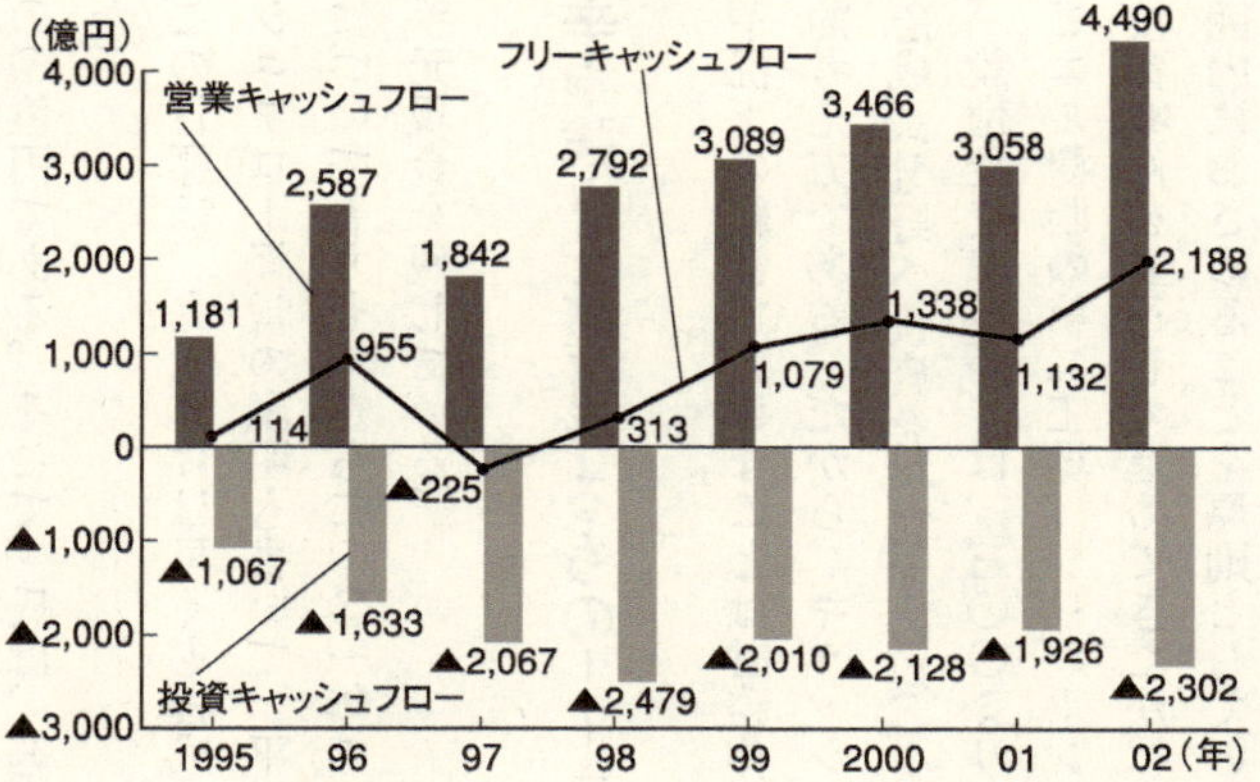

己資本でまかなえるだけの体力（財務体質）が必要というものである。減価償却費、配当後の純利益、経営努力による運転資金の合理化による余資などを原資として、そのキャッシュフローの範囲内で長期投資、研究開発投資をしていけば、借金はしなくて済む。

御手洗氏が社長就任した一九九五年当時のキヤノンは投資全体が年間約一三〇〇億円あった。減価償却費が約八〇〇億円あったので、五〇〇億円の純利益があれば、純利益と減価償却費だけで投資が全部まかなえると氏は考えた。そして、経営努力をして捻出した資金は全部借金の返済に回すという図式を考えた。五〇〇億円の純利益を達成するために必要な経常利益はざっと一〇〇〇億円である。そこで、氏は、経常利益一〇〇〇億円の達成を全社的な目標に定めた。

この目標は、九六年には早くも達成され、氏は、全社員に向けて手紙を認《したた》め、キャッシュフロー経営の説明も書いて、平均七万円の特別ボーナスを配ったという。借入金についても九七年から二〇〇一年の五年間で四七〇〇億円の借入金を返済し、さらに手元現金を残している。

辛抱強さを裏付けるもの――大胆な判断と資金面のリスク回避の組合せ

不況下の経営で大事なことは財務体質が健全で強いことというのが、信越化学の基本的考え方である。だから、キャッシュフローのバランスを大変重視している。急成長分野へ投資を検討する場合も、キャッシュフローの検討をおろそかにしない。設備投資については、三〇〇ミリ口径半導体シリコンウエハーの工場、米国の塩化ビニル樹脂の第二工場、シリコーン樹脂の東南アジアでのGE社との合弁工場等大型投資案件を並行して進めてきたが、設備投資の支払いは毎年のキャッシュフローの範囲内におさめることを原則としている。トップダウンによる大胆な投資案件の決定と資金面のリスク回避の組み合わせによる経営と言える。

信越化学は、一見すると、事業の開始、撤退などの経営判断が、事業採算性、利益性のデータによって、淡泊に意思決定されている会社のように思われるかもしれないが、実はかなりの程度、「辛抱強い」会社である。その辛抱強さは、他の普通の企業にはあまり見られないが、事業リスクについての責任の所在と社長の機能についての同社の明確な考え方を背景としている。

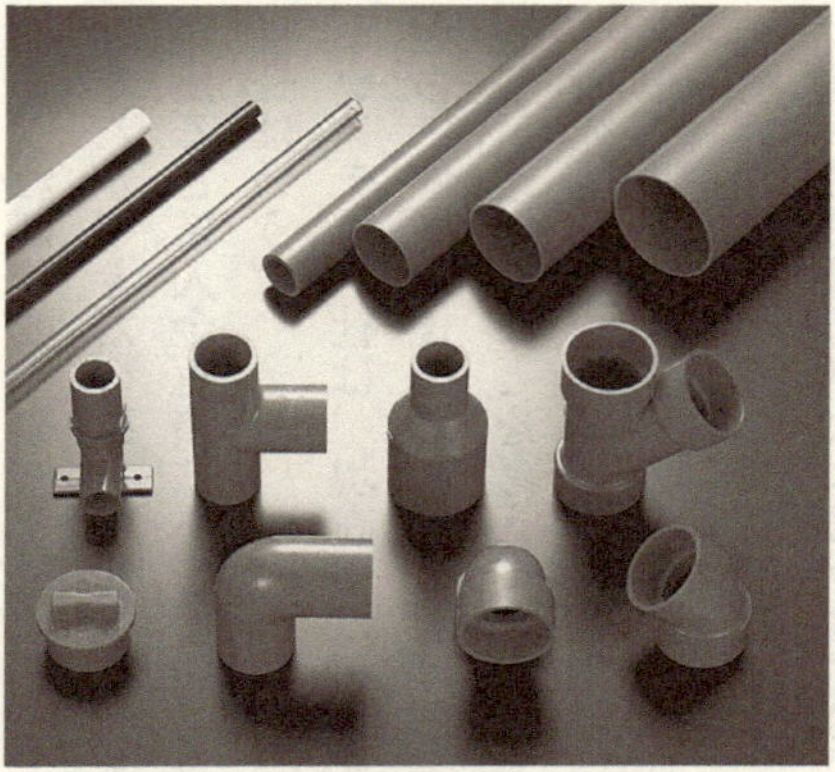
信越化学の塩化ビニル樹脂製のパイプ

信越化学も事業的危機を何度か迎えている。

塩化ビニル樹脂についても、八〇年に第二次石油危機の影響で米国の市況が暴落、製品が売れなくなった。米国の大手メーカーが次々と撤退し、信越化学の子会社であるシンテック社も赤字転落が目前となった。このような不況に直面し、社内からも塩化ビニル樹脂から撤退すべしとの声が出たが、将来必ず事業が成長するとの当時の小田切社長の判断の下、ねばり強く事業を継続した。

それができたのは、資金的に行き詰まったら会社は終わりだと考え、普段から儲けが出ると借入金返済にあてていたため、危機でも資金が止まらなかったから、と金川社長はいう。

シンテック社は、現在では、世界最大の塩化ビニル樹脂メーカーとなり、一億ドルから二億ドル規模の利益を上げる企業へと成長している。日頃より、事業リスクを直視し、最悪のことを考えてキャッシュフローの管理を厳格に行った成功例といえる。研究開発についても、信越化学は辛抱強い。目先の利益を犠牲にしても将来に備えて研究開発を継続している。

研究開発というのは、当初意図したことと、三年後、五年後あるいは十年後には全く違った成果が出てくる可能性がある。だから、当初の計画は一応の計画であって、途中で計画より良くなるとか、逆に駄目になるものもあるので、変化に対応して、駄目なものは撤退するとしても、その判断があまり早過ぎるとまずいと考える。

ただし、同社に特徴的なのは、結果的に、正しかったにせよ間違ったにせよ、事業リスクの判断の責任は、すべて社長が取るという姿勢が明確になっている点である。すなわち、投資決定についてのディスカッションや討論は必要ではあるが、要は誰が意思決定するかが大事であり、多数決による決定は行わない。十人の役員中九人が社長の意見と異なったとしても、あくまで決定権は動かさず、社長が持つ。当然、失敗した場合には社長の責任問題になろうが、手柄は上司のもの、失敗は部下のせい、という企業がまま見受けられることを考えると、実に際立っている。

実験的にやっていた事業を本格的に行うか否かの判断は、非常に高度な経営判断で、一生懸命やったらできるというものではない。研究開発の段階からマーケティングへのつなぎ方ということは、大変難しいし、そこを成功すれば、うまくいく。信越化学の場合、この判断権が社長に集中されている。

信越化学では、一昔前は、研究者に対し暇な役員がいろいろと口を挟んで、研究者を困らせることがあったから、金川氏はそういうことは一切させないと宣言した。おかげで研究者は伸び伸びとできたそうである。

ところが、氏は、ある段階でこれではいけないと思った。研究の段階と事業化する段階には、サナギがチョウになるぐらいの違いがある。しかも、サナギからチョウになるときに、方向を誤って駄目になるケースが随分ある。せっかくいいサナギになっていても、それが研究者では分からない。だから、社長に研究の内容が分かるわけがなくとも、サナギからチョウになるときに、社長が出来る限り自ら介入すべきという判断に至った。それは社長職にとっては大変な苦痛であるが、金川社長は、それを今、試練だと思ってやっているという。ここまで研究をよくやった、これならものになりそうだ、しかし、このやり方では駄目だという思考に、氏は最近かなり多くの時間を割いている。

判断の基本的な原則は、一にも二にもいい値段で売れると見込むかどうか。さらに、技術的に信越化学に本当に競争力があるかどうかである。最後に、タイミングが決定的な要因になる。例えば工場の増設にゴーサインを出す場合、信頼できる需要家をどの程度確保できるかの見通しにポイントを置くという。

絞り込みの裏返しとしての手元流動性の確保

任天堂の場合、資産の流動性が極めて高く、巨額の現金を手元に抱えていることで知られる。そのため、資本効率の重要性が分かっていないと金融機関やコンサルタントから批判されることがある。しかしそれは、前社長の山内溥氏の、自己の事業のリスクに対する正確な認識から来る、「充分な余裕を持たなくてはいけない」という考えに基づくものである。

ゲームソフトは受注生産ではない。見込みで開発し、見込みでつくり、見込みで在庫を抱えつつ売る、という開発・製造のリスクが極めて高い事業である。一方、ゲームはいつ市場が急に縮小してもおかしくないと氏は思っている。だから、大きなリスクを賭けて開発して製造した商品が全く売れないということさえ起こるかもしれない。このときに、流動性の高い資産が手元になければ会社は簡単に潰れる。

だからこそ、任天堂は、事業領域を娯楽に絞り込んでビジネスをやるという絞り込みの考えの裏返しとして、流動性資産が必要だという考え方にこだわり続けている。事業の領域を娯楽に絞り込むことでリスクが生まれるため、そのヘッジのために流動性資産が必要だ、という考えである。

家庭用ビデオゲーム市場を世界で初めて確立したのは任天堂ではない。アタリ社というアメリカの会社がVCSというビデオゲーム機を、一九八〇年の初頭にアメリカで大ヒットさせたことに始まる。しかし、あまりにも急激に市場が拡大して、その直後に粗製乱造した質の低いゲームソフトがあふれ返ったことから、一九八二年のクリスマスシーズンに突然マーケットが前年の数十分の一に縮小するという事態が起き、誰もアタリ社のゲームを買わなくなってしまった。いわゆる「アタリショック」である。

山内氏は、アタリ社の崩壊を目の当たりにする機会があったのは、大変幸いだったと思っているとよく言う。娯楽というものを扱う会社が、生活に必要なものをつくっている会社と違い、多くの人が面白くない、楽しくないと思えば、まさに天から地に一瞬で落ちて、ほとんど跡形もなく消されてしまう宿命にある。その恐ろしさを反面教師にして経営戦略を立ててくることができたから、今まで、任天堂は二十年間、ゲーム産業の中で一定以上落ち込むことなく来られたのだ、という。

他方、任天堂は流動性の高い資産を手元に抱えていても、ビジネス哲学として、新しい娯楽の創造のためにお金を使うことは是としているが、それ以外にお金を使うことを否定している。

一九八〇年代の後半、日本中がバブルに沸き返っている時期でさえ、一切財テクには手を出さなかった。当時、投資案件の勧誘に来た人たちは、さんざん勧誘して任天堂がそれに応じないと分かると、「今どき、どこの企業も財テクをするのは当たり前ですよ。財テクをしない財務担当者は無能ですよ」と言い捨てて帰っていったという。

任天堂が新しい娯楽の創造と提案以外の目的でお金を使うことを是としない理由は、それが任天堂が得意で力のある分野ではないからである。手元に流動性を持つことが、経営者に投資の規律を喪失させるどころか、むしろ、その使い途について真剣に考え、しっかりとした規律を植え付けているのである。結果として、同社はバブルに踊らされることなく、他の多くの日本企業と異なり、バブル崩壊の傷を受けることもほとんどなかった。

ちなみに、歴史的に遡ると、任天堂の財務体質は、ずっと健全だったわけではない。山内氏は、大学時代に祖父の社長が倒れ、急遽大学を中退して社長に就任したが、最初三〇年は、苦労の連続だった。トランプや花札の事業に限界を感じてからさまざまな事業に乗り出すが、うまくいかなかった。タクシー事業やインスタントライスの製造まで手がけたこともあったそうである。繰り返しの失敗の結果、借金返済が永遠に困難ではないか、と思われるくらい財務体質が悪くなった時期があった。そういう苦労が山内氏に手がける事業についての規律と手元に流動性を持つ重要性を植え付けたと思われる。

お金がないことが幸運だった

創業時にお金がなかったために、キャッシュフローの範囲の中で身の丈に合った事業形態を考えざるをえず、それが「結果として幸運だった」(セブン-イレブン・ジャパン鈴木敏文会長)というケースもある。セブン-イレブン・ジャパンのコンビニエンス・ストア事業である。

セブン-イレブン・ジャパンの親会社だったイトーヨーカ堂は、当時は、伊藤雅俊オーナーの母と兄が終戦直後にバラックで始めた洋品店「羊華堂」が発展したまだまだ小さな企業だった。財閥系のようなバックはないし、支払いには支払手形も使わないで現金決済で堅実にやってきた会社なので、もともとお金がない。そもそも、イトーヨーカ堂自体が上場したのも、セブン-イレブン・ジャパン創業のわずか二年前である。

加えて、誰もが成功するはずがないと思っていたコンビニ事業だったので、最初の頃はイトーヨーカ堂の社内でも当然のごとく冷ややかな目で見られており、財務もセブン-イレブン・ジャパンに資金を振り向けることは無理だった。したがって、親会社のイトーヨーカ堂から同社が借りたお金は、後にも先にも七億円程度だけ。それも、三年半で全額返済し、以後、セブン-イレブン・ジャパンは無借金経営である。

そこで問題になるのは、必要な投資をどうするかである。お金がなかったから知恵を絞らざるをえず、当時はそういう言葉は無かったが、今でいう「アウトソーシン

セブン-イレブンの配送車両

グ」を多用した。今に至るまで、セブン-イレブンのマークを付けた配送車両（現在、約三五〇〇台）と社員が乗る社用車（現在、約二〇〇〇台）、合計約五〇〇〇台のすべてがリースで、自社で持っているものはない。約三〇〇の関係工場があるが、それも所有せず、ほとんどすべて外部企業に委託する方式。後に、資金繰りの悪化で一部出資したところはあるが、それでも実質的な所有は考えないというのが鈴木会長の考え方である。結果として、資産を持たない形となったが、これについて、鈴木会長は、「資産を所有してしまうと仕事をしていく上での慢心につながる。ないことの方が緊張感を持って一生懸命仕事ができる」という。

事業リスクと自己の事業編成

　事業リスクを直視する経営は、キャッシュフロー管理による財務面の対応のみとは限らない。自己の事業の編成をポートフォリオとして工夫することによる事業リスクの管理もあり得る。

　信越化学の事業の最も目立つ特徴は、序章で述べたとおり、世界シェアトップ若しくはそれに準じる世界シェアを占める製品を以て競争力を高めようとしているところであろう。塩化ビニル樹脂、半導体シリコンウエハーなどでは、世界シェア一位。シリコーン樹脂は世界では三位であるが、国内では一位となっていることは既述した。

　ただし、信越化学の事業についての経営方針の最も大きな特徴は、自己の事業のリスクをきちんと認識し、リスクの分散を図ることにある。そのうち重要な考え方の一つが、事業ポートフォリオについての考え方である。経営の目標は、安定成長と最大限の利益を実現することを通じて株主に報いることにあり、成長のための戦術と安定のための戦術の両方を常に意識して、急成長分野と安定成長分野を同時に注力することを心がけている。

急成長分野としては半導体関連（シリコーンウエハー、フォトレジスト、フォトマスク・ステッパーレンズ用合成石英等）、通信（光ファイバー用プリフォーム等）があり、安定成長分野としては塩化ビニル樹脂、シリコーン樹脂等がある。

急成長分野と安定成長分野に同時に注力する理由は、信越化学が優位性を持つ急成長領域に積極的に投資することは会社の収益を伸ばす推進力となるが、他方、これらの分野は、急成長の代償として市況の変化が激しくビジネスリスクが高い面が否定できないところにある。これを補う意味で、成長率が相対的に低くても安定して成長と利益、キャッシュフローをもたらす、米国と欧州の塩化ビニル樹脂事業、シリコーン樹脂、医薬品用のセルロース誘導体等の安定成長領域に注力しているのである。

こうした性質の異なる製品群を持つことで、成長と安定の両方を実現する。この基本的な経営方針に沿って具体的な製品の組み合わせをどうしていくかは、事業環境に従って常に見直して変化させている。今ある事業も常に変化しているので、五年後、十年後に駄目になることが十分ありえる。そのときに困らないように、四本、五本目の事業の柱をつくって、ヘッジしていくことを常に考えている。

国際展開による事業リスク分散

事業リスクの管理の一環として、海外展開を進めることで、地域・国による景気の好不況のリスクや為替リスクを回避しようとする努力もあり得る。

信越化学は、日本の化学会社としては例外的に海外展開が進んでいるグローバル企業である。数字で見ると、売上げの過半が海外売上げ（売上高は、全世界で九六七五億円、うち海外が五二九三億円。二〇〇四年）で、生産高も全体の約四割が海外生産である（我が国の他の主要化学会社の海外生産比率は、一割から二割）。連結ベースの従業員数、約一万八〇〇〇人のうち、半数以上が海外子会社の従業員。ちなみに、日本の従業員のうち、信越化学本体の従業員は約二六〇〇人（いずれも、二〇〇四年）である。

塩化ビニル樹脂や半導体シリコンでは、海外の主要マーケットで直接生産、販売を行い、現地企業として根をおろして事業を進めている。具体的には、塩化ビニル樹脂については、米国では Shintech Inc. 社がテキサス及びルイジアナで生産、販売しており、欧州ではオランダの Shin-Etsu PVC B.V. 社が生産、販売している。半導体シリコンについては、米国（Shin-Etsu Handotai America, Inc.）、英国（Shin-Etsu Handotai Europe, Ltd.）、マレーシア（S.E.H. Malaysia Sdn. Bhd, S.E.H.（Shah Alam）Sdn. Bhd.）、台湾（Shin-Etsu Handotai Taiwan Co., Ltd.）でカッコ内のそれぞれの現地会社が生産、販売している。

塩化ビニル樹脂の場合、日本、米国、欧州の三極に、半導体シリコンの場合、日本、米国、欧州、アジアの四極に多極立地し、販売先が特定のところに集中することを回避することにより、地域・国による景気の好不況の変動リスクや為替リスクを軽減する。安定のための戦術への貢献である。

信越化学をもってしても、日本国内の塩化ビニル樹脂事業は、国内有数の競争力を持つ鹿島工場でさえ赤字であるが、米国における子会社のシンテック社に、テキサス、ルイジアナを合わせて年間二百万トン超という世界最大の設備を持っており（国内の約四倍の生産）収益を確保している。加えて、海外展開は、ユーザー企業に対し、コストパフォーマンスにおいて、競争企業より有利な立地から製品供給することを可能にする。

信越化学は一九六〇年代という早い段階でグローバル化を進めた。同社は国内市場において後発メーカーだったため、既に財閥系の総合化学企業が市場に多く存在するというデメリットがあった。これを海外展開の利点を得ることで克服しようとしたのである。この点は、今や、かえって、我が国の他の化学会社にない強みとなった。

海外展開は当時の信越化学が有する経営資源の限界から考えると明らかにミスマッチな戦略であったが、同社は、うまく外部資源を用いて内部資源に連動させることでこの戦略を実現した。例えば、半導体シリコン事業はダウ・コーニング社との合弁事業としてスタートするなどである。海外事業のノウハウや企業としての経営資源の不足を、その分野のトップ企業と提携することで補ったのである。

キヤノンも、海外展開による事業リスク分散に早くから目をつけた企業である。既に一九五五年にニューヨーク支店を開設して販売機能の海外展開に乗り出した。さらには、一九七〇年に台湾キヤノンを設立して生産機能の海外展開に、八八年にキヤノンリサーチセンターヨーロッパを設立して開発機能の海外展開に着手した。

今日では、二〇〇五年末で、海外に販売会社一一九社、生産会社三一社、開発会社一二社の展開をしている。

地域別の売上高比率は、日本対南北アメリカ対欧州対豪州・アジアがおよそ三対三対三対一で、海外売上げが約八割である。

金額で見ると、南北アメリカの売上げ、欧州の売上げがそれぞれ一兆円強。社員数で見ると、南北アメリカが一万人弱で、欧州が一万人強の社員がいる（いずれも、販売会社、生産会社、開発会社の合計）。このような膨大な売上げ、人員、組織を抱えて、海外子会社が、いつまでも日本から物を輸入して売って儲けるだけの経営をやっていたのでは資本のむだ遣いと御手洗冨士夫氏は考え、米国、欧州の販売会社、二社に開発能力を持たせて事業化させる長期構想を進めてきた。キヤノンの場合、為替が一ドル当たり一円違うだけで年間一〇〇億円も業績に影響するが、開発能力を持たせることによって独自の新しい価値を生む組織へと米国、欧州の販売会社を変え、キヤノン本社がつくっていない製品をつくり、それぞれが違う製品を輸出し合えば、為替リスクを薄めることができると考えている。リスク分散のためのグローバル化である。

キヤノンの場合、海外の経営層の現地人比率は、現在でも既に三分の二となっている。各国のトップは一九八〇年ぐらいまでは皆日本人だったが、現地人に変えていっている。今では、仏、英、独とも販売会社のヘッドは、それぞれの現地国の人間になっている。現地人化がグローバル化の仕上げだと思っているという（半分冗談というが、日本に外国人を連れてきて会社を国際化するより、日本人を海外に連れ出して日本人を国際化した方が容易なのではないかということもあり、同社では、日本人が海外子会社の社長を務める場合の勤務期間も長期化させている。海外の主要な子会社の社長たちは皆二〇年クラス以上となっている)。

優秀企業となるためには、経営者が自己の事業の事業リスクを直視して、キャッシュフローを管理し、手元の流動性を確保し、身の丈に合った経営を心がけ、自己の事業の編成を工夫して事業リスクを管理し、各国への事業展開を工夫して地域・国による好不況のリスクや為替リスクを管理していくことが必要条件となるのである。

補論六

資金調達の「序列理論」とフリー・キャッシュフロー問題

資金調達の「序列理論」（ペッキング・オーダー理論）とは、企業が資金調達する場合に、内部資金を外部資金より優先すべきこと、そして外部資金調達が必要な場合にも、まず社債発行を優先し、次に転換社債発行を行い、株式を最後の手段とすべき事を示すコーポレートファイナンスの理論である［Myers（1984）］。

この理論は、外部投資家と経営者の間の「情報の非対称性」、すなわち事業の業績見込みやリスク、価値などについて、経営者が外部投資家より多くの情報を有していることを前提として展開される。

情報の非対称性の存在により、新株発行による資金調達は投資収益が正の場合でも資金調達が行われず非効率性をもたらす可能性がある。また、調達に成功する場合でも調達コストが高くなってしまう。したがって、株式発行などは社債発行や内部資金調達よりも劣後する。さらに、社債発行についても、債務不履行となる可能性がある場合であれば、同様に社債購入者と経営者との間の「情報の非対称性」の問題が生じる。したがって、経営者側には、真の状況が悲観的であればそれが明らかになる前に社債を発行しようとする誘因が働く結果、社債発行も内部資金より調達コストが高くなってしまう。

これに対して、内部資金で資金調達する場合は、このような情報の非対称性に基づく調達コストの問題を回避することができるのである。この点は、本文で示した、自らが生み出したキャッシュフローの範囲の中で長期投資を行っていくという優秀企業において観察される現象を正統化している。

このような考え方に対する有力な警告として、本文中でも指摘した「フリー・キャッシュフロー問題」を提起したのは、ハーバード大学のMichael Jensenである［Jensen（1986）］。

Jensenは、企業がフリー・キャッシュフローを抱えている状態においては、経営者が収益率とは無関係にその余剰資金を用いて経営規模を拡大したり、売上規模の拡大を目指す傾向があることを指摘した。だから、本来であればこのような余剰資金は配当や自社株の買い戻しによって株主に還元すべきであるとした。

しかし、規模の縮小に対する企業組織内の抵抗や、経営者自らの私的利益のために還元は行われない傾向にあると指摘し、この非効率性の発生をフリー・キャッシュフローによる「エージェンシーコスト」の発生と呼んだのである。そして、その解決策として負債比率を高めることを提唱した。なぜなら負債の場合、約束した支払いを履行する必要があるため、企業内のキャッシュを強制的に「吐き出さ」せるからである。

しかしながら、筆者は本文において、企業が財務上の余裕を持つことは「悪」どころかむしろ積極的に「善」であり、逆に有利子負債比率を高めることは望ましくないという見解を示した。

その上で、むしろ、このフリー・キャッシュフロー問題に対する対応としては、経営者が自らの稼いだキャッシュフローの範囲内の内部資金で研究開発、長期投資を行うという「ルール」に経営方針としてコミットすること自体が、収益率とは無関係な規模拡大を行わせないという規律を企業に与えるのだと主張した。外部資金の導入を制限することによる「背水の陣」の規律を主張したのである。筆者の議論は、経済理論の援軍を受けることができるであろうか。

経済理論には、「エージェンシー理論」と呼ばれる理論がある。プリンシパル（雇い主、あるいは依頼人）と呼ばれる個人または組織が、自らの利益のために、エージェント（雇われた者、あるいは代理人）と呼ばれる他者に権限を委任する関係（「エージェンシー関係」と呼ばれる）を考察するとき、プリンシパルはいかにしてエージェントを動機づけるかという理論である。

Aghion and Tirole（1997）は、このプリンシパルとエージェントのエージェンシー関係における形式的権限の配分の問題を考察し、筆者の問題意識に対するヒントを与えている。

この論文は一般的にプリンシパルとエージェントの関係を議論しているが、本書との関係でいえば、プリンシパルを外部投資家、エージェントを経営者と置き換えて考えた方が理解しやすいであろう。このときプロジェクトを選ぶ権限を「形式的権限」とする。経営者（エージェント）に形式的権限を多く配分した場合、経営者（エージェント）側には自己の私的便益にとって有利な投資計画を選択してしまうバイアスが確かに発生しうる。しかし、他方、メリットとして、経営者（エージェント）が選択対象の投資プロジェクトについて一生懸命情報を獲得し、真剣に検討するインセンティブが高まる。結果として、選択される投資プロジェクトの質が高まりうるのである。

そして、経営者（エージェント）にとっての私的便益の大きさと投資プロジェクトの収益の大きさが動きとして比較的相関していれば、経営者（エージェント）に形式的権限を配分した方が望ましい結果をもたらすことが示されるのである。

このモデルを本書のケースに当てはめれば、経営者が自由にできるキャッシュフロー（フリー・キャッシュフロー）を手厚く持っているということは、経営者に「形式的権限」が多く配分されている状況に該当する。したがって、企業に財務上の余裕をもたせることは、経営者に事業投資計画を真剣に検討するインセンティブを与え、ひいては、それが外部投資家にとっても利益になる可能性を示唆している。

さらに、関連する問題として、銀行による融資のメリット・デメリットをRajan（1992）が分析している。

経済学においては、銀行融資の利点として、企業に対するモニタリング機能が挙げられることが多い。社債発行の場合の債券保有者のように小さく分散した資金提供者よりも、銀行は、企業の投資計画に関する情報を入手しやすく、非効率な投資計画について融資を見合わせることができるとの議論である。

これに対し、Rajan（1992）は、まさに、その銀行融資のモニタリング機能の優位性ゆえに、企業サイドの経営者のインセンティブが削がれ、企業のパフォーマンスを低下させる可能性を指摘した。

すなわち、銀行は企業の投資計画について十分情報を有しているがゆえに、融資条件の設定などでその投資から得られる収益についての交渉力を持つことができる。このため、企業サイドにとってみれば、投資から得られる収益を銀行に収奪されてしまうことが分かっているがゆえに、投資効率を上げるための努力に向けた企業経営者のインセンティブが削がれてしまうという議論である。この議論を見ても、経営者に投資計画を真剣に検討させるインセンティブを与えなければ、企業の優秀性は確保されないのだという視点が十分に考慮されなければならないことが分かる。

Stein（2001）は、外部資金調達を司る「外部資本市場」と内部資金を企業内部の事業部間に配分する「内部資本市場」の機能についての議論である。外部投資家と経営者の間、及び経営者と各事業部の間で存在する「情報の非対称性」の下で、企業内での内部資金の配分と外部資本市場を通じた資金調達の機能について過去の研究のサーベイを行っている。

この論文の中で、次のような分析が行われている。企業内部において内部資本市場を用いて資金の配分を行う場合には、経営者（CEO）に対する各事業部門の事業部長による予算獲得へ向けたレント追求活動（単に移転のみを目的とした社会的機能をもたない活動）が促進される非効率性が「費用」としてかかる。反面、経営者（CEO）が各事業部門への資金配分の権限を保持することから、それらの事業部門における投資計画の情報を経営者が獲得しようとするインセンティブが高まる。このため、外部資本市場を利用する場合と比べて、投資計画について正確な判断ができるという

「便益」が指摘される。

さらには、これらの「費用」と「便益」を勘案することで、内部資本市場のメリットを働かせる上での効率的な最適企業規模が存在することを示唆した。そして、それ以上の企業規模拡大に関する非効率性を指摘している。この点は、本書における研究結果とも合致している。自ら稼いだキャッシュフローの内で長期投資を行うことの効率性の前提として、第一の条件のところで指摘したとおり、経営トップが現場の実態を体感できる程度に取り組む事業の範囲を限定し、自らの企業コンセプトを逸脱した多角化、巨大化を否定した点と整合的である。

参考文献

[1] Myers, Stewart C., "The Capital Structure Puzzle," *Journal of Finance*, 39, 3 (1984): 575-592.

[2] Jensen, Michael C., "Agency Costs of Free Cash Flow, Corporate Finance, and Takeovers," *American Economic Review*, 76, 2 (1986): 323-329.

[3] Aghion, Philippe, and Jean Tirole, "Formal and Real Authority in Organizations," *Journal of Political Economy*, 105, 1 (1997): 1-29.

[4] Rajan, Raghuram G. "Insiders and Outsiders: The Choice between Informed and Arm's-Length Debt," *Journal of Finance*, 47, 4 (1992) : 1367-1400.

[5] Stein, Jeremy C. "Agency, Information, and Corporate Investment," *National Bureau of Economic Research Working Paper* No. 8342 (2001)

第六の条件

世のため、人のためという自発性の企業文化を埋め込んでいること

目的が継続的社会貢献、手段が利益

最後であるが、優秀企業に共通する第六番目の条件は、お金以外の「世のため、人のためという自発性の企業文化を企業に埋め込んでいること」である。

優秀企業には「規律」がある。特に、経営者自身が規律（経営者の発言が神の言葉である）であって従業員にとっての予測可能性がないというのではなく、経営者と従業員の双方を律する自己規律の企業文化が埋め込まれている場合が多い。

「お金」は企業を統治する最終的な意味での理念にはならない。世の中、社会のために仕事をすることが企業を統治する理念であり、企業文化である必要があるとの考え方。これが結局は、企業を長期的発展に導き、株主の長期的利益とも整合的であると考えられた。

会社というのはとにかく儲けるのが仕事じゃないか、きれいごとを言ったって始まらない、と反論される向きもあろう。

もちろん利益は重要である。利益は、企業が世の中、社会への貢献を継続するために必要不可欠であるから、利益を軽視することは社会貢献の継続性を軽視することである。利益の軽視は、経営者として経営責任を放棄したも同然である。一時の線香花火のようにたった一回の社会貢献で満足するのなら割と簡単であり、何も企業の形をとらなくとも、寄付などで充分に成り立つが、社会貢献の継続はできない。無論、ここで言う企業の社会貢献とは、自社の生み出す価値ある商品やサービスをマーケットで顧客に提供することを通じた世の中、社会への貢献である（環境保護などの企業の社会的責任論を議論しているわけではない）。

必要な利益をきちんと取ることが企業活動の上では絶対条件であり、義務である。経営者がきちんと必要な利益を求めないと、企業は安易な方向に行く。薄利、裸足の事業活動というのは、ある意味では、一番簡単である。しかし、そうしているうちに、売上げは増えたけれども、利益の少ない体質が定着し、将来のために必要な投資のチャンスが来たときにお金がないということになり、結局は、企業を持続不可能な状態にし、社会貢献の継続を困難としてしまう。

一方、優秀企業は、利益を上げることは前提であるが、決して利益が上がりさえすれば何でもよいとは思っていない。顧客への貢献に見合わない利益を得ようとすれば持続的たりえず、破綻がどこかで必ず生じる。価値創造無くしては、企業は継続できない。これは、エンロンやワールドコムの破綻や不正を見ても明らかであろう。

継続的社会貢献が優秀企業の目的であるが、そのためには手段として利益が必要。だから、利益が目的になるのとは違う。近年の企業不祥事は、必ずと言っていいほど利益追求を「手段」ではなく、「目的」にしたところに間違いがあった。貢献に見合わない利益を得ようとすれば、堕落し、結局は、企業は永続しえない。優秀企業には、企業とは「利益を上げることを通じて長期にわたり社会に貢献することを目的とする組織」との企業観がある。

企業に対する規律というと、まず第一に資本市場からの規律、つまり株式市場の評価が念頭に浮かぶ。しかし、本書の調査を通じて思考してきた筆者の結論は、持続的な優秀企業を生み出すために資本市場からの規律は必要な条件であり、確かに重要ではあるが、あくまで補完的なものであり、短期はともかくとしても、長期にわたって持続するサステイナブルな優秀企業になるには、経営者や従業員に使命感や倫理観といったお金以外の規律が作用していることが鍵になるということである。

少し前までの日本企業は資本市場からの規律に無関心でありすぎた。しかし、この点への関心は、最近のＩＲ（投資家向け広報）強化の流れの中で、うまくいっている企業、うまくいっていない企業を問わず、今や十分有しているように感じられた。ただし、繰り返すが、資本市場は企業統治に寄与するも、それが企業への規律付けの中心にはなりえない。

「監視のガバナンス」vs「自発性のガバナンス」

筆者が危惧をしているのは、企業統治（コーポレートガバナンス）が議論される場合、往々にして、問題が非常に狭く解されていて、さぼろうとしたりズルをはたらこうとする経営者を、株主がどう「監視」するかばかりが論点になってしまっていることである。

目的外のことをしようとする経営者や従業員をどうやって資本市場、すなわち、株式市場が「監視」するか、という捉え方のみになっている。たとえば、株主がその代理人を通じて経営者を監視し、さらには経営者を通じて従業員を監視するシステムを商法などの法規制によって実現し、それによって企業統治が健全化されるのだといった発想などである。ここでは、このような考え方を「監視のガバナンス」と呼ぼう。

しかし、ごまかそうとする誘因をもつ人間を監視し続けるのは不可能である。最小の単位として二人の関係を考えてみていただきたい。たとえば、家庭教師と学生である。学生がさぼろうと一生懸命になっている限りにおいて、相手がたった一人でも、家庭教師が目の前の学生を四六時中見張ることによって学生がさぼることを完全にくい止めることは無理ではないだろうか。

あるいは、男女関係である。筆者は不得手な方なのでその機微まで分かっているか疑わしいが、彼氏が彼女に対して魅力を感じていない状況において、四六時中彼氏を追いかけ回して見張ることによって心が他の女性に向かわないようにすることができると考える人はいないであろう。にもかかわらず、自分で追いかけ回すだけではなお心配で、ついには外部の探偵まで雇って彼氏の動静を四六時中見張ろうというのが「監視のガバナンス」の議論である。

「コーポレートガバナンス」とか「経営監督と業務執行の分離」と言うと難しいが、身近な例に引き付けて考えてみれば、監視をすることで、ガバナンスが十全に達成できるという考えがいささか疑問であることが理解できるであろう。ましてや、二人の関係ではなくて、会社のように構成員がずっと多くなって、しかも、ヒエラルキーの組織をつくるようになれば、資本市場が経営者を介してその組織の個々の人間までを監視して規律をもたせることなど事実上困難である。会計の不正とか企業不祥事とかは、徹底して取り締まるルールが必要であるから、その意味で、商法の整備や虚偽報告についての罰則は必要であろうが、それだけで企業に本当の意味での規律が生まれるとは思えない。

株式市場や格付け機関の機能を実態的に評価してみても同じである。企業の実質的な競争力の推移と株価や格付け機関による評価の推移を比べてみると確かに相関はしているのであるが、株価や格付け機関による評価の動きは常に後追いである。すなわち、株価などは、企業競争力の遅行指標なのである。だから、監視の機能をそこだけに期待することはできない。

いかに監視するかよりも、経営者や従業員自体の心の中にどんな自発的な動機づけが働いているかが、まずは問われなければならない。学生が勉強したいという自発性が生まれなければどうしようもないし、彼女が彼氏にとって輝いて見える魅力的な存在にならなければどうしようもない。

こう考えると、個人の意識や心のありよう、会社の文化といったものに従って、経営者や従業員が自らを自己規律する「自発性のガバナンス」と呼ぶべきものをどう実現するかが大切になってくる。「監視のガバナンス」は補完的なものでしかありえないのである。

最後は、経営者や従業員の持つ使命感、倫理観、それに支えられた人間としての情熱であって、これは、いずこの国でも同様に成り立つ命題であると推定される。

経営者の使命感と自己規律

米国におけるエンロンやワールドコムの問題に端を発し、コーポレートガバナンスの議論が盛んであるが、その米国でさえ、本当に持続的に繁栄している企業の経営者は、強い自己規律を持っており、その源は、米国の場合、宗教的な自己犠牲の精神にあるように思われる。日曜日の朝になると皆教会に行き、堅い木のいすに座って我が身を振り返る。キリスト教精神のサービス・アンド・サクリファイスとは、自己犠牲と奉仕が崇高な人生であるという人生観であり、そこから来る使命感が、米国の持続的な優秀企業のCEOには感じられる。

キヤノンの御手洗冨士夫氏は、知己のあるGE社の前CEOのジャック・ウェルチ氏について「日本の家電産業にやられてエジソンがつくった名門企業が危機に瀕していたので、それを救おうとする使命感が彼を突き動かしてきたのであって、高額な給料のために働いてきたのではない」と言う。

野心だけでトップになった人間は権力を握った瞬間から必ず堕落する。堕落しない人達は使命感を持っているから堕落しない。

ヤマト運輸の小倉昌男氏は、この点に関連して、生前次のように筆者に語っていた。

特定の宗教が大事だとかいうつもりはない。自分の場合はキリスト教だったが、仏様でも神様でもよいし、宗教でなくともよい。絶対的なものの存在を信じ、それに対して、人間とは小さなものであるという実感を持つことが、経営者の使命感を持つ上で大切である。人間にできないことを絶対的な力を有する何かが行っている。そう考えることができれば、人間の力などわずかなもので、その絶対的なものを、敬わなければならないという気持ちになる。すると自分が生きているのではない、生かされていると感じる。生かされているのだから、ただ誠実に生きることだけが自分の役目、目的で、何のために生きているかというような恐れ多いことを考えない。生かされているのだから一生懸命生きなければいけないという考えに至る、という。

小倉氏は、大学を卒業後ヤマト運輸に入社してわずか数ヶ月後に結核になり、二年間病院で闘病生活をしている。当時のことであるから、命がかなり危ない状態になり、二十代の半分をつぶしている。

そのとき、小倉氏は、自分は何のために生きているのだろうとまず考えた。自分は死んでしまった方がよいのではないか。この世のやっかいものであると考えた。そのとき、宗教に出会い、自分は生かされているのだから、一生懸命生きなければいけないと思い直したという。マックス・ウェーバーの書いた『プロテスタンティズムの倫理と資本主義の精神』という本があるが、小倉氏は、資本主義の精神には倫理が必要であると本当に思うという。

筆者は、この研究を終えてみて、社外に対する情報上の圧倒的な優位性と社内的な絶対的権力を有する経営者への統制が、金の力と資本市場からの評価のみで可能であるとは到底判断できなかった。宗教でなくともよい。経営者自らの心の中にある内なる自己規律による統制が加わることが不可欠に思われる。

自己規律の企業文化との関係では、創業者一族の影響下の会社は有利であり、オーナー経営者あるいは創業者の家系の強みが再確認された。いわゆる資本家の立場として、会社の長期的な成長、社会への継続的な貢献、といった大きな視点で自らの企業を見やすいからである。

一般に、オーナー経営者の場合、リスクを自分が取るという意味で「本気」であるのは当たり前であるし、だからコミットメントは大きく、会社も指示に従って全社一丸となって努力する。家長が家を家長一人のものでないと認識しているのと同様に、オーナー経営者にも、宗家の使命の認識があり、会社はオーナー一人の個人のものではなく、家長が家族を養うように宗家の責任で会社をやっていくという認識がある場合が多い。

例えば、任天堂のお金の使い方についての明確な方針とバブルにも踊らされない規律は山内溥氏の創業者の家系としての揺るぎない求心力に負うところが大きかったし、ヤマト運輸の宅配便事業への進出に当たっての小倉昌男氏の判断や、マブチモーターの馬渕隆一氏、シマノの島野家による経営のいずれにおいても、創業者の家系の使命感が感じられた。

トヨタ自動車ほどの巨大企業でさえ、直接的ではなくとも、豊田家の存在は大きい。「豊田家が見ている」という感覚が自己規律の企業文化に力を及ぼしていると感じられる。

そう言うと、創業者一族の影響下の会社でも問題を起こした企業があると問う方もあろう。しかしながら、オーナー経営者の特徴は、意思決定の責任の所在がオーナーにあることが明確であることである。使命感はそこから生まれる。だから、問題が発生したときの責任の所在も明確である。オーナー会社の場合、決めるべき人はオーナーで、責任を取るべき人もオーナーなのである。この点は、サラリーマン経営者の企業が問題を起こした場合に責任の所在が不明確になりがちなのと大きな違いとなる。

であるから、問題の発生に伴い市場や顧客が見放したときは、責任者とその退場のルールが明確であり、企業統治は健全に達成されると言える。

株主が、どう企業統治（コーポレートガバナンス）に貢献するかという点については、細かく議論しなくてはいけない。株主を便宜的に三つに分けてみよう。

第一番目は、「資本家」である。これは、創業者、大株主や、子会社をつくった親会社、あるいはM＆Aで五〇パーセントを超えて株式を所有している会社などである。第二番目は、「政策株主」である。これは持ち合い株主などで、純粋に企業を所有する目的よりは、自社の資本政策のために他社の株を持つ株主などである。第三番目が「投資家」である。これは経済効果のために株式を所有する株主で、短期保有目的と長期保有目的に分けられる。

これらの株主のうち、本当に企業統治に貢献する株主は、一番目の「資本家」である。「資本家」は当然、株主としての権利を行使するし、口も出す。これに対し、二番目の「政策株主」や三番目の「投資家」は、実際には株主総会においても白紙委任や棄権がほとんどである。「投資家」のうちの長期保有目的の株主には、年金ファンドなどがあるが、これらの株主でさえ実際に見ているのは、企業の業績よりも株価であり、市場の需給で株式の売買をしている場合も多い。そして、株主全体のうち、一番目の「資本家」の比率は高くはない。オーナー経営者の会社が企業統治上優秀な成果を示す場合が多いのは、一番目の「資本家」に当てはまっているからである。

製品・サービス市場がガバナンスの鍵

それでは、多くの大企業のように、サラリーマン経営者を仰ぐ企業については、経営者の自己規律を「担保」する有効な手段はないのであろうか。この種の企業にも優秀企業が存在する以上、資本市場が規律に失敗するとすれば、何らかの規律に向けての「力」が存在するはずである。より広く問題を設定して、経営者に対して、世の中、社会のために仕事をするという使命感の企業文化を規律付ける担保措置としての「力」が資本市場でないとすれば、それは何であろうか。

この問題を考えるため、会社を巡る根源的な問いを発してみよう。まず「会社は誰のものであるか」という問いである。百歩譲って、資本主義経済の原則に従って厳格に考えれば、それはお金を出している株主のものである。少なくとも最近の潮流では、そう考えるのであろう。

それでは、「会社は誰のためのものであるか。誰のために存在するか」と問い直したら、今度はどうであろうか。優秀企業についていえば、その答は、株主ではない。顧客である。顧客にとっての付加価値を持続的に提供することが会社の存在意義である。

顧客、すなわち、提供する製品やサービスの市場をないがしろにする企業は、そもそも存在価値がない。だから、提供する製品、サービスの市場が競争的であれば、顧客のためにならない会社は、長期的には経済社会から退出せざるをえないのである。

テイクオーバーが起きて経営者が交代するという資本市場によるハードな規律が働かなくとも、顧客に評価されない事業を経営者が行えば、製品・サービス市場でのマーケット・シェアを他の競合相手の企業に奪われてしまうため、結果として、経営者は退任を余儀なくされる。製品・サービス市場が競争的であれば、顧客に評価される企業は生き残り、そうでない企業は退出させられる。だから、顧客に評価される企業へと導く経営者あるいは企業文化が競争の中で生き残っていく。

すなわち、製品・サービス市場からの「力」によって、企業あるいは企業経営者への規律付けが担保されるのである。

資本市場からのガバナンスの仕組みが効率的な企業経営をもたらしている中心ではない。世の中、社会のために仕事をするという規律をもたらしているのは、製品・サービス市場である。これらの市場における企業の参入・退出を促すようなダイナミックな競争が優秀な経営者を選別し、かつ、企業にとって望ましい企業文化の選択を行うようにその経営者に促し、その結果として、長期的に効率的な企業経営が行われるのである。

だから、逆に言うと、市場が競争的でない産業では、企業経営者への規律付けが働きにくい。参入障壁のある産業で、往々にしてガバナンスが悪い企業が見られるのは、そのためである。したがって、規律ある企業統治（コーポレートガバナンス）を回復させるためには、商法などの会社法制をいじるよりも、製品・サービス市場の規制緩和や商慣行是正を徹底することの方が、回り道のようで、実際には早道なのである。

第一の条件のところで、経営者が現場感覚を持てる範囲に事業範囲を限定する重要性を述べた。しかし、経営者が現場感覚を持つことが可能だということと現場感覚を実際に持つこととは異なる。

後者であるためには、経営トップが自社の製品・サービスに本当の意味で興味を抱く必要がある。そのためには、企業である以上利益を目指すとしても、究極の目標が「金を軸とするのか、それとも、ヒトを軸とするのか」（本田技研工業、吉野浩行氏）

で、後者であることが重要となる。企業都合は大体において金の軸であり、製品・サービス市場とか顧客というのはヒトの軸である。自己の納得とか顧客の納得は、ヒトを軸にしないと実現できないことだからである。

成果の良くない企業を見ていると経営トップの軸が金にあり、したがって、その企業の提供する製品・サービスがどのように顧客から評価されているかについて本当の意味では経営トップが関心を持っていない。このため自社の提供する製品・サービスを本当の意味では理解しておらず、経営トップから二階層くらい下の管理職になって初めてそれを理解している企業構造になっている場合が多い。

優秀企業は、経営トップが自社の提供する製品・サービス、ひいては顧客に興味がある。それに対し、成果の悪い企業は、株式市場の評価のみに興味があるのである。

企業文化の満たすべき二つの条件

では、従業員に対する規律付けはどうだろうか。企業経営というのは優れて人間的な営みである。報酬さえ多ければ、社員は必死に働くかと言えば、人間とはそんな単純なものではない。世の中や社会のために仕事をしているという意識を持つことができて初めて社員は寝食を忘れて働く。これなくしては、社員のベクトルを合わせ、企業の力として結集させることは難しい。

言うまでもなく、個々の社員の力の集積が企業の力である。そして、個々の社員の潜在的な知恵には、現場でルーティンな仕事をしている人に至るまで無限の可能性がある。しかし、経営者にはその一人ひとりが最善の努力をしているかまでは監視できない。そのとき、どうやって経営者は、個々の従業員を動機づけ得るのか。これは、企業統治（コーポレートガバナンス）の問題を株主が経営者をどう監視するのかだけでなく、従業員、顧客なども含めたステークホルダー（利害関係者）全体と企業の関係として広く捉えるとき（そして、そうする必要があると思うが）、重要な問題の一つとなる。

これに対する解の一つの可能性は、適切な人材を集めさえすればよいというものである。

バスの行き先を決める前に、バスに適切な人を乗せる。それで解は得られるという議論である。いい人を雇えば自然に企業は動くのだから、まず人を選ばなければいけない。それで企業はほとんどが決まってしまうという議論である。しかし、考えてみて欲しい。いかに日本の都市銀行や中央官庁が人材採用において楽な戦いをし、選び放題の採用をしてきたか。それなのに、なぜ結果として、一部に活性度のない人々をつくり出してしまったのか。

同業種の中での企業間競争の方がより分かりやすい。採用は常に業界トップ企業が優位となる。もし、集めた人材で勝負が決まるのであれば、負けている企業は、永遠に負け続けなければならない。しかし、実際には、企業には栄枯盛衰があり、序列は変化し、二番手が一番手を破る。人を選ぶより育てる余地があるからこそ、すべての企業に成功の機会が開かれているのではないか。

だから、人材を集めることは優秀企業の必要条件にならないと思う。では、具体的に、自動車産業で、ホンダにどうやって業界トップ企業のトヨタと五分で戦える余地が生まれるのだろうか。いかに経営者は個々の社員を動機づけ得るのか。

解は次のようなものである。まず、社員の価値観を共有化させなければならない。企業文化により、社員のベクトルを合わせるのである。そして重要な点は、金は共有すべき企業文化足り得ないということである。世の中とか人々のためになる、そういう仕事をする、という金以外の共有化する価値観を持つことによって初めて社員全体のベクトルを揃えることが易しくなる。

逆にそれを外せば一人ひとりのベクトルを合わせることが難しくなるので、一人ひとりを監督・管理しなければならなくなる。文化が一旦できてしまえば、いちいち管理しなくても会社は動くので、会社は永続する。

そもそも、個々の従業員にとって、「企業文化」とは何であろうか。

企業は不確実な環境に常に直面しており、個々の従業員も、あらかじめ経営者が予測してそれに対する対処方針を指示しておくのが困難なほど多くの予測できない事態に直面する。

そのとき、個々の従業員が、経営者と同一の目的に向かって、自らの判断で最善の方法を自発的に選択して行動することが求められる。

そのときの個々の従業員の判断の拠りどころとなる、企業内の非公式な行動規範、価値観が「企業文化」である。

最近の経済学では、「企業文化」とは、何か事が起こる前に企業がどう反応するかを企業内で従業員に対し示唆するものであると解されている〔詳細は補論七を参照のこと。概論は、Besanko, David A., David Dranove and Mark Shanley, *Economics of Strategy 2nd Edition* (John Wiley & Sons, Inc., 2000)、Hermalin, Benjamin E. "Economics and Corporate Culture," in *The International Handbook of Organizational Culture and Climate*, Cary L. Cooper, Sue Cartwright, and P. Christopher Early, eds.

(New York: John Wiley & Sons, 2001) など〕。

そうであるとすれば、筆者は、企業文化は二つの条件を満たしていなければならないと考える。

第一の条件は、言うまでもないが、企業文化の指し示す従業員の行動目標と経営者あるいは企業の目標とが同化していなければならないということである。しかし、この条件だけで十分ではない。第二の条件を満たす必要がある。

第二の条件は、個々の従業員がある事態に直面したとき、その企業文化に従えば経営者と同一方向での判断を自らの判断で容易にできる(判断容易性の条件)ものでなければならないというものである。

この第二の条件を満たすことは、現実には簡単ではない。

判断容易性の条件を満たす企業文化とは

例えば、「会社のために」という基準を考えてみよう。

不正に補助金を得る機会に直面した従業員を念頭においてみる。補助金の支給を受けることによってキャッシュが会社に入ってくるのであるから「会社のため」になるという判断を採るのか、それとも、わずかな補助金を受けるために不正を働けばどこかで発覚する可能性があり、その場合、会社のためどころか会社の存続自体を危うくするから「会社のため」には絶対にならないと判断するのか。

「会社のために」を個々の従業員が判断の拠りどころとした場合、従業員にとっては、二つの選択の余地が残ってしまうのである。無論、経営トップが自ら個々の判断を監督できればよほど愚かな経営トップでない限り、後者の判断を採るのであろうが、従業員の判断に委ねた場合、この基準では、経営トップと同一の方向で判断できない危険性が大きく残ってしまう。

また、別の観点で見れば、会社が大きくなると、従業員が帰属する会社の中の組織（部、課など）の利益になることが、必ずしも会社全体の利益になるとは限らなくなる。にも関わらず、「会社のために」という基準に基づいて判断を従業員に託した場合、個々の従業員にとっては、部のため、課のためを「会社のため」と誤認して判断する余地が生まれてしまう。結果として、従業員が部や課の利益を追求すれば、いわゆる「部あって社無し」の庭先主義になったり、社内政治が生まれてしまうのである。

だから、筆者は、「会社のために」というのは、適切な企業文化足りえないと考える。近年の企業不祥事が、経営トップが知らないうちに、従業員が起こしているケースが多いことを考えれば、このような価値観を企業に植え付けることは不適切である。

これに対し、「世のため、人のため」という企業文化に従えば、従業員は容易に自らの判断で一つの選択肢を確定的に選択できる。だから、金は共有する価値観足りえないのであり、金以外の世の中、社会のために仕事をするという共有化した価値観を持つことによって、初めて従業員のベクトルを合わせることができるようになるのである。そして、それこそが、結局は、企業の長期的発展と整合的になるのであり、ひいては、株主の長期的利益にもなるのである。だから、企業活動にあたって、世の中、社会の役に立つ、すなわち、社会貢献に見合わない利益を求めてはいけないのだということを明確に示して、従業員に徹底して理解させておくことは、持続的な優秀企業となるための必要条件と言える。

企業文化による統治への移行

優秀企業にも、二つの類型の企業が存在する。

第一の類型の企業は、その会社の経営トップがカリスマ的で、自身が「規律」そのものであり、強烈なリーダーシップを発揮して、一人ですべての状況を把握し、その一つひとつについて具体的な指示を下していくタイプの企業である。経営トップの発言が神の言葉であり、経営トップがすべての案件について、対処方針を直接、指導監督する。この場合、個々の意思決定についての従業員サイドの事前の予測可能性は一般に低い。

これに対し、第二の類型の企業は、経営トップが「規律」であるというのではなく、縷々述べてきたように、経営者と従業員の双方を律する企業文化が企業に埋め込まれており、社員がそれに従って仕事をするタイプの企業である。

一般には、創業して間もない、あるいは、比較的規模の小さい優秀企業には、第一の類型の企業が多く、会社の規模が大きくなるに従って、優秀企業を維持していくためには、第二の類型に徐々に移行していくことを求められるようになる。

ホンダを例に採って考えてみよう。

会社の規模がまだ小さい創業期に、本田宗一郎氏と藤沢武夫氏がわずか数名の従業員と工場で議論できていたような時代には、二人は、従業員一人ひとりが何を考えているか、何をやっているかについて、不断に目を配ることができた。

本田宗一郎氏と藤沢武夫氏（右）
（1972 年、第 3 回オールホンダアイデアコンテストにて）

藤沢武夫氏は、第二の条件のところでも紹介した著書に次のように書き残している。「本田も私も無我夢中で仕事をしていた時代ですし、遠くのほうから命令しているのではなく、まっさきに飛び出していって、自分の体で教える。おれにできるんだから、お前だってできるんだといった調子です。夜、コンロを囲んで、何時間も話しこんだりしたものです。」（藤沢武夫『経営に終わりはない』昭和六十一年ネスコ刊。文春文庫に文庫化）

しかし、次第に会社が発展して、規模が大きくなってくると、末端の従業員が何をしているかについて、経営トップの目が行き届きにくくなってくる。だから、新しく生まれた小さな会社が大きく成長して経営者の目が末端隅々まで行き届かなくなったとき、この問題をクリアできなかった会社は、さらなる成長を果たすことができなくなるのである。

同書の中で藤沢氏は、次のようにも述べている。「昭和二十五年（一九五〇年）に四十人ほどだった従業員が、昭和二十八年（一九五三年）には二千人を超すようになっていました。毎日、新聞広告で募集し、三十人入り、十人入り、また二十人入りというように、どんどん人がふえてきます。」「けれども、ホンダがいつか大きくなったときに、やはり新しく進出してくるものに負けるというのが万物流転の掟です。だから、その万物流転の法則をどのようにして避けることができるかということを考えなければならない。」「〝一将功成りて万骨枯る〟には私は反対です。一将功成って万骨が生きなければならない。一人の本田宗一郎だけが生きてはいけない。だいたい社長一人が知恵を出すという企業はたいしたものにはなりません。」（カッコ内の西暦は筆者）。

そして、生み出されたのが、世の中とか人々のためになる仕事をするという企業文化であった。これをホンダの吉野浩行氏は、「大義」と呼ぶ。この言葉が適切かどうか、筆者は、この朱子学の言葉は必ずしも好きではないが、考え方は重要である。その企業文化を従業員が共有することで、従業員のベクトルが経営者のベクトルと合い、一人ひとりを監督・管理しなくとも会社が永続することになるのである。

事実、吉野氏に、創業期の本田宗一郎氏と藤沢武夫氏から遺伝子として引き継がれている重要な点は何かと問うと、「世のため、人のためという純粋な精神」という。ヤマト運輸も、商業貨物事業から宅配便事業に業態転換するとき、類似の問題に直面した。

商業貨物の時代は、配車課長がAさんは甲電機に行って下さい、Bさんは乙電機に行って下さい、と細かく命令をして監督していた。ところが、宅急便では、一つひとつそんなことをやっていられない。担当の区域、車両を割り当てて、あとは何をどのような手順で行うかはドライバーが自分で自発的に考えて行動してもらわざるを得ない。

小倉昌男氏は、そのとき、「ヤマト運輸から命令し監督する労働を全部なくしてしまおう。それがなくならない限り、宅急便は成功しない。」と思ったという。いかに命令し監督する労働から自発的、自律的な労働に切り替えていくかが宅急便事業の大きなターゲットとなった。

ドライバーに対するマニュアルはつくった。しかし、それはあくまで基本で、どう応用するかは臨機応変にやってもらうこととした。

小倉氏は言う。「マニュアルだけやっていれば良いサービスというのは絶対間違いだと思っている。マニュアルを離れるのが良いサービスである。それは〝書けない〟。

あとはドライバーが自分で考えなさいということです」。

そして、良いサービスを自分で考える際には、あくまで顧客の立場を原点にしてものを考えるのだということを小倉氏は繰り返した。自分が顧客の立場だったらどうして欲しいか。自分が顧客だったらこうして欲しいと思うことを考えてやるのが良いサービスなんだと語り続けた。

ここには、個々のドライバーの行動目標と第二の条件のところで触れた「良いサービスを維持すれば収入が増える」というヤマト運輸の経営者あるいは企業としての目標との同化がある。さらに重要な点は、顧客の立場で考えて顧客に感謝されるようにするという企業文化が、個々のドライバーが経営者と同じ感性で同一方向での判断を自らしやすい基準であるという「判断容易性の条件」を満たしていることが指摘できる。

当初、商業貨物をやっていたベテランのドライバーは、宅急便は集金などあれもこれもドライバーがやらなければならないので嫌がったという。ところが、実際に仕事に行き始めると、家庭の奥さんから「運転手さん、ありがとう。ご苦労さん」と感謝される。それまで、商業貨物の運送では言われたことはない言葉である。そうすると、仕事にお金以上の、生き甲斐、働き甲斐を感じるようになる。そういう感覚を持つ人が長い時間をかけて少しずつ会社内に増えていくと、後から会社に入ってくる人はみんな同化されるようになる。「企業文化の生成と定着」である。

運命共同体的意識と企業文化

花王は、従業員の創意工夫と自主性を重んじる風が強く、形式張ったことの少ない企業である。若いうちからやりたいことをやらせてくれる会社で、他の会社に比べて自由度が高い。

例えば、花王には投資決定などに際しての「稟議書《りんぎしょ》」がない。二桁の数の上司の間で稟議書が回覧され、ハンコが揃わなければ意思決定したことにならない企業とは大きな違いである。また、いわゆる職務上のマニュアルもないし、ジョブディスクリプション（職掌規程）もない。組織だった研修というのも現実にはやられていない。

上下関係の隔たりも、格式張ったものはない。大企業にありがちな役員食堂もないので、社長も含め、役員も同じテーブルで毎日昼食をとる。社員に、あまり小うるさいことは言わない。役員室は扉も設けられていないので、社員がふらっと来て、時間ありますかと言って、いつでもちょっと腰かけて話せるような雰囲気になっている。

秘書を通して来ようが来まいが、在室さえしていれば話ができる。

それでいて無秩序にならないのは、ただ、一つだけ、長年かかって築き上げてきた花王の最大の財産である「現状不満足型企業」と表現される風土、企業文化があるからであるという。

常に社員の過半がこのままではいけない、何か改善していこう、良くしていこうという気持ちを共有している。この企業文化は、一朝一夕にはできない。だから、これを大事にしていくことが一番大切であると認識されている。そして、この企業文化が守られている限り、社員にさほどの形式的な縛りを掛けなくてもよい。社員が価値観を共有していれば、過度の管理は必要ないと考えられている。

ただ、それを半数近くの社員しか共有しなくなったとか、幹部だけしか共有しないようになったら、花王は終わりだと後藤卓也氏も常に言い続けてきた。自由闊達な会社にしたい、凛然《りんぜん》たる態度をその中に忘れてはいけない、ということを言い続けている。花王は、対抗メーカーにも平気で工場を見せる。それは設備はまねすることはできても、企業文化をまねすることは簡単にはできないという意識があるからである。

ところで、自発性の企業文化を社員に共有させ、企業に定着させるには、社員に運命共同体的意識があった方が有利である。

コーポレートガバナンスの要諦は、「制度」ではなく、「使命感」である。執行役員制などの制度によってワークするものが少なくとも中心ではない。会社が少々傾いても、給料がカットされても、優秀な人材が雪崩を打って逃げるようなことのない運命共同体的な意識を持った社員が集まった企業が、危機の際の復元力に優れた会社であり、持続的に優れた会社であるといえる。

キヤノンの御手洗冨士夫会長は、今でも終身雇用原則の意義を主張し続けている。終身雇用による運命共同体意識が社員の団結力になり、企業の競争力を引き上げるとの信念があるからである。この点は、今回の調査においても、トヨタ自動車の張富士夫氏も同様の考え方を採っており、両者ともに米国勤務経験が長いことを勘案すると、注目すべき共通点である。

歴史を遡ると、キヤノンにとって、重要なDNAの一つが人間尊重主義である。初代社長の御手洗毅氏は、大分県の蒲江という宮崎県との県境の小さな村で生まれて、大正の末期にクラークに憧れて北海道大学医学部を出たという人物で、ロマンティストであったと言われている。

彼は精機光学工業（後のキヤノン）に株主として加わるときに一つの夢を描いた。それは、本当に社員たちが良い立派な人生を送れるような会社をつくりたいというもので、それが出資の条件だった。したがって、会社のポリシーは、自己啓発のための「三自の精神（自発・自治・自覚）」、「実力主義」「健康第一主義」そして「新家族主義」となっており、皆社員を思ったポリシーとなっている。

終身雇用原則について、現在の御手洗冨士夫氏は三点を指摘している。第一は、終身雇用によって運命共同体ができること。第二は、独自技術の研究開発には一〇年あるいは一五年と長い年数を要するわけで、生活の不安や雇用不安なくじっくりと取り組めることが特許権を生む原動力となること。第三は、企業秘密の維持の問題で、会社を大切に思う精神こそがセキュリティーの一番大きな錠前であることである。

会社の従業員の平均値を点数で出したら日本は米国よりずっと良いのではないか。平均点の圧倒的に高い均質化された集団があり、コミュニケーションのしやすさが確保されている。企業間競争が集団戦であるとすれば、日本のコア・コンピタンスであるこの点に目を向けないでどうやって戦えるというのか。だから、運命共同体的意識をもたせ、従業員を鍛え上げて戦うべきではないか、という思想が御手洗冨士夫氏の根底に流れる。

反面、その御手洗氏も、「終身雇用」と「年功序列」は全く異なり、「年功序列」は人を腐らせると言う。

事実、キヤノンでは、年功序列を廃し、実力主義を徹底している。仕事に応じて賃金の上限と下限が決まる「範囲職務給」で、同じ内容の仕事をする限り（同じ等級にいる限り）、高い評価を受けなければ昇給できない仕組みである。経験年数によって自動的に昇給する、いわゆる定期昇給は存在しない。家族手当、住宅手当、食事補助といった諸手当も全廃し、すべて基本給に組み込んでいる。これにより、家族構成など個人の働きとは関係なく支給される生活給の考え方を排除し、個人の事情に関わらず、仕事で成果を上げればそれに報いるという姿勢を明らかにしている。

「二階に上げて梯子《はしご》を外して火をつける」

ところで、命令し監督する労働から自発的、自律的な労働へ脱却するためには、適切な企業文化の徹底以外に経営者が行わなければならないもう一つの仕事がある。具体的目標、ハードルの社員に対する設定である。

この経営者による「ギリギリ高めの」ハードル設定と企業文化を共有した社員による自発的、自律的労働が組み合わされて初めて社員は努力を動機づけられて能力を最大限まで発揮させることができる。自動車会社を例にとれば、ハードルとは、例えば、ハイブリッドカーの開発における燃費目標であり、生産面の生産性向上目標である。

問題は、ハードルをどの水準に設定するかである。易しい目標では意味がないし、不可能な目標では挫折する。頑張って、頑張って、頑張ってやってギリギリできるかできないかの水準にどうやって設定するかが問題になる。

燃費 35km/L のホンダのハイブリッドカー「インサイト」

ここは、経営者がよく話を聞いて自ら状況を把握し水準を決める以外に方法はない。したがって何度も強調するようであるが、ここでも経営者が現場感覚を有していることが重要なポイントとなる。目標レベルの設定自体が勝負である。ホンダのケースで言えば、生産性向上目標は、社員の当初案は一〇年間で二倍であり、これに対し、吉野社長の指示は五年間で二倍である。ハイブリッドカーの燃費目標では、当初目標案が一リッター当たり三〇キロメートルに対し、最終的にセットした目標は三五キロメートルである。それでも、往々にして実績はセットした目標レベルを遙かに超えてくるのだという。

ホンダでは、社員に対して強烈なハードルを与えて自発的努力を引き出す人の育て方を伝統的に「二階に上げて梯子《はしご》を外して火をつける」という。何も教えないでとりあえずやらせてみる。自分で考えてやってみて失敗することによって、いろいろなことを学習していくものだという考え方である。その際、プレッシャーは不可欠であり、与える時間は区切るという意味で「火をつける」というのである。

無論、このやり方が成功するためには、個々の社員の自分なりの考え、自分の感覚、自由な発想をいかに奨励できるかが重要である。そこで、ホンダの場合、個々の社員に対し、自分はこれをやりたいんだというものを持って会社に発信して欲しいと要求している。そして、会社としては、一つだけでは必ずしも希望をかなえてあげられないので、それを最低五つ程度持って欲しいと言っている。自律性、自主性を大事にしたいという考えの現れである。

ちなみに、自律性、自主性を活力の源泉とする以上、形式による従業員の区別は意味を持たない。学歴についてみれば、ホンダの場合、大卒かどうかは、最初数年間は意味があるように見えるものの、三十代以降は意味を有しているようにはほとんど見えない。

社員にストックオプションの権利や場合によっては直接的に金銭を与えてモチベーションを持たせようとするのが一種の流行になっている。確かに金は、ないよりあったほうがいいに決まっている。しかしこの手法の危険なところは、金銭的なインセンティブで引っ張ると、どうしても「自分さえよければ全体がどうなってもいい」という発想が芽生えがちなことだ。

金銭的インセンティブと「どら焼き」

ヤマト運輸の小倉昌男氏は、宅急便の扱い高が増えるたびに社員に「どら焼き」を配ったという。初めて月間取扱個数が一〇〇〇万個を達成したとき（一九七七年十二月）、あるいは、年間で一〇〇〇〇万個を達成したとき（一九七八年度）、次には、月間で一〇〇〇万個を達成したとき（一九八一年十二月）、さらには、年間で一億個を達成したとき（一九八三年度）に、ネコの判を押した大きいどら焼きを全社員に配った。

どら焼きだから経済的意味はないのだけれども、それによって、目に見えるかたちで、努力したんだなと実感できる。折々良い循環を起こしているということが社員に

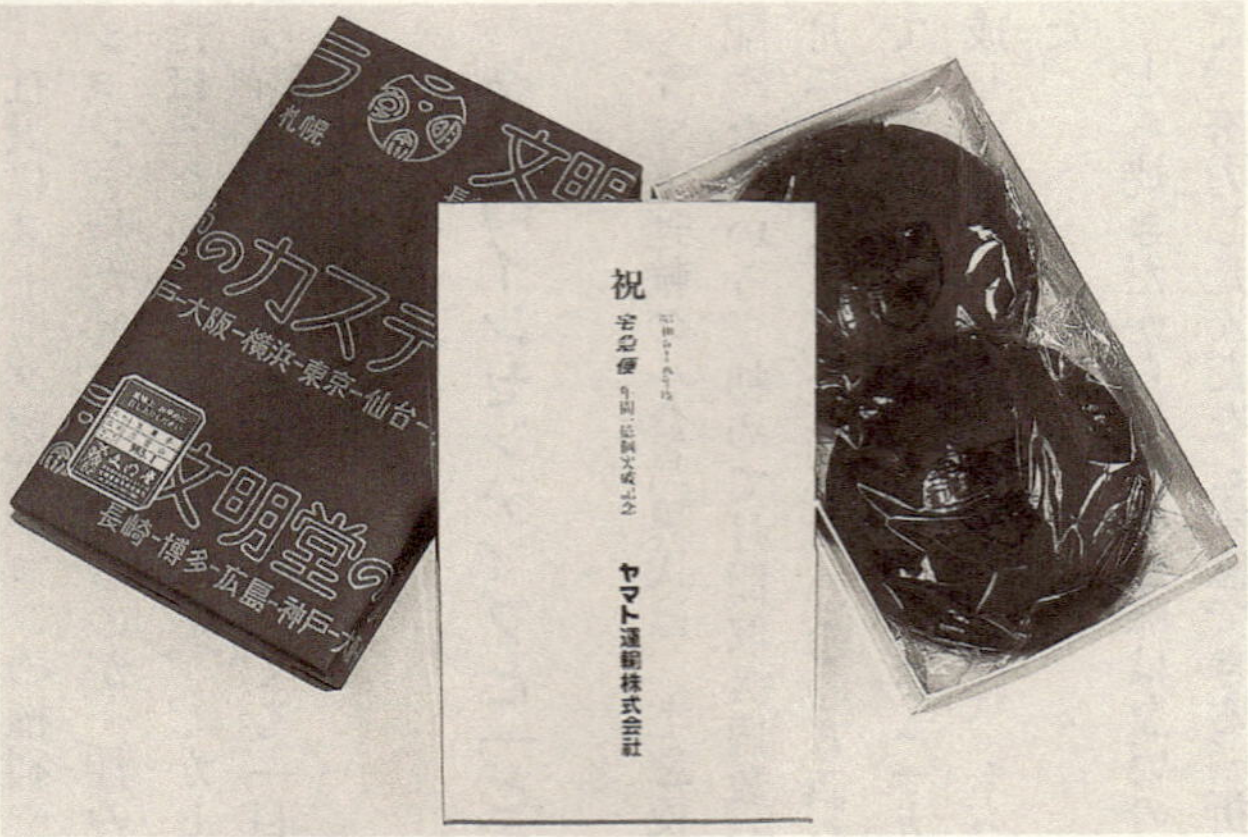

ヤマト運輸の年間取扱個数一億個達成を記念して配られたどら焼き

ヤマト運輸の宅急便年間取扱個数（1976～2001年）

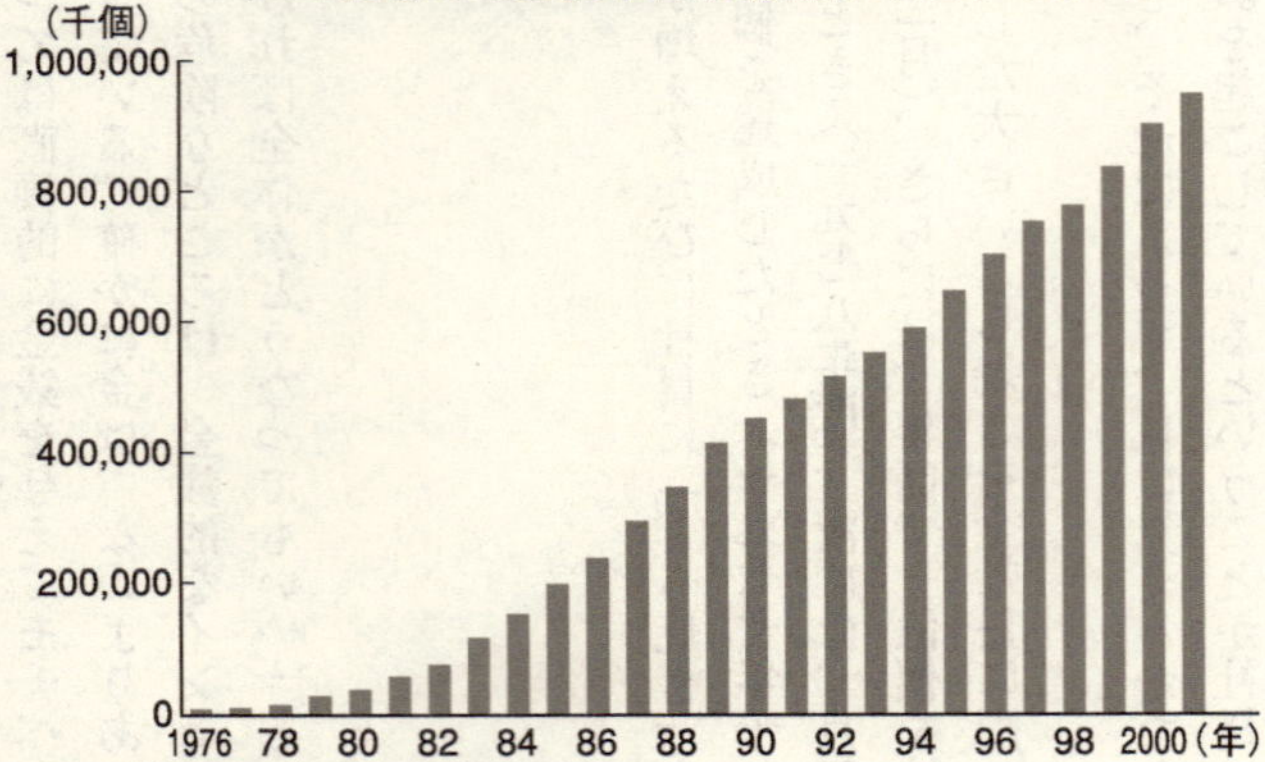

（注）数値はいずれも3月決算時のもの。

実感できるように気をつけていくことが大切と小倉氏はいう。素朴に力づけていくことが、泥臭いけれども、案外、経営には大事である。持続的に成長している優秀企業を見ると、いかに小さな成果であっても、目に見えるかたちでそれを示し、社員に成果が得られていることを実感できるようにして、情熱を喚起している場合が多い。

ストックオプションとどら焼き。誰だって前者を望むはずだ、という考えは果たして人間の心の機微に沿っているのだろうか。例えばエンロンの元CEOは会社が粉飾決算にまみえる中、自らはストックオプションを行使して、自社株を叩き売り巨万の富を得た。一方、社員たちはエンロン破綻によって職場のみならず貴重な年金資金まで失ってしまった。こうした現実を前にした時、小倉氏のどら焼きを精神主義と笑える経営者がどれほどいるだろうか。

「結論」としての企業統治システム

結論的に、企業に優秀な成果をもたらすための企業統治（コーポレートガバナンス）のメカニズムとは、どのようなものであろうか。

これまで企業統治の議論で当然のようによく語られてきたのは、①会社の統治権の売買市場である資本市場による規律と、②株主の代理人としての取締役会による経営者に対する「監視のガバナンス」及び③報酬による金銭的インセンティブの付与の組み合わせであった。しかし、筆者の結論は、これとは異なる。

筆者の結論は、①経営者と従業員が「世のため、人のため」という価値観、行動規範（「企業文化」）をしっかりと共有することによって自己の行動目標と会社の目標が同化すること。②その企業文化に従って経営者や従業員が自らを自己規律する「自発性のガバナンス」の実現。加えて、③その適切な企業文化の企業への定着を担保する「力」として機能する製品・サービス市場における競争の組み合わせである。

企業文化は企業の競争力を決める重要な決定要因であり、企業統治の手段の多くを補完し、代替するのである。そして、企業経営に規律をもたらす市場があるとすれば、その主な役割は、資本市場ではなく、製品・サービス市場が担っているのである。

後者の点は、米、英、独、仏、日と国によって資本市場や取締役会を巡る制度・運用が異なるにも関わらず、それぞれの国に国際的に競争力のある企業がそれぞれ存在することからも傍証できるであろう。あるいは、我が国の中においてさえ、取締役会の「形」において、比較的米国に近い「形」を採るソニーやオリックスという会社に

企業統治のシステム

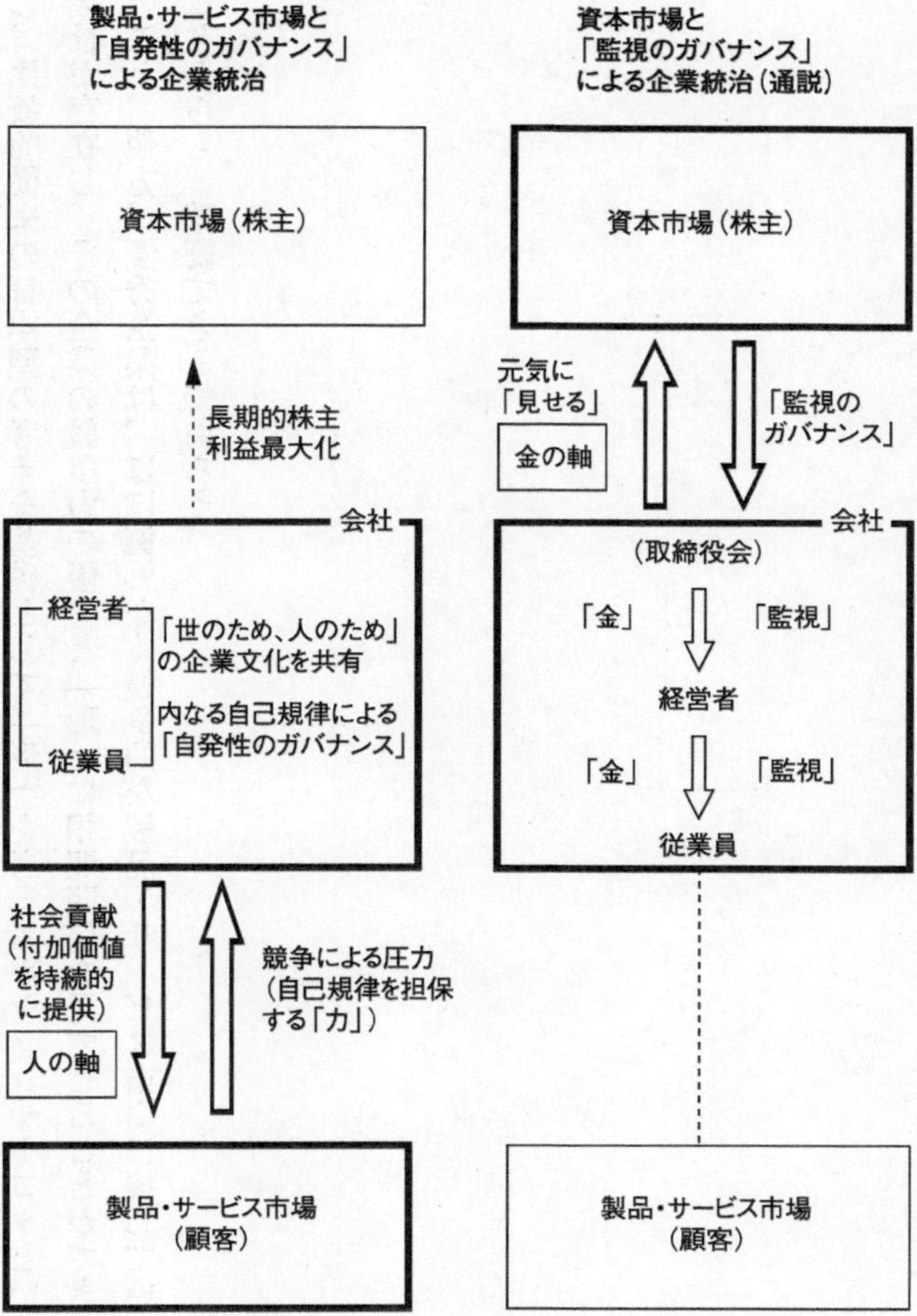
製品・サービス市場と
「自発性のガバナンス」
による企業統治
資本市場と
「監視のガバナンス」
による企業統治（通説）
資本市場（株主）
資本市場（株主）
長期的株主
利益最大化
元気に
「見せる」
金の軸
「監視の
ガバナンス」
会社
経営者
「世のため、人のため」
の企業文化を共有
内なる自己規律による
「自発性のガバナンス」
従業員
会社
（取締役会）
「金」
「監視」
経営者
「金」
「監視」
従業員
社会貢献
（付加価値
を持続的
に提供）
人の軸
競争による圧力
（自己規律を担保
する「力」）
製品・サービス市場
（顧客）
製品・サービス市場
（顧客）

対し、比較的従来の日本型の考えを基礎として「形」を考えるキヤノンやトヨタという会社が存在し、その企業の競争力の優劣と「形」に相関関係を見てとることができないこと、他方、優秀企業は、ほぼ例外なく競争的な製品・サービス市場に接していることからも、確認できるであろう。

企業文化による企業統治と経済学の解釈

本文において、最近の経済学では、「企業文化（corporate culture）」とは、何か事が起こる前に企業がどう反応するかを企業内で従業員に対し示唆するものであると解されていると説明した。

一般論として言えば、数少ない例外を除いて、経済学者は、企業や組織を研究する際に、長い間にわたり、企業文化の問題を無視してきた。その理由として経済学者から挙げられる理由は、文化は合理的なものとは考えられず経済学の方法論とも適合しにくい、文化は定義したり計測しにくいなどである。しかし、企業文化は企業の競争力や成果を決める重要な決定要因であり、さらに、企業統治（コーポレートガバナンス）の手段の多くを補完し、代替するものであるとの認識は経済学者の中にも出てきている［Hermalin（2001）］。

企業文化を考察した経済学の研究のうち、最初に注目を浴びたのは、スタンフォード大学の David Kreps によるものであろう［Kreps（1990）］。彼は、企業文化の経済学的な意味について、主に二つの点を挙げている。その第一番目は、複数の均衡が存在するときに、企業文化の存在が、調整の失敗を回避するというものである。

ここでいう均衡とは、「ナッシュ均衡」のことで、ゲームにおいて、他のどのプレーヤーもおのおの今の戦略から逸脱しないことを前提とするとき、すべてのプレーヤーが自分の今の戦略から逸脱する誘因をもたない状態と定義される（経済学で多用される均衡概念である。「ナッシュ」は、アカデミー賞を受賞した映画「ビューティフルマインド」のモデルとなったJohn F. Nash Jr. のことで、この均衡概念の業績により、一九九四年にノーベル経済学賞を受賞した）。

簡単に言えば、「いずれのプレーヤー（人）も自分に対応したその戦略から離れるインセンティブが働かない状態」と頭に入れておいていただくとよい。

具体的に考えてみよう。図1は、ゲーム理論で、二プレーヤー間の標準型ゲームと呼ばれるものである。「経営者」と「新入社員」の二人のプレーヤーがいる。それぞれのプレーヤーには、採りうる戦略として、「大義（世のため、人のため）」と「利己（利益が上がれば何でもよい）」の二つが与えられている。

経営者の戦略を「行」にとり、新入社員の戦略を「列」にとる。図の四つのマス目のそれぞれに、経営者と新入社員（二人のプレーヤー）の利得が書き込まれている（経営者の利得が先に、新入社員の利得が後にである）。経営者は、大義を指向しているが、新しく入社した新入社員は、もうかれば何でもいいではないかという思想を持っているとしよう。例えば、経営者が「大義」を選び、新入社員も「大義」を選ぶ場合は、経営者は三の利得を受け取り、新入社員はゼロの利得を受け取ることになる。

ここで「ナッシュ均衡」を探してみよう。まず経営者の選択を考える。仮に新入社員が「大義」を選択するとすると、三がゼロより大きいので、経営者の最適反応は、「大義」になる（ここで、（大義（経営者）、大義（新入社員））の経営者の利得三に丸印を付けておくと作業がしやすい）。同様に、仮に新入社員が「利己」を選択するとすると、同じく三がゼロより大きいので、経営者の最適反応は、「大義」になる。次に、新入社員の選択を考える。今度は、仮に経営者が「大義」を選択するとすれば、新入社員の最適反応は、ゼロと三を比較して、「利己」になる。同様に、経営者が「利己」を選択するとすれば、新入社員の最適反応は「利己」になる。

「ナッシュ均衡」とは、いずれのプレーヤーも、他のプレーヤーの戦略を与件として、自分の今の戦略から逸脱する誘因をもたない状態で

図1

経営者＼新入社員	大義	利己
大義	（③、0）	（③、③）
利己	（0、0）	（0、③）

あるから、戦略の組み合わせが、それぞれ相手の戦略の最適反応になっていればよい。すなわち、両者の利得に丸印がついている場合が「ナッシュ均衡」である。このゲームの場合、経営者が「大義」、新入社員が「利己」を採る（大義、利己）がゲームの唯一の「ナッシュ均衡」となる。

ところで、どんなゲームにも少なくとも一つの「ナッシュ均衡」が必ず存在することは証明されているのであるが、逆に言うと、それは一つであるとは限らない。これが冒頭に述べた「複数の均衡が存在する」場合であり、Kreps の挙げた企業文化の意味の一番目の点に関わっている。

図2を見ていただきたい。図2のゲームの構造を考えてみよう。経営者が「大義」を指向し、新入社員が「利己」を指向しているところは、図1のゲームと同様なのだが、異なるのは、少なくとも両者の戦略が一致せず企業内がちぐはぐになるよりは、戦略を一致させた方が良いと両者が考えているという点である。

この類いのゲームは、「両性の闘い（battle of the sexes）」とゲーム理論では呼ばれる。恋人同士が今晩どのように過ごそうか決めようとしていて、彼女は映画を見たい、彼氏はプロ野球を見たい（最近は逆なのかもしれないが……）のだが、二人がバラバラに時間を過ごすよりは、一緒にいたいと思っているという状況から名付けられたものである。

この図2のゲームについて、図1のゲームで行ったのと同様の作業を行うと、図1の場合とは異なり、（大義、大義）と（利己、利己）という二つのナッシュ均衡（正確には純粋戦略のナッシュ均衡と呼ばれる）が存在することが分かる。このように複数の均衡が存在する場合は、どちらの均衡が選択されるかはあらかじめ明らかではない。

図2

経営者 ＼ 新入社員	大義	利己
大義	(③、②)	(0、0)
利己	(0、0)	(②、③)

さらに、両者がちぐはぐな戦略を採用することによって、ナッシュ均衡でない結果に陥るという調整の失敗が生じる可能性がある（例えば、経営者が「大義」の戦略を採り、新入社員が「利己」の戦略を採り、利得が結果として（0、0）に陥ってしまう場合）。

このとき、経営者の理念として世のため、人のためという企業文化が社内に浸透していれば、新入社員は、「経営者は自己の信念である『大義』の戦略を押し通すだろう」と予測して、であれば、これに協調しないで「利己」の戦略という自己の主張を通すより、経営者に協調して「大義」の戦略を採った方が良いと考え、「大義」を採る。結果、調整の失敗は生じず、（大義、大義）というナッシュ均衡が選ばれるという議論である。

しかし、以上の議論を追っていただけば分かるように、この「複数均衡」に基づく議論は、あくまで、複数のナッシュ均衡が存在する場合についてのみ、その中での選択について企業文化の果たす役割を問題にしたものである。だから、そもそもナッシュ均衡が一つしか存在しない単数均衡の場合には、企業文化の役割はなくなってしまう。図1のゲームを思い起こしていただければ分かるであろう。

しかし、本文で筆者が繰り返し展開した議論は、もっと一般的に企業文化による企業統治（コーポレートガバナンス）の重要性を指摘したものである。

そういう点では、Kreps（1990）の中で議論されているものの中では、第二番目の「予見できない事象」がある場合の議論が役に立つかもしれない。「予見できない事象」とは、事前には予見できず契約などに書くことのできない事象を意味している。したがって、そういう事象がある場合は、あらかじめ形式的な契約を結んで、ルールを決めておくことはできない。

ゲーム理論では、プレーヤーが一回限りでなく、何度も繰り返し同じゲームをプレーする場合には、一回のプレーでは均衡になり得ない協調的結果が実現することが知られている（古くから伝承された定理なので、folk（民衆に起源を持つ）をつけて、「フォーク定理」と呼ばれる）。しかし、予見できない事象が起きた場合、個々のプレーヤーがどの戦略を採ることが協調的戦略であるかは必ずしも明らかでない。このとき企業文化が協調的戦略がどれかを指し示すという議論である。

だから、企業文化を伴った繰り返しゲームは、契約が実現する以上の成果をもたらすこととなる。大震災という予見できなかった事象が起きたときに、コンビニが「ただで炊き出しをする」か「普段の倍の価格でおむすびを売りつける」かといった選択を考えてみれば分かりやすい。世のため、人のためという企業文化があれば、前者の戦略が協調的戦略として指し示され、長期的な企業の繁栄が確保されるといった議論である。

一方、Crémer（1993）は、企業を全従業員が達成すべき同一の目標を有しているものと考えた上で、個々の従業員の持つ情報処理能力に限界があるとき、企業文化が企業の情報処理を効率化するという議論を行った。

彼は、企業文化は三つから構成されるとした。①共通の言語や記号、②組織に関係する事実に関して従業員に共有された知識、そして③行動の規範として従業員に共有された知識、である。なお、筆者が本文で述べた「企業文化」やKreps（1990）の述べた企業文化は、③に近い。論文は、企業文化として、これらの概念や事実、価値が共有されていれば、より低い費用で企業内のコミュニケーションが可能となる、として、企業文化をコミュニケーション費用低下のための事前の投資のように解した。

Hodgson（1996）は、企業文化が個々の従業員の選好や態度自体を変化させるものと捉えた。この点は、Kreps（1990）が個々の従業員の選好を所与として扱った（利得を変化させなかった）ことと対照的である。この意味では、Hodgsonの場合、企業文化とは、従業員に共有化された情報以上のものである。

再び図2の設例を考えてみる。新入社員が入社し、時が経つにつれて、「世のため、人のため」という企業文化に従わないことがこの新入社員に心理的なコストを発生させるようになる（このコストをkとする）。企業文化の新入社員への浸透はゲームを図2から図3へと変化させる。

もし、企業文化に従わないことによるコストが十分大きければ（k＞3）、「大義」の戦略を採ることが新入社員にとっての最適戦略となり、この場合、複数均衡の状況は消滅し、唯一のナッシュ均衡が（大義、大義）に定まる（例えば、図4）。その結果が（大義、大義）に決まることはKreps（1990）の場合と同一であるが、そのプロセスは全く異なる。Hodgson の場合は、企業文化が本来的に新入社員に「大義」の戦略を選好させているのである。すなわち、企業文化に従わない従業員は、従わないことから発生する心理的コストによって、企業文化に従うことが最適反応になるわけであり、言わば、各従業員の選好に企業文化が内部化されるのである。

このHodgson の議論を拡張すると、もともとナッシュ均衡が一つしか存在しない場合でも企業文化がその均衡を変化させる可能性を応用として示すことができると考える。最初のゲーム図1に戻ってみる。

図3

新入社員（列）／経営者（行）

	大義	利己
大義	(3、2)	(0、−k)
利己	(0、0)	(2、3−k)

図4　k=4の場合

新入社員（列）／経営者（行）

	大義	利己
大義	(③、②)	(0、−4)
利己	(0、⓪)	(②、−1)

図5

経営者＼新入社員	大義	利己
大義	(3、0)	(3、3−k)
利己	(0、0)	(0、3−k)

唯一のナッシュ均衡は、（大義、利己）でちぐはぐな形のベクトルが揃わない均衡となっている。しかし、世のため人のためという企業文化に従った行動原理を新入社員が採らないままだと、やがて心理的コストがかかるようになる。あるいは、ここでは、Hodgson の場合のような心理的コストだけでなく、自己の立案するプロジェクトが役員会を通らないといった実質的なコストも含めて考えてもよいであろう（コストをkとする）。ゲームは、図5に変化する。

事実、ホンダでは、新製品開発計画の決定などにおいて、いくら短期的利益に貢献するものでも長期に社会に貢献しない形の開発計画案は否決されることが起きる。例えば、エコ自動車の開発を巡って、いくら開発期間が短く開発コストが下がる開発計画案でも、環境に十分な貢献ができない案は役員会で否決されるというような場合である。

コストが十分大きければ（k＞3）、唯一のナッシュ均衡は（大義、利己）から（大義、大義）に変化し、世のため、人のためという大義のベクトルに沿った企業行動が全面的に確保される。単にもうけるということだけでなく、自社の製品の提供を通じていかに世の中を良くしていくかという視点でものを考えないと、この会社では快適に過ごせないということを新入社員が学習した結果である。企業文化を企業に定着させるのは大変であるが、一旦定着してしまうと、新入社員もその色に染まっていく傾向が生じる一つの説明である。

本文の議論は、経営者による従業員に対するモニタリングコストが大きい場合に、企業文化の生成と定着による自己規律が経営者による監視を代替ないしは補完することを主張するものであり、以上述べた経済理論による説明でこの状況を完全に捉えることができているわけではないが、現実のいくつかの局面に最近の理論で接近することは可能である。

参考文献

[1] Hermalin, Benjamin E. "Economics and Corporate Culture," in *The International Handbook of Organizational Culture and Climate*, Cary L. Cooper, Sue Cartwright, and P. Christopher Early, eds. (New York: John Wiley & Sons, 2001)

[2] Kreps, David M., "Corporate Culture and Economic Theory," in *Perspectives on Positive Political Economy*, James E. Alt and Kenneth A. Shepsle, eds. (Cambridge, England: Cambridge University Press, 1990)

[3] Crémer, Jacques, "Corporate Culture and Shared Knowledge," *Industrial and Corporate Change*, 101, 1 (1993) : 351-386.

[4] Hodgson, Geoffrey M., "Corporate Culture and the Nature of the Firm," in *Transaction Cost Economics and Beyond*, John Groenewegen, ed. (Boston: Kluwer Academic Press, 1996)

補論八

製品・サービス市場と経営者の規律の経済分析

本文において、経営者の自己規律を「担保」する「力」は、資本市場ではなく、製品・サービス市場における競争であると説いた。資本市場からのガバナンスの仕組みが効率的な企業経営をもたらしている中心ではない。世の中、社会のために仕事をするという規律をもたらしているのは、製品・サービス市場である。製品・サービス市場における企業の参入・退出を促すダイナミックな競争が優秀な経営者を選別し、かつ、企業にとって望ましい企業文化の選択を行うようにその経営者に促し、その結果として、長期的に効率的な企業経営が行われるのだと主張したのである。

この製品・サービス市場における競争の役割が企業統治の鍵であるという考え方に経済学はどのように光を当てうるであろうか。

資本市場ではなく、製品・サービス市場における競争と経営者への規律の関係について、最初に経済学上定式化した分析を行ったのは、Hart（1983）であろう。

彼は、経済理論の「エージェンシー理論」の枠組みを用いて分析を行った。この理論はプリンシパル（雇い主、あるいは依頼人）が、自らの利益のために、エージェント（雇われた者、あるいは代理人）に権限を委任する関係を考察し、プリンシパルがいかにしてエージェントを動機づけるかを考える理論である。

Hart は、企業の所有者である株主をプリンシパルとして経営者をエージェントとするモデルを用いて、製品・サービス市場における競争が増大すると企業経営者の努力するインセンティブが高まることを示した。

論文では、株主（プリンシパル）は、経営者（エージェント）の「生産性の高さ」と経営者が行う「努力水準」について知り得ないという意味で「情報の非対称性」の存在を前提した。そして、企業の製品・サービスの生産量は、経営者の生産性の高さとその努力水準によって決定されるとした。株主（プリンシパル）は、経営者（エージェント）に対して賃金契約を提示することによって適切な努力水準を行うよう導きたい。しかし、経営者の生産性と努力水準の値が分からないためにそれに直接依存した賃金契約を提示することができず、やむを得ず企業収入に依存した賃金契約を提示する。

結果は、「生産性の高い」経営者は自己の限界まで努力を行おうとしないため、非効率性が発生する。

このとき、製品・サービス市場における競争水準の高まり（情報の非対称性のない企業の割合が増大するという変化として扱っている）は、市場全体の製品・サービス価格の下落をもたらし、高い生産性をもつ経営者により高い努力を促すことになることが示される。すなわち、製品・サービス市場の競争水準の高まりが経営者に対して規律をもたらすことが示されたわけである。

ただし、Scharfstein（1988）が示したように、経営者の効用関数（それぞれの賃金水準からどの程度の満足度を感じるかの関数）の形状如何によっては、同じ枠組みを用いても、製品・サービス市場の競争水準と経営者の努力水準の関係は一概には明らかでない点には留意が必要である。

Schmidt（1997）は、同様に株主をプリンシパル、経営者をエージェントとする枠組みを用いた上で、製品・サービス市場の競争水準が、株主が経営者に提示する賃金契約に影響を与えるとともに、企業を清算してしまうかどうかの株主の意思決定に影響を与えるという点を考慮した分析を行った。

製品・サービス市場の競争水準の上昇は、プリンシパルである株主の粗利（賃金支払い前の）を低下させる。この結果として、株主は経営者に対して高い賃金契約による費用削減努力への強いインセンティブを与えて、低い費用水準を実現することが自己の利益になるかどうか一概に言えなくなる。場合によっては、経営者に安い賃金契約を提示して、結果として低い努力水準を甘受した方が株主の利益になる場合も生じるからである。したがって、この点だけを考えれば、製品・サービス市場における競争水準の高まりは、経営者の努力を高めることも低めることもあるということになる。

しかしながら、競争の水準が高まることは、企業の利潤の幅を小さくすることを通じて、株主が企業を清算してしまう確率を必ず高める。経営者は企業の清算によって新たな職を見つけ出さなければならないなどのコストを負うことを考えると、製品・サービス市場の競争水準の高まりのこのルートを通じた影響は、必ず経営者の努力水準を高める効果をもたらすこととなるのである。

最近の研究では、筆者が注目すべき視点を提示していると考えるのは、Allen and Gale (2000) である。

この論文は、先行研究が用いた、株主をプリンシパルとし、経営者をエージェントとする「エージェンシー理論」の枠組みに基づく分析ではない。製品・サービス市場が競争的であれば、効率的な企業及びそれを経営する優秀な経営者が市場の中で生き残っていくのだという「進化論的なアプローチ」を採っている。

彼らは、まず、各国における企業統治（コーポレートガバナンス）の現状を概観し、企業の業績が企業統治の制度的な仕組みに依存するという明確な実証は示されていないとした。

その上で、資本市場による規律付けは、株主が望ましい経営者について一致した意見を持ち合わせず、どのような企業戦略を採ることが望ましいか明確でないときには、円滑に機能しない可能性を示唆する。さらに、実際に資本市場の規律によらずとも、努力をして優秀な経営を行っている経営者がよく観察されることに言及している。

これらのことは、資本市場からのガバナンスの仕組みが効率的な企業経営をもたらしているのではない可能性を強く示しているとした。製品・サービス市場のダイナミックな競争が望ましい優秀な経営者を選別し、企業にとって望ましい選択を経営者に促し、その結果として効率的な経営が行われるという考えを示したのである。すなわち、経営者が望ましくない企業戦略を選択したとすれば、製品・サービス市場でのシェアを他企業に奪われてしまうため、経営者は退出を余儀なくされるとして、製品・サービス市場からのガバナンスによって、優秀な経営者が選別され、企業への規律付けが行われるという構造を示唆した。まさに、本書と同様の結論である。

論文では、その具体的なケースとして、新製品への製品開発投資を行う競争を想定し、かつ、開発される製品の品質は経営者の有する資質にも依存することを前提にしてモデル分析を行っている。結果は、最も資質の高い経営者によって経営される企業のみが製品開発投資を行うという社会的に望ましい状況が「ナッシュ均衡」として達成されることが示された。つまり、市場競争が社会厚生を最大化する投資を行う経営者を選別したことが示されているのである。

参考文献

[1] Hart, Oliver, "The Market Mechanism as an Incentive Scheme," *Bell Journal of Economics*, 14 (1983) : 366-382.

[2] Scharfstein, David. "Product-Market Competition and Managerial Slack," *Rand Journal of Economics*, 19, 1 (1988) : 147-155.

[3] Schmidt, Klaus M. "Managerial Incentives and Product Market Competition," *Review of Economic Studies*, 64 (1997) : 191-213.

[4] Allen, Franklin and Douglas Gale. "Corporate Governance and Competition," in *Corporate Governance: Theoretical and Empirical Perspectives*, Xavier Vives ed. (Cambridge University Press, 2000) : 23-94

補論九

ステークホルダー社会

本文において、企業統治（コーポレートガバナンス）とは、文字通り企業全体を統治することであり、株主が経営者をどう監視するかのみの問題ではない。株主、従業員、顧客、取引事業者なども含めたすべてのステークホルダー（利害関係者）の統御の問題であると主張した。

類似の問題意識に則り、産業組織論の碩学Jean Tiroleは、二〇〇一年に、経済学の学術誌、『エコノメトリカ』において、ステークホルダー全体を考慮した企業統治を考える必要性を提唱し、そのための経営者に対するインセンティブと制御の構造を研究すべきとの展望論文を発表した［Tirole（2001）］。

伝統的には、企業は株主価値を最大化するものと捉えられてきた。これに対して企業のステークホルダー全体を考慮すべきとの考え方を、彼は「ステークホルダー社会（stakeholder society）」と表現した。

そのコンセプトを正確に述べれば、次のとおりである。まず、①経営は広い範囲の利害を考える。すなわち、経営者は、多様なステークホルダーの便益の合計（加重平均）を最大化することを目指すべきであり、経営者がそれを目指すようなインセンテイブ設計がなされなければならないと主張する。

加えて、②ステークホルダー全体に意思決定権限を分散する。その一例として、ドイツの会社における経営決定の例を挙げ、従業員や、顧客、取引事業者、金融関係者そして地域社会（コミュニティ）の代表が加わる制度に言及している。

これに比して、従来の株主価値最大化の場合には、①については多くのステークホルダーの中で株主の利害のみを考えればよく、②については株主に意思決定権限を集中している、ある意味単純な構造であることが比較として浮かび上がる。

「ステークホルダー社会」の特徴をもう少し考えてみよう。
①について、ステークホルダー全体の利害を考慮する場合、経営者は意思決定にあたって、いくつもの方向性を持った企業行動の中から選択をしなければならない。これは経済学上は、「契約理論」のいわゆる「多業務モデル（multitask model）」の枠組みに対応する。この場合、理論の示唆するところは、経営者の報酬体系を株価などにあまり強く依存させるべきでないという結論となる。なぜなら、株価などの指標に強く依存した報酬体系は、株主以外の明示的には捉えづらいステークホルダーの便益に供する経営者の努力の傾注を少なくしてしまうからである。Tirole はこの点について、広い範囲のステークホルダーを考慮しているといわれる日本や大陸ヨーロッパの

国々の経営者の報酬体系は比較的固定的であることに言及している。

しかし、経営者の報酬について、株価などに依存しない比較的固定的な報酬体系を採用したとしても、経営者が本当に社会的厚生（全てのステークホルダーの便益の加重平均）を最大化することを担保はできない。また、経営者の努力水準を示す「シグナル」として、株価のような明確な指標がないため、経営者の努力に対する評価が不正確になる可能性が生じる。

②のステークホルダー全体に意思決定権限を分散する点については、その欠点として企業の意思決定が遅れる恐れが指摘できる。すなわち、各ステークホルダーの了解がなければ事業計画が決定できないため、交渉がまとまらなくなることも起こりうるからである。

以上のような考察を経て、Tirole は株主価値最大化という単純な目標が、「次善の策（セカンドベスト）」としてあり得ることを認める。しかし、同時に、それは決して「最善の策（ファーストベスト）」ではあり得ず、企業の意思決定にバイアスを生じさせるものであると結論づけた。

すなわち、株主価値最大化は、明らかに「株主」という単一のステークホルダーの便益を追求することに偏っており、社会的に見て望ましいものではない。言い換えれば、「目的が狭い」株主に会社の統治を全て任せるのは望ましくないとの主張である。したがって、「株主価値最大化」の考え方から離れて「ステークホルダー社会」の考え方に適合する企業統治の構造をデザインする必要性を強調する。

Tiroleは、その企業統治のシステムの具体的なアイディアを提示してはいない。歴史的に、一九六〇年代及び七〇年代の我が国において機能した企業統治システムは、メインバンク・システムである。その機能については、青木昌彦が「状態依存型ガバナンス(contingent governance)」として、明解な形で説明を行っている［Aoki(2001)など］。理論的ポイントは、「ステークホルダー社会」においても、意思決定権限の分散は必ずしも必要ではなく、企業の成果が悪いときには、外部者（この場合、メインバンク）がペナルティを与えるという信ずべき脅威があれば、内部の経営者に意思決定を任せてよいという点である。こういう脅威があれば（本文との関係では、普段の危機意識があれば、と言い換えてもよい）、企業内部のメンバーに協調が生じ、規律が生まれるからである。しかし、残念なことに、九〇年代には、このメインバンク・システムは機能停止しており、今や候補足りえない。

筆者は、次のように考える。Tiroleが①の論点に関して「ステークホルダー社会」の問題点として指摘した、経営者に社会的厚生を最大化するよう規律付ける担保の欠如については、本文中に示したとおり、自発性の企業文化による自己規律とその定着を担保する「力」として機能する製品・サービス市場からの競争圧力を挙げたい。そして、経営者の努力水準を評価するための「シグナル」としては、株主価値最大化の場合の株価による評価に代わって、当該企業が供給する製品・サービスに対する製品・サービス市場における評価を挙げるものである。

筆者は、このシステムが十分機能していれば、②の論点のステークホルダー全体への意思決定権限の分散は必ずしも必要ないと考える。意思決定の場に顧客や地域社会の代表といったステークホルダー全体の参加を制度的に義務付けて、意思決定の遅れの恐れを招くような「形」の追求を行わなくとも、ステークホルダー全体の便益に対する配慮が十分に担保されうると考えるからである。

現代の企業において価値を生み出す源泉が何であるかという別の視点から「株主価値最大化」の企業統治の仕組みに疑問を提起したのは、Rajan and Zingales (2000)である。ちなみに、この論文を収録したVives編による論文集は、企業統治の分野における研究の最新成果をまとめたものであり、この分野の研究に興味を有する方は是非目を通すべきである。Rajan and Zingales (2000)は、現代の企業がかつての企業に比べて、物的資産やブランドのような非生物的資産よりも、人的資産が価値の源泉となってきたことから、企業のあり方が変化していることに注意を促している。

例えば、金融機関について考えると、かつては資金を集めてその所有権を有しているということが金融機関の重要な価値を生み出していた。しかし、現在では、資金融資先である顧客とのつながりなど金融機関の中で働く従業員の人的資産に起因するものが価値の源泉となっている。金融機関に限らず、いずれの産業においても、スキルを持った従業員を雇用する傾向が強まっていることをみれば、この流れを確認することができる。

かつての非生物的資産が重要な価値を持つ企業においては、株主から「非生物的資産についての権限の委任を受けた者」としての経営者が強力な力を持っていた。そして、その権限と命令に基づき株主価値を最大化する企業統治の仕組みが企業の生み出す価値を大きくしていたかもしれない。

しかし、人的資産が重要になってくると、必ずしもこの「株主価値最大化」が金科玉条ということではなくなる。なぜなら、株主価値を最大化するために経営者が採る行動が人的資産を有する従業員にとって望ましくないものであるならば、その従業員はその企業から離反し他の可能性を求める。このため、重要な人的資産の欠落からその企業は大きな価値を生み出すことができなくなってしまうからである。

このような思考を経て、論文は、新たな時代の企業統治について考察している。大きな流れとして、非生物的資産の所有権を背景とした、命令による従業員のコントロールではなく、企業内の「情報」や「重要な資源」へのアクセス権によるコントロールが重要になってくると主張する。すなわち、金融機関の例でいえば、金融機関の所有する顧客情報へのアクセスを従業員に認め、自主的、自発的に顧客との緊密な関係を築くことで高い価値をつくり出すといった方法である。当然、従業員の努力を担保する圧力が必要であるが、これは、価値をつくり出せなかった従業員にはアクセスを認めなくするといった考え方を主張している。

これらの結果、企業統治形態に三つの変化が現れる。

第一は、組織の長の役割として、権限による指示・命令から、誰にどの職務を配分するか、どのアクセスを認めるかといった役割がより重要になってくるという点である。

第二に、株主のみに企業によって生み出された余剰（付加価値）を分配するのではなく、価値の源泉である人的資産を有する従業員にインセンティブを与えることが重要になるという点である。

第三に、二点目とも関連するが、企業の生み出した余剰の分配のあり方がより慎重であることが要求されるようになるという点である。この点で会社の取締役の機能は、株主のエージェント（代理人）としての役割から、企業の生み出す余剰の分配が偏らないように行動する方向に変わっていくべきはずであると結論付けている。

この論文の主張も、「金」の軸から「人」の軸への企業統治の重点の移行を主張し、ステークホルダー全体を考慮した企業統治を考える必要性を提唱している一つの系と考えることができるであろう。

参考文献

[1] Tirole, Jean, "Corporate Governance," *Econometrica*, 69, 1 (2001) : 1-35.

[2] Aoki, Masahiko, *Toward a Comparative Institutional Analysis* (Cambridge: MIT Press, 2001)

[3] Rajan, Raghuram G. and Luigi Zingales. "The Governance of the New Enterprise,"in *Corporate Governance: Theoretical and Empirical Perspectives*, Xavier Vives ed. (Cambridge University Press, 2000)

補論十

金銭的なインセンティブの問題点の経済分析

本文において、社員にストックオプションの権利やときに直接的に金銭を与えてモチベーションを持たせようとするのが一種の流行になっているが、金銭的なインセンティブで引っ張ると、どうしても「自分さえよければ全体がどうなってもいい」という発想が芽生えがちだと述べた。

この点について、まさに金銭的なインセンティブを基本とする経済学において、説明を準備することは不可能であろうか。

経済学で言う「多業務モデル（multitask model）」を考える。ここで考えるのは、従業員が複数の次元の業務に従事している場合である。このとき、ある次元の業務が計測しにくいということが考えられる。例えば、品質の追求など定量的な計測が困難な次元の業務を想定するのである。このとき、定量的に計測可能な次元の業務、例えば生産数量に応じて賃金などの金銭的なインセンティブ付けを行うと、品質改善が重要であってもその努力を低下させてしまうおそれが生じる。金銭的なインセンティブがかえって従業員のモチベーションを低下させてしまう例である［Kreps（1997）］。

より本文に沿って、金銭的なインセンティブで引っ張ると、「自分さえよければ全体がどうなってもいい」となるのか、という問題設定をしてみよう。他人と協力しながら働くインセンティブを与える賃金体系とはどのようなものであろうか。

Rob and Zemsky（2002）は、従業員がお互いに助け合うことから多かれ少なかれ効用（満足）を感じることを前提した上で、測定が難しい従業員同士の協力関係がどのように生成されるかを分析した。そして、協力関係の生成と賃金体系の関係を明らかにした。

従業員は、二種類の努力の方向を持つ。それは、個別の従業員のみに帰属する努力（これは観察が容易）と、個別の努力としては測定されづらいが従業員全体についてまとめて測定される「協力的努力」からなるとした。さらに、企業全体の生産性は、従業員全体のこれら二種類の努力に依存するが、「協力的努力」の方がより生産性が高いことを前提した。

これらの前提の下で、従業員は「個別の努力」を増加させることで得られる賃金の増分と、その分を「協力的努力」に回すことによって得られる効用とを比較し、それぞれの二種類の努力の水準を決定する。さらに、経営者から提示される賃金体系に応じて、その努力水準を変化させていくというダイナミックなプロセス（動学的過程）を考える。また、経営者は、これらの従業員の努力水準の変化を考慮して、賃金体系を変化させていく。

これらのプロセスの行きつく先の状態（定常状態）は、どのような状態であろうか。従業員がお互いに助け合うことから感じる効用がある程度大きい場合には、二つの状態（定常状態）が生じうることが示される。

①「個別の努力」の水準に強く依存した傾斜のきつい賃金体系を経営者が採用し、従業員は「個別の努力」だけに集中する状態と、②「個別の努力」の水準にあまり依存しない傾斜の緩い賃金体系を経営者が採用し、従業員が「個別の努力」と「協力的努力」の双方に努力を傾注する状態の二つである。そして、興味深いのは、どちらが生じるかは企業文化のいかんに依存していることである。

さらに、留意すべきは、②の状態が厚生経済学的にみて優位性（いわゆる「パレートの意味で」）があるという点である。したがって、結論的には、あまり強い金銭的インセンティブを与えない緩やかな賃金体系を採用することが社会的に望ましいことが示されるわけである。

論文で示されるもう一つ重要な結論は、近視眼的に短期的利益を追求する経営者は、短期的成果を得ようとする結果、比較的傾斜のきつい賃金体系を選択し、劣位の状態に至ること。これに対し、長期的利益を追求する経営者は、比較的傾斜の緩い賃金体系を選択する結果、優位な状態に到達しうると結論している点である。一時的な利益の追求ではなく、長期的な利益追求の重要性を示唆するもので、興味深い結論である。

参考文献

[1] Kreps, David M., "Intrinsic Motivation and Extrinsic Incentives," *American Economic Review*, 87, 2 (1997) : 359-364.

[2] Rob, Rafael, and Peter Zemsky, "Social Capital, Corporate Culture, and Incentive Intensity," *Rand Journal of Economics*, 33, 2 (2002) : 243-257.

終章
私たちが輝いていた原点へ

ここまで優秀企業に共通する六つの条件について考察してきた。おぼろげながら浮かび上がってきた優秀企業像は、株式市場の反応にもよく配慮の行き届いた、世慣れた立ち回りの上手な企業というイメージでは必ずしもない。最後にたどりついた優秀企業の企業像とはいかなるものか、筆者なりの結論をひと言で言えばこうなる。

「自分たちが分かる事業を、やたら広げずに、愚直に、真面目に自分たちの頭できちんと考え抜き、情熱をもって取り組んでいる企業」

至極シンプルで当たり前すぎる結論と言われるかもしれない。しかし、戦後、我が国経済が成長し、企業が大きくなるに従い、あるいはバブルの時代を通過して、この原点が見えにくくなったのではないか。

まだ貧しかった頃、第二次世界大戦前や戦争直後に興された企業の創生期を思い出してみよう。かつての創業者たちは、このような当たり前すぎる考えを確かにもっていたのである。松下幸之助さんの松下電器（一九三五年創立）、御手洗毅さんのキヤノン（一九三七年創立）、井深大《まさる》さんのソニー（一九四六年創立）、本田宗一郎さんや藤沢武夫さんの本田技研工業（一九四八年創立）などが産声《うぶごえ》をあげた頃である。戦争の苦しさの中、あるいは戦後荒廃した国土を見て、この国をなんとかしなければいけない、という思いが彼らを突き動かした。そこの実質ある思いの上に、企業が創られているのである。

一九四六年、東京通信工業（後のソニー）を設立するにあたり、井深大氏が起草した設立趣意書がある。

「不当ナル儲ケ主義ヲ廃シ、飽迄《あくまで》内容ノ充実、実質的ナ活動ニ重点ヲ置キ、徒《いたず》ラニ規模ノ大ヲ追ハズ……極力製品ノ選択ニ努メ……他社ノ追随ヲ絶対許サザル境地ニ独自ナル製品化ヲ行フ」（ルビは筆者）

世の中への貢献に見合った儲けを上げ、重要なことは事業の中身で、規模が大きければよいというものではなく、極力事業の範囲を絞り、他社のまねでない独自の製品をつくり上げる。

戦争前後に会社を興した経営者というのは、自分の事業自体に興味を持っていて、事業を通じて世の中に貢献したいという思いが強くあり、そのために非常に戦略的な考え方をしていた。それが、バブル期などを通じて失われてきたところがあるのではないか。

日本企業に経営戦略がない、というのは間違いである。昔はそれがあった。米国式であれ日本式であれ、いかなる経営形態、どのような制度をとるにしろ、要は今一度原点に立ち戻ればよい。

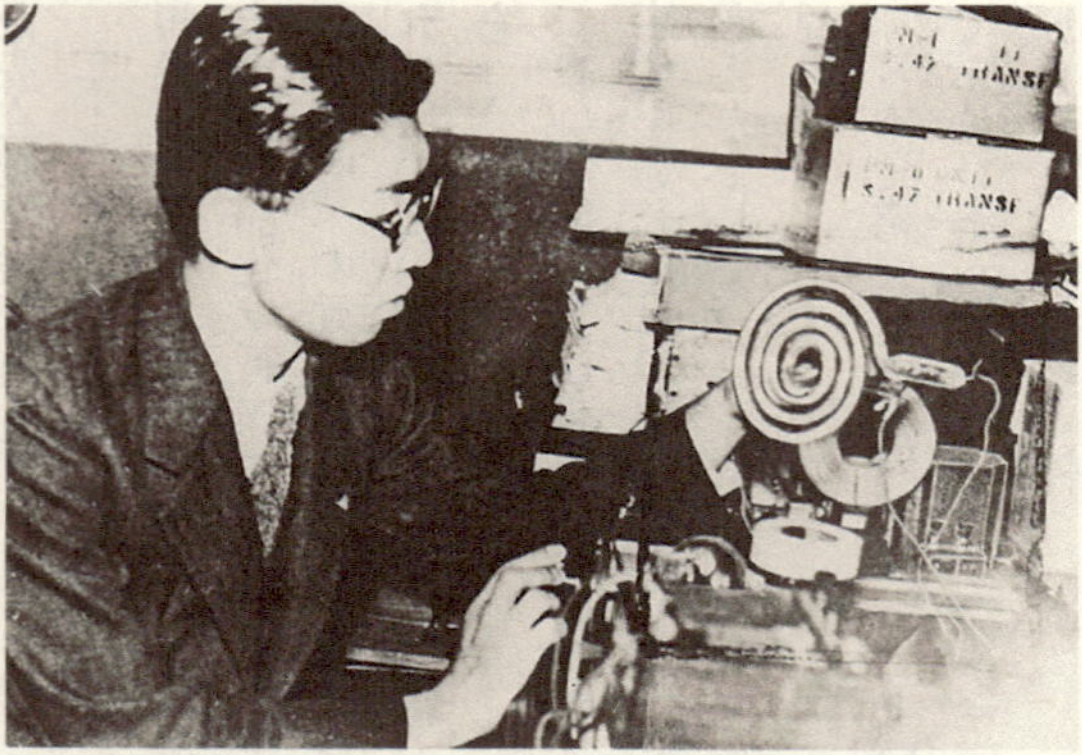

東京通信工業（後のソニー）の創業者、井深大氏（1935 年）

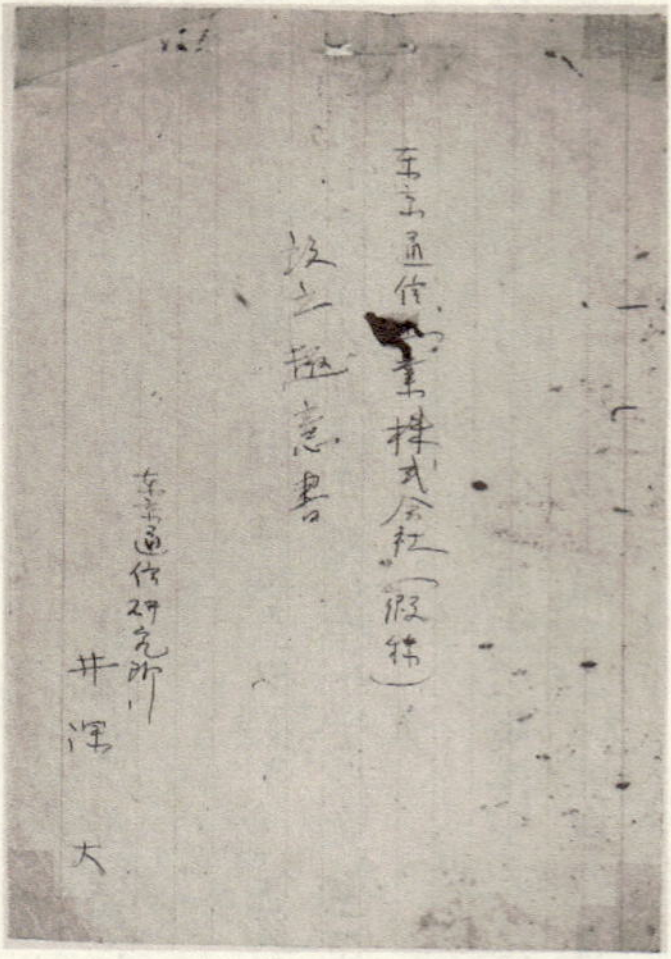

東京通信工業株式会社（假称）
設立趣意書

東京通信研究所
井深 大

東京通信工業の設立趣意書

自社の創業者がどんなことを考えていたか、もう一度考えてみよう。企業の創業理念、経営理念に立ち返るべきときなのである。時代が変わり、企業の表に現れている「形」が時代に合わなくなった今、企業の本質までいったん戻って、今の時代にどうそれを適用するかを考え抜く。その上で、新しい「形」をつくり上げる。筆者はどちらかと言うと、原点に戻ってもう一回見定めれば、そこから見えてくるものが必ずある、直っていくところがかなりあると思う。

エンロンは、粉飾決算で破綻したが、粉飾決算で引っ掛からなくとも、やはり元気に見えることだけに注力している会社というのは持続性がない。なぜかと言えば、企業がひととき高い利益を上げることは、それほど難しいことではない。短期的に収益を上げるだけであれば、経理処理を少し変えればできないことはないのである。そこまでしないにしても、何も考えずに、従業員を削減する、研究開発費をカットする、投資額を減少させるといったことだけをすれば、一時的に財務データを改善することはできる。しかし、企業とは利益を上げることを通じて長期にわたり社会に貢献することを目的とする組織であると考えれば、そういう解が、解であるはずもない。そういう会社では、長期にわたる成功は決して得られない。企業とは何であるのか、その原点への回帰を主張しなければならない。

企業の原点に則り、顧客に付加価値を持続的に提供できるかどうかで企業の評価がなされるとすれば、その使命を全うするために設備投資をする、良い人を雇う、お金を掛けるのであり、設備も人材も大事だという結論が出てくる。

だから本当に元気な会社は持続できるが、元気であることを忘れて、元気に見えることのみに注力している企業は生き残れない。人間と同様、元気であることと元気に見えることは明らかに違うのである。

元気に見えるために経営指標アップに努める、株価も格付けも見るということが悪いとは言わない。株価が下がれば、買収だって視界に入ってくる。だから、元気に見えることに努めることが悪いとは言わない。ただ、本質――「元気であること」を忘れて、見かけ――「元気に見えること」だけに走っては、生き残れない。にもかかわらず、元気に見えることだけに注力している企業がまだ多くはないだろうか。

何かこれ一発で世の中が明日からパッと良くなるという「うまい話」はない。ここのところの日本の経済情勢などは、近視眼的に対症療法を繰り返してきた結果として、ここまで悪くなっていたのではないか。だから時間がかかっても、やらなければいけないことを、真面目にやっていくということを、真剣に考えていくときではないかと考える。

そのときには、「人」が最後に重要になる。大企業で成果の悪いところは、「人」が眠ってしまっている。その人たちが悪いというよりは、その人たちが、時間を忘れるくらいに集中できる感動的な仕事に従事できていない。そうであるがゆえに能力が発揮できていない。企業の内外を問わず、賃金の多寡を問わず、そういう場を与えることが、本当に人を大切にするということである。

人は金銭や昇進の誘因だけでは爆発的なエネルギーを発揮することはできない。担当する業務の位置付けやプロジェクトの意義を理解して、夢や感動のある仕事をすることがエネルギーの源である。

やりがいを感じるかどうかが大きい。自分のやっている仕事が社会に貢献していると感じられることや、自分の前向きな意見が採用されて会社が発展する、そして会社の発展に従って自分の価値が上がる、周りから尊敬されるなど自分個人が充実感を得られるなら、あまりお金のことは気にならない。

もちろん自分と自分の家族が生活していくためのお金は必要であるが、本当に欲しいのは、他人からの賞賛ではないのか。お金は違う価値観の人同士で一番分かりやすい共通言語なので、それで話しているだけではないのか。

働きがいについて、ステータスとしての社内のポジション（肩書き）にこだわってきたことは、この五〇年間最大の誤りであった。ステータスではなく仕事のアウトプットを喜びとするように変えなければならない。無論、必ずしもいい仕事ばかりではないであろうが、少なくとも、時を忘れるほど集中できる、感動的な仕事の与え方ができるようにしていくことが重要である。

そのためには、役割を明確にしなければいけない。経営トップの役割は何なのか、取締役の役割は何なのか、中間管理職の役割は何なのかをきちんと問うていかなければならない。

経営トップの役割は、これまで縷々《るる》述べてきた。

取締役については、経営陣であり経営トップを牽制するのが役割であるはずなのに、事実上経営トップから選任され、業績評価も事実上経営トップによってなされているからといって、努力の方向が企業業績ではなく、いかに経営トップに気に入られるかに向かっているようでは、どうしようもない。

中間管理職（ミドル）の役割も重要である。経営トップが良い戦略を打ち出しているのに、うまくいっていない会社が観察される。経営トップだけでは、企業活動は成り立たない。理念・目的・方向性を共有した全員参加のチームワークの効果は大きい。

会社の中間管理職層との意見交換の機会も数多く持たせていただいたが、うちの会社の成果が悪いのは、「経営陣が悪い」と部下と一緒になって発言されるミドルの方が結構な割合でいらっしゃった。うちの経営陣は悪いよねと若い人と一緒になって言うミドルである。しかし、「真ん中にいる」人間は、悪ければ上に直言し、良ければ上の考えを下にきちんと伝え、説得する橋渡し役としての義務があるはずである。下と一緒になって「評論」しているだけでは、ミドルとして賃金を受け取る意味がない。勇気をもって経営陣にバッド・ニュースを伝えなければならないという意味でミドルの役割は大変重要である。

「社長ぶらず社長らしく――」。筆者が呼ばれている民間企業の異業種交流会で発言されたミドルがいた。至言である。社長だけではない。「取締役ぶらず取締役らしく」、「管理職ぶらず管理職らしく」。各々が自らの心の中に内なる規律を呼び起こして、原点に立ち戻って考え、行動すれば、日本社会に光明が差してくるに違いない。行動しない善人は、悪である。

今、全ての個人が、サラリーマン根性を払拭した顔の見える仕事の仕方を求められている。「私が」ではなく、「社が」とか「部が」とか言ってるうちはだめである。一個人としての具体的コミットメントがない。「私は」と発言して、自分の周りに引かれた「枠」を一歩だけでよいから踏み越えて「コミット」をすること。それが日本経済活性化の道である。自分を知って、やれることからやってみよう。まずは、一歩を踏み出すために。

企業名・企業人名索引

あ 行

か 行

さ 行

た 行

な 行

は 行

ま 行

や 行

参考一　例示として登場した優秀企業の十五年間の財務データ

（注）企業名五十音順。本データは、本文中に述べたとおり、優秀企業のサンプルの抽出時に作成したものなので、二〇〇二年度までのデータとなっている。

花王

設立：1940年5月
資本金：854億円
従業員数：1万9,807人
経常利益：1,175億円
総資本経常利益率：15.7%
自己資本比率：57.9%

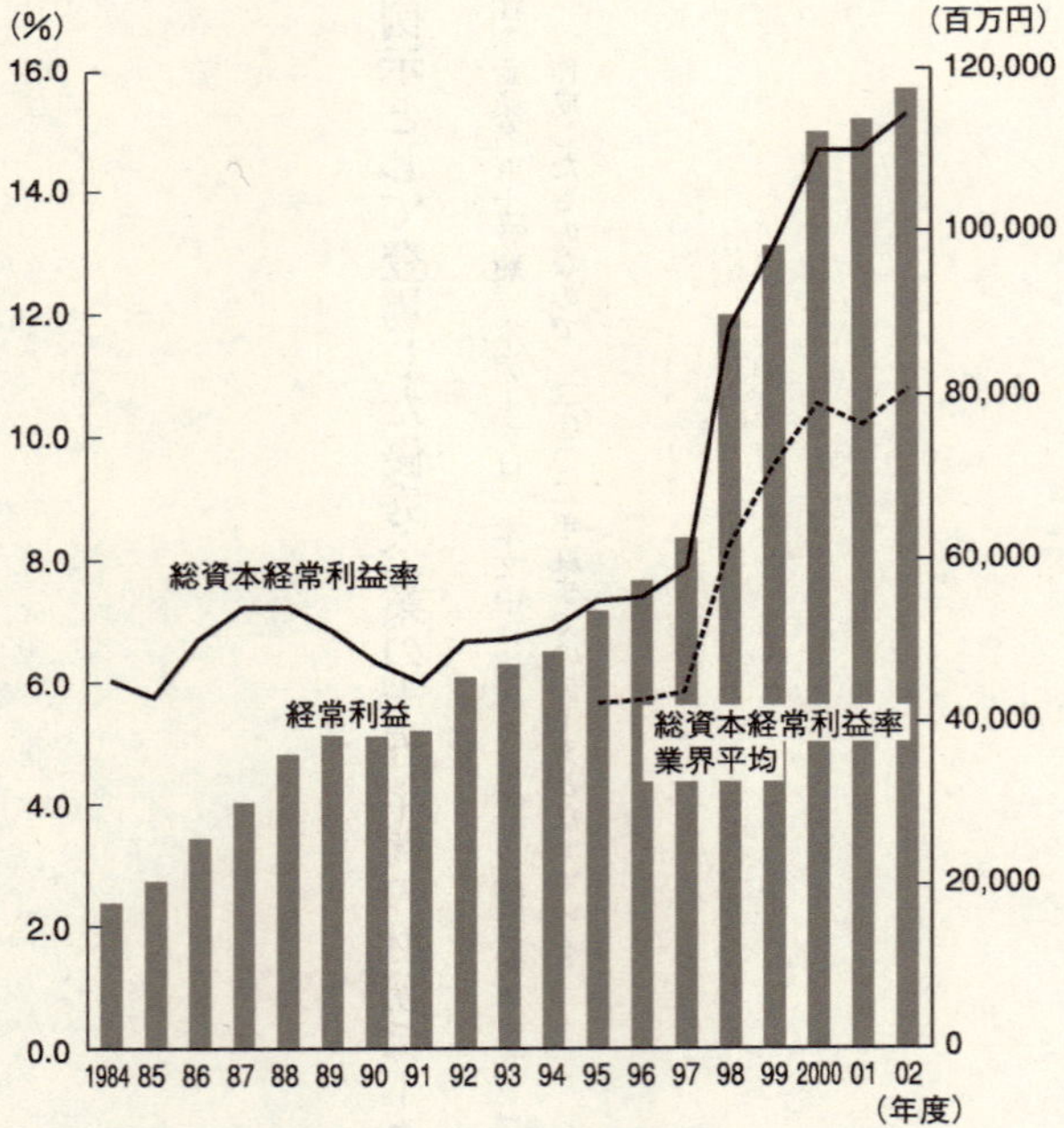

(注) 日経NEEDSの2002年度の数字。特設、明記のない数字は、連結ベース。
業界平均は、日経NEEDSの分類「油脂・洗剤」の企業すべての平均

キヤノン

設立：1937年8月
資本金：1,672億円
従業員数：9万7,802人
経常利益：3,300億円
総資本経常利益率：単独13.8%
（連結11.4%）
自己資本比率：54.1%

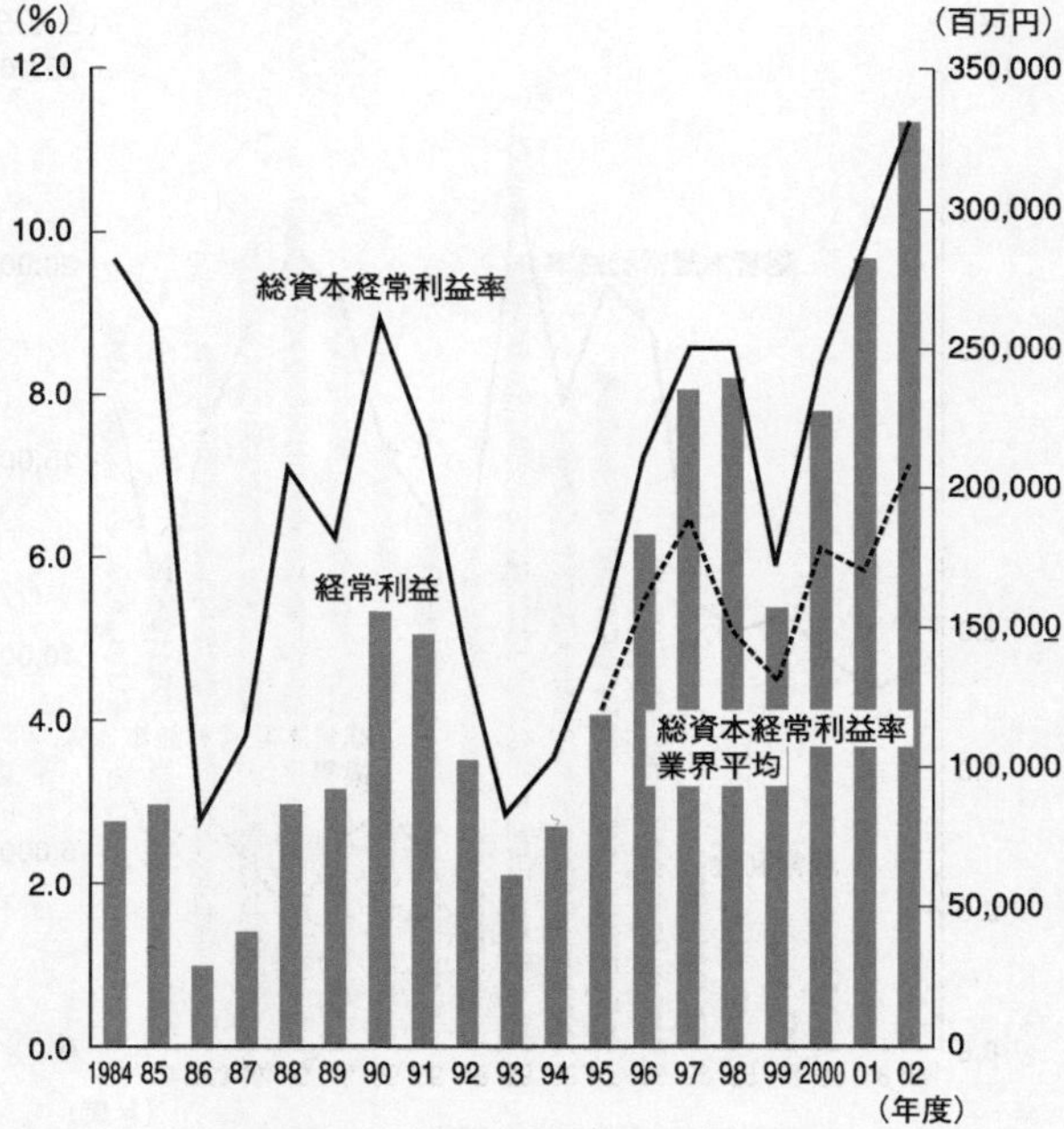

（注）日経NEEDSの2002年度の数字。特設、明記のない数字は、連結ベース。
業界平均は、日経NEEDSの分類「その他電気機器」の企業すべての平均

シマノ

設立：1921年2月
資本金：356億円
従業員数：5,399人
経常利益：187億円
総資本経常利益率：9.3%
自己資本比率：90.9%

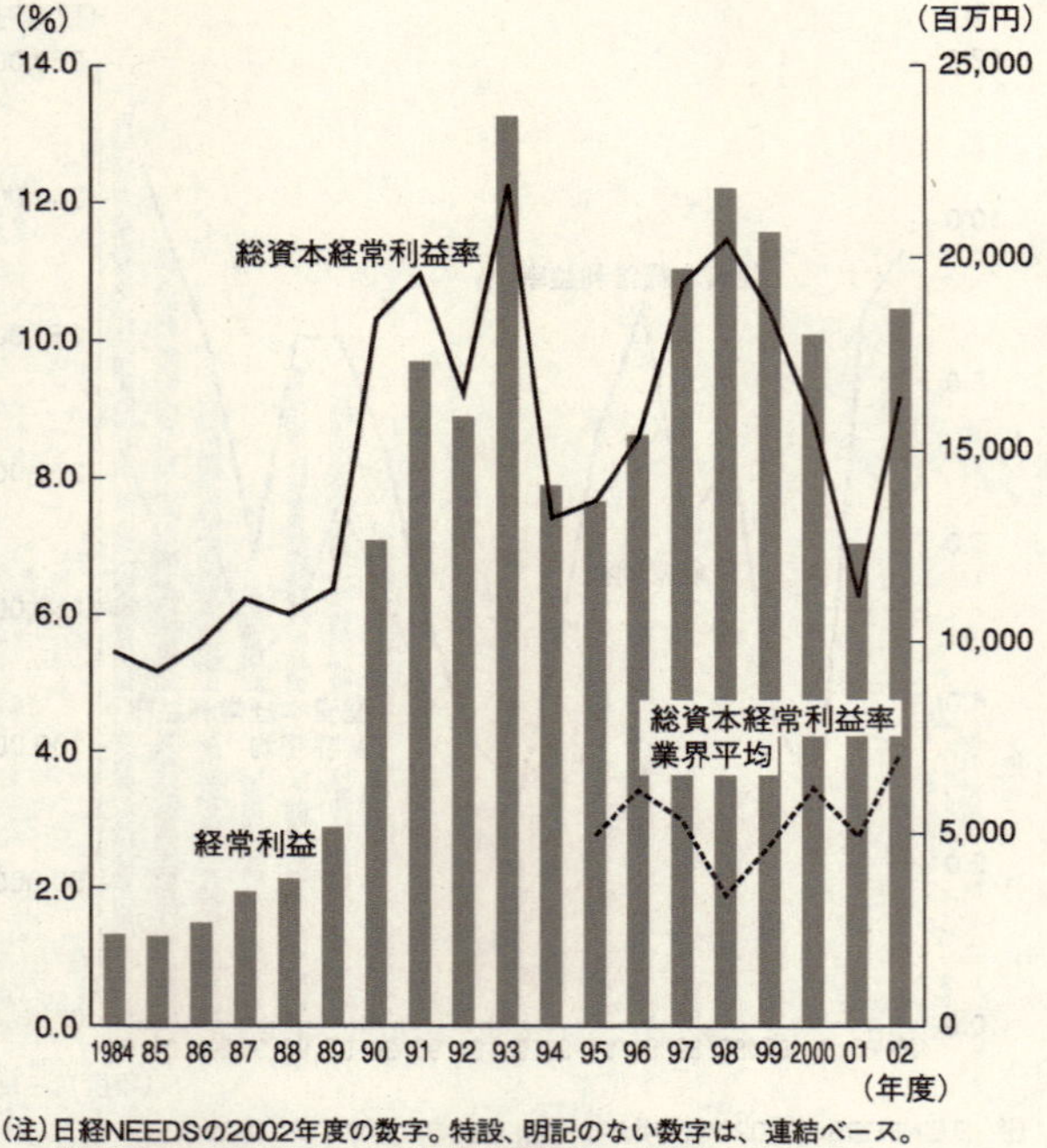

(注) 日経NEEDSの2002年度の数字。特設、明記のない数字は、連結ベース。
業界平均は、日経NEEDSの分類「輸送用機器」の企業すべての平均

信越化学工業

設立：1926年9月
資本金：1,103億円
従業員数：1万6,573人
経常利益：1,221億円
総資本経常利益率：9.4％
自己資本比率：64.6％

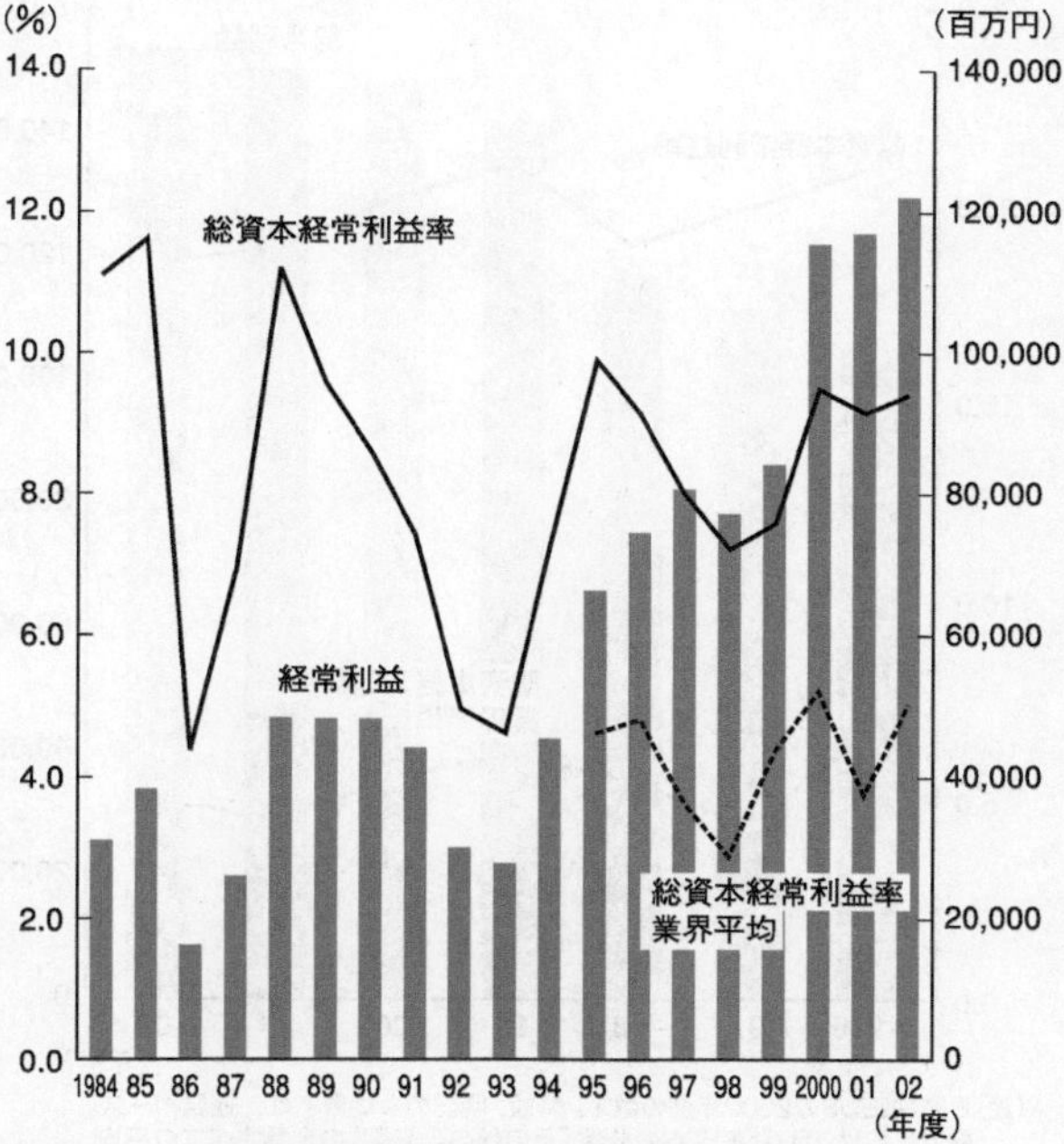

(注) 日経NEEDSの2002年度の数字。特設、明記のない数字は、連結ベース。
業界平均は、日経NEEDSの分類「合成樹脂」の企業すべての平均

セブン-イレブン・ジャパン

設立：1973年11月
資本金：172億円
従業員数：5,061人
経常利益：1,538億円
総資本経常利益率：18.7%
自己資本比率：75.0%

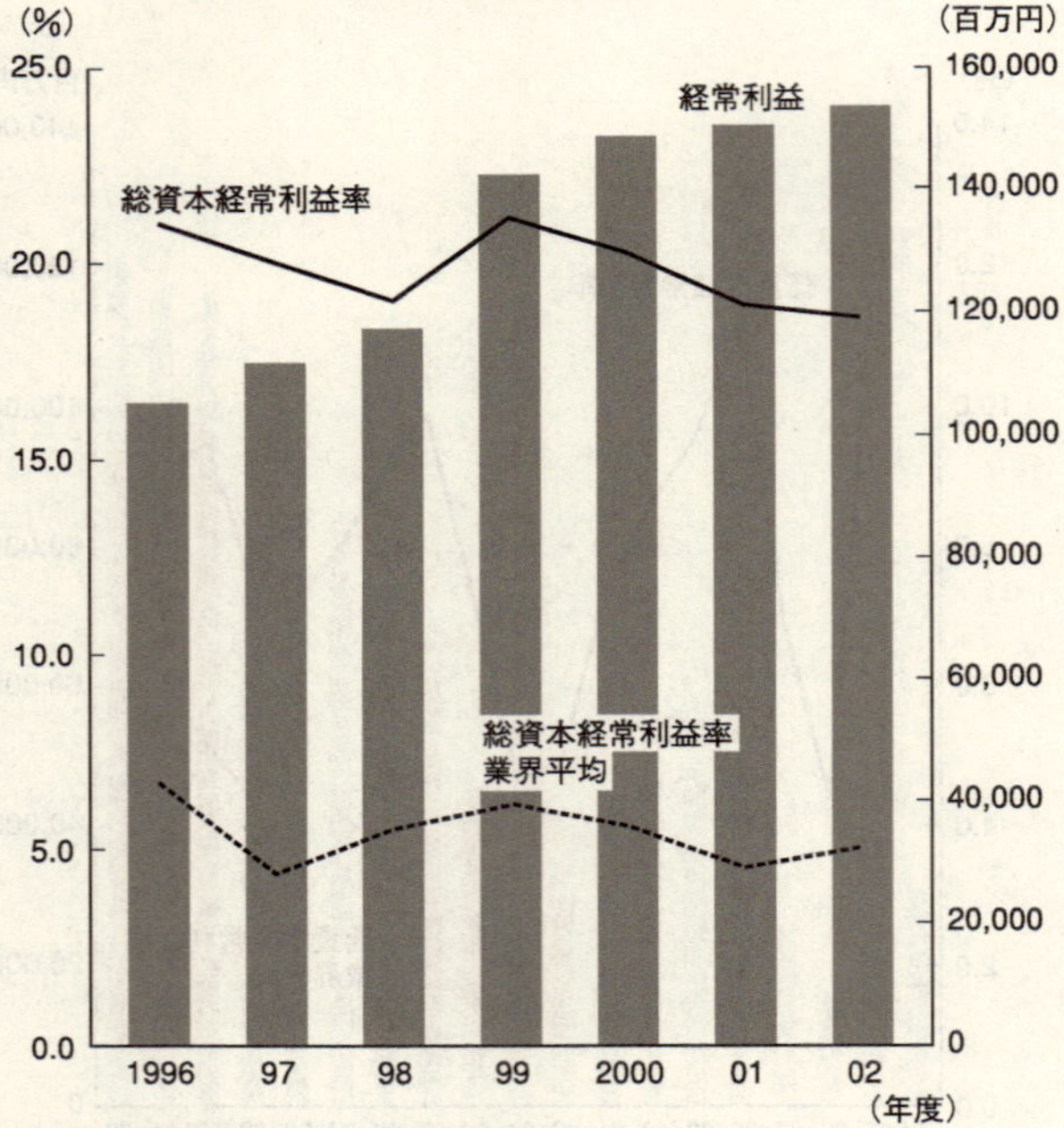

(注)日経NEEDSの2002年度の数字。特設、明記のない数字は、連結ベース。
業界平均は、日経NEEDSの分類「その他の小売業」の企業すべての平均

トヨタ自動車

設立：1937年8月
資本金：3,970億円
従業員数：26万4,096人
経常利益：1兆4,140億円
総資本経常利益率：7.0%
自己資本比率：36.0%

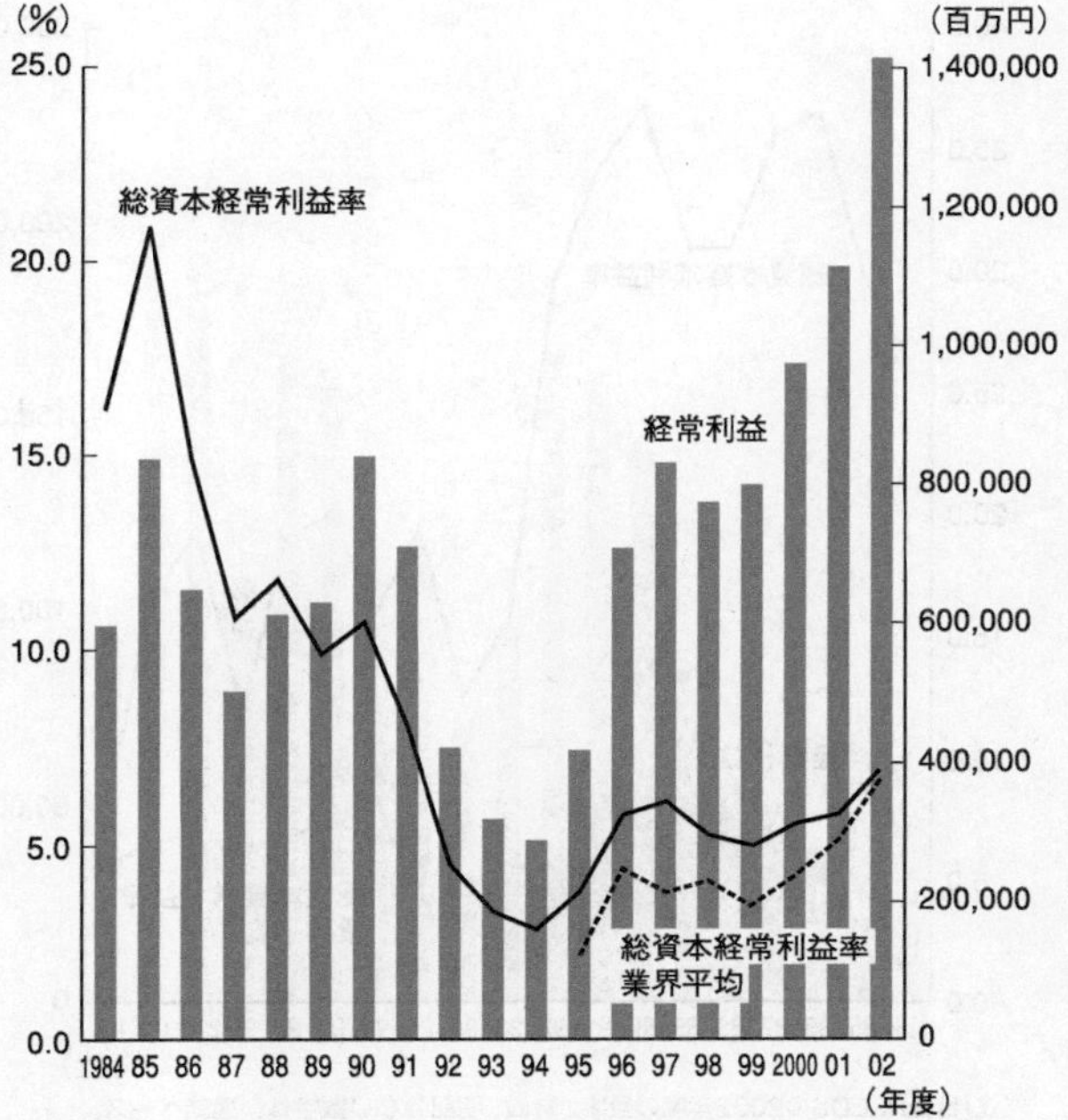

(注)日経NEEDSの2002年度の数字。特設、明記のない数字は、連結ベース。
業界平均は、日経NEEDSの分類「自動車」の企業すべての平均

任天堂

設立：1947年11月
資本金：101億円
従業員数：2,977人
経常利益：950億円
総資本経常利益率：8.5%
自己資本比率：82.0%

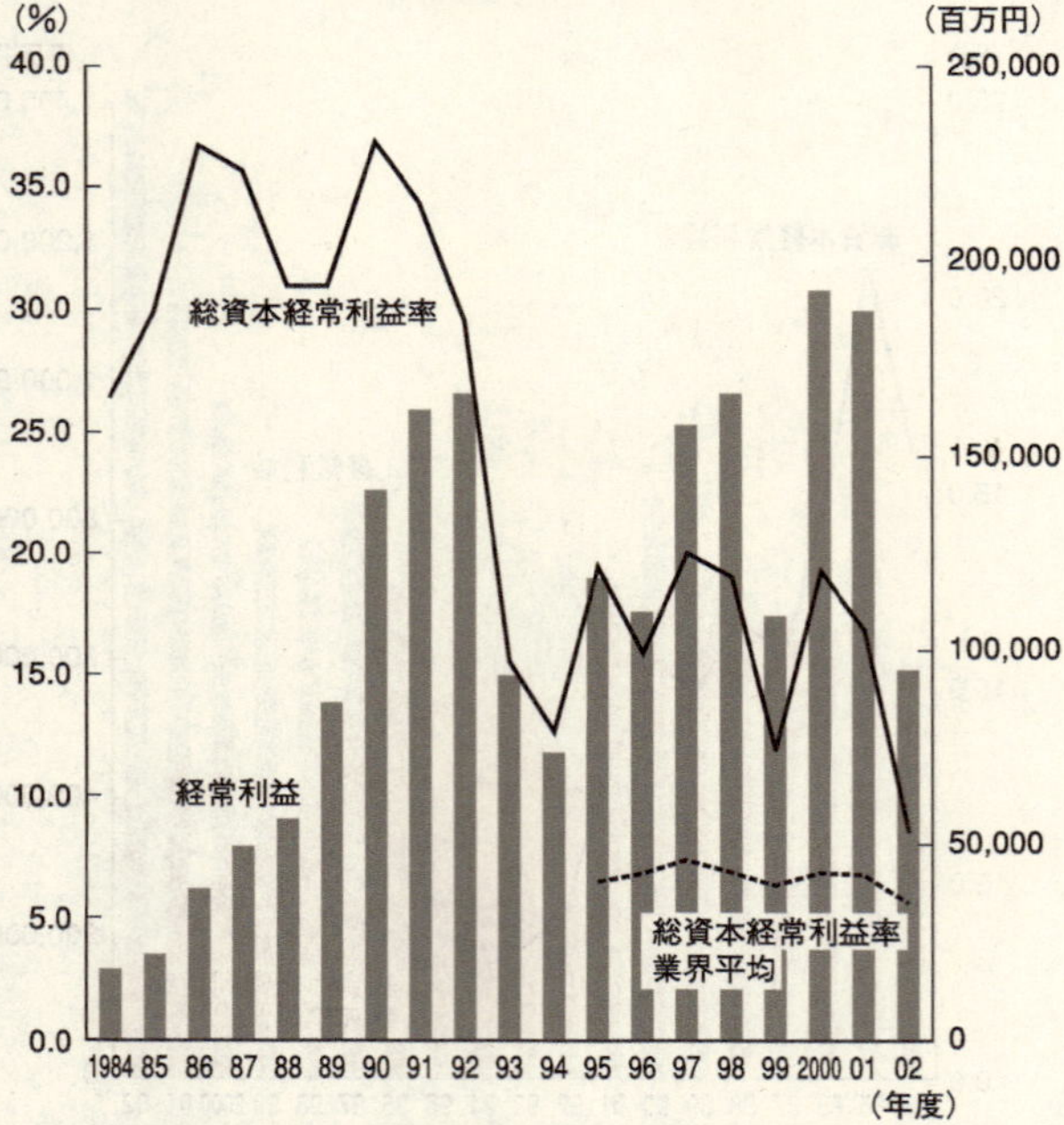

(注)日経NEEDSの2002年度の数字。特設、明記のない数字は、連結ベース。
業界平均は、日経NEEDSの分類「その他サービス」の企業すべての平均

本田技研工業

設立：1948年9月
資本金：860億円
従業員数：12万6,900人
経常利益：6,098億円
総資本経常利益率：8.3%
自己資本比率：34.2%

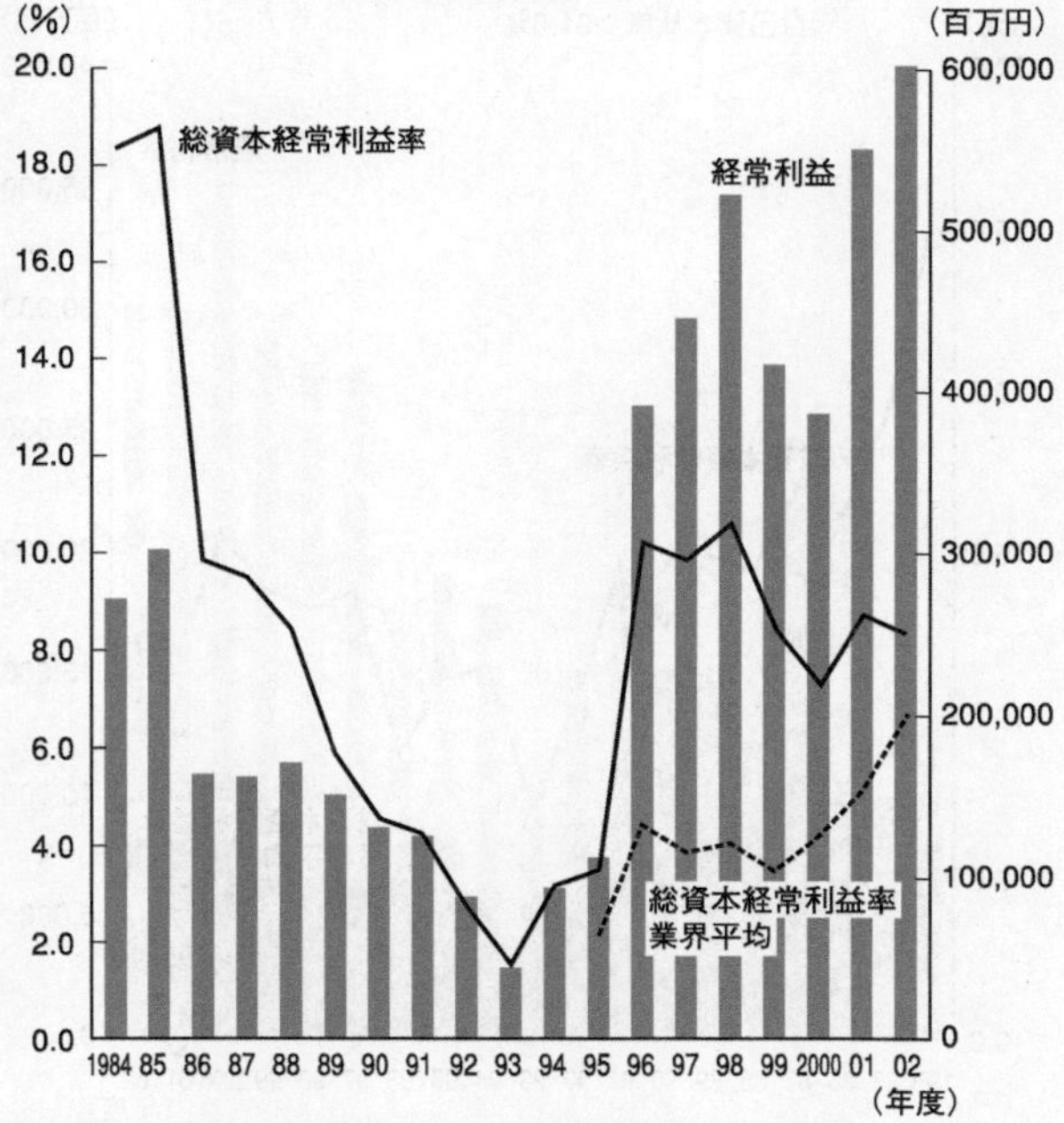

(注)日経NEEDSの2002年度の数字。特設、明記のない数字は、連結ベース。
業界平均は、日経NEEDSの分類「自動車」の企業すべての平均

マブチモーター

設立（東京化学工業株式会社）：1954年1月
資本金：207億円
従業員数：5万0,762人
経常利益：303億円
総資本経常利益率：単独10.9%
（連結12.0%）
自己資本比率：91.6%

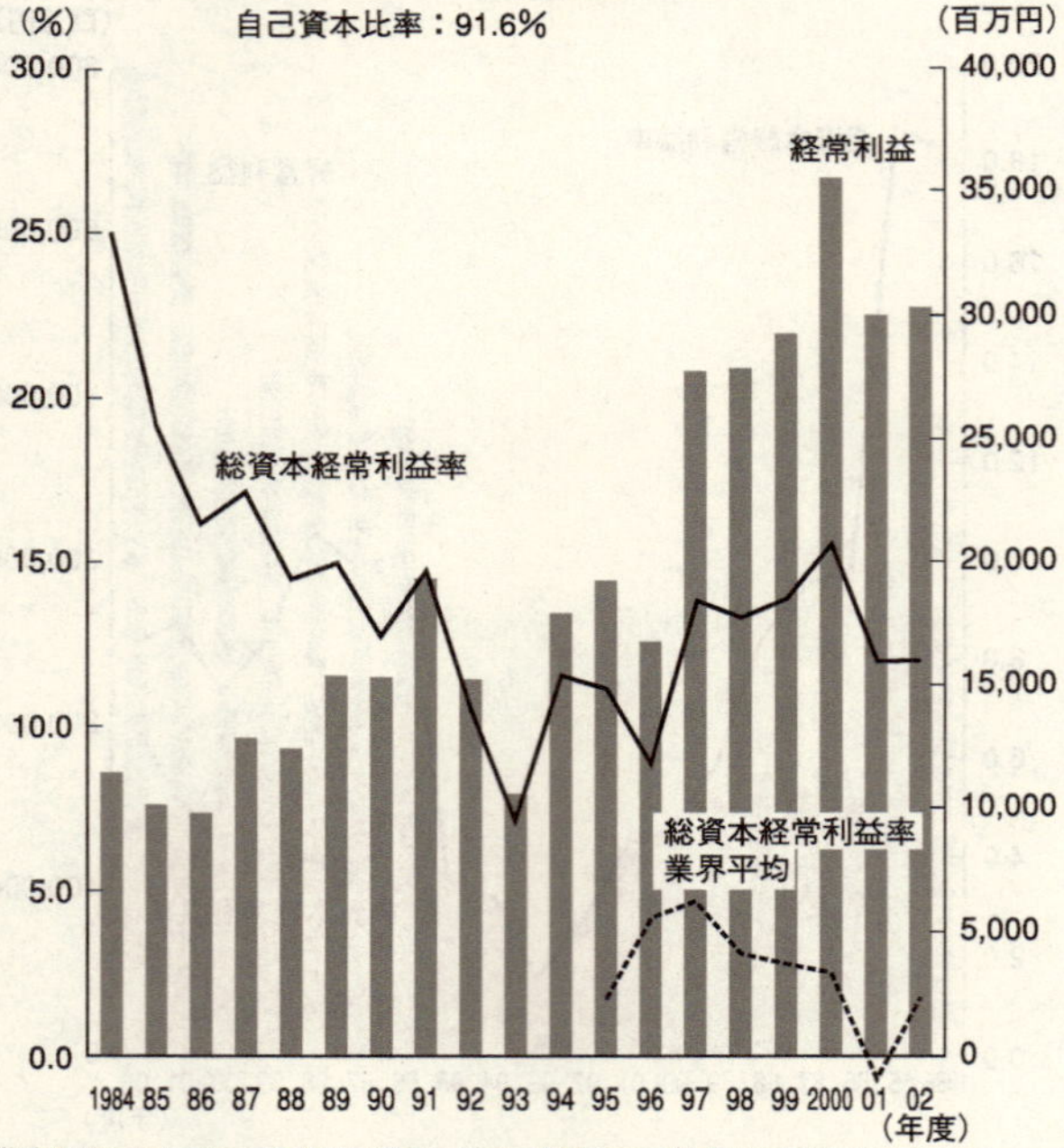

（注）日経NEEDSの2002年度の数字。特設、明記のない数字は、連結ベース。
業界平均は、日経NEEDSの分類「家庭電器」の企業すべての平均

ヤマト運輸

設立：1919年11月
資本金：1,205億円
従業員数：11万2,948人
経常利益：585億円
総資本経常利益率：8.8%
自己資本比率：61.9%

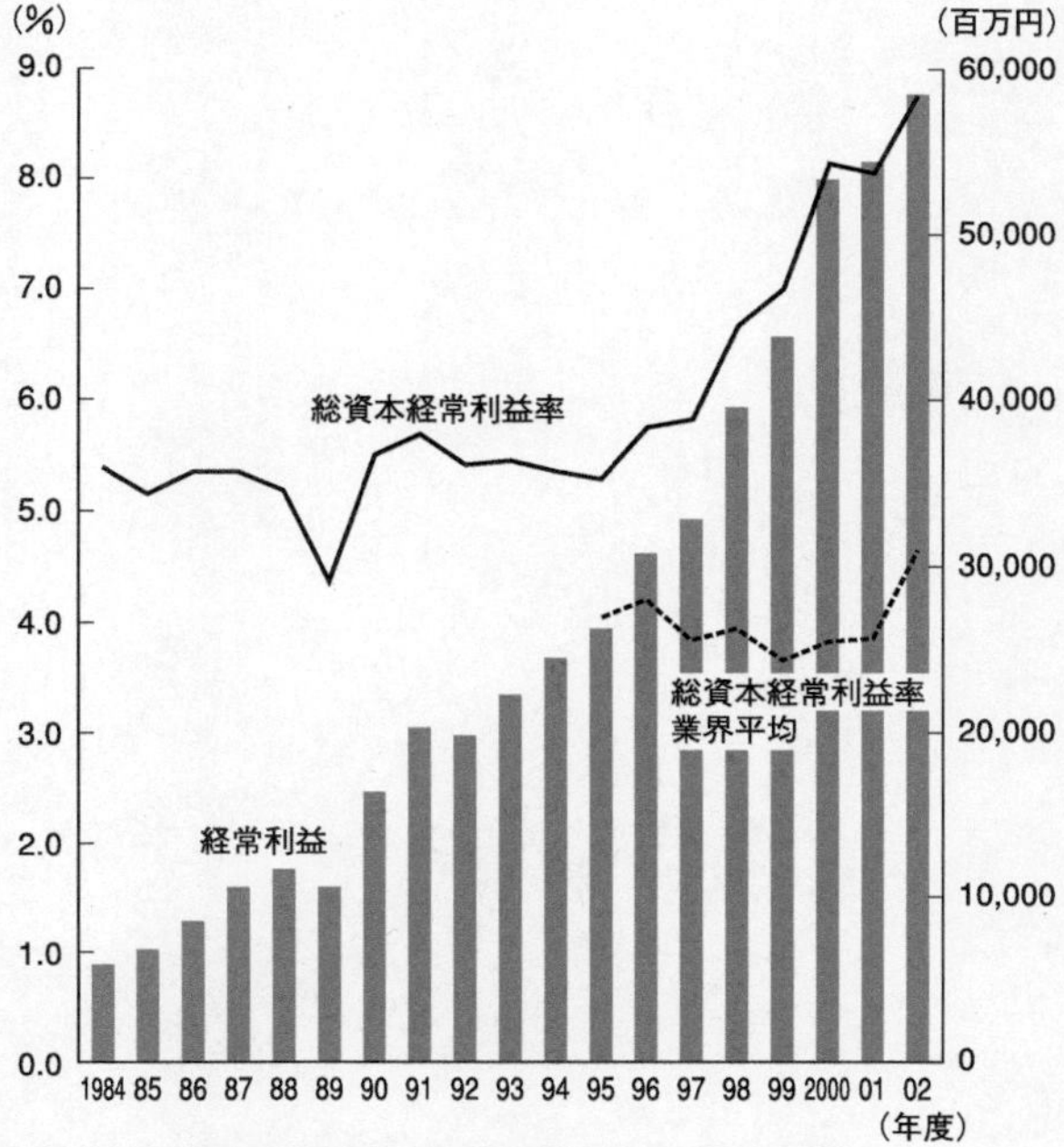

(注)日経NEEDSの2002年度の数字。特設、明記のない数字は、連結ベース。
業界平均は、日経NEEDSの分類「陸運」の企業すべての平均

参考二　上場企業社長意識調査結果

独立行政法人　経済産業研究所では、平成十四年四月、我が国の企業及び経営者の在り方を探るため、我が国企業の社長に対し、経営のヒントが得られるとして注目している企業及び経営者について意識調査を実施した。**本書の研究とは直接の関係はない**が、参考までにここに調査結果を掲載する。調査方法としては、我が国の全上場企業三六二六社（注）の社長に、書面によるアンケートを郵送し、回答を依頼した。

（注）平成十四年四月二十日現在、東京証券取引所一部・二部、大阪証券取引所一部・二部、名古屋証券取引所一部・二部、福岡証券取引所、札幌証券取引所、JASDAQ、NASDAQ JAPAN、東証マザーズの各市場に上場している企業。

質問項目は次のとおりである。

一、あなたが日頃の経営や企業改革を行っていく上で、参考にできると考えている、あるいは学ぶところがあると考えている日本企業の名前を挙げて下さい。

注一　最多でも三社以内でお願い致します。

注二　その会社が同業種に属するか、異業種に属するかは、全く問いません。

注三　日本企業とは、日本に設立されている法人全般を念頭に置いています。

二、あなたが日頃の企業改革を行っていく上で、参考にできると考えている、あるいは学ぶところがあると考えている日本企業の経営者の名前を挙げて下さい。

注一　最多でも三人以内でお願いいたします。

注二　その経営者が経営する企業が同業種に属するか、異業種に属するかは、全く問いません。

注三　経営者が日本人か外国人かは問いません。

三、経営者にとって重要な資質は、何であると思われますか。

なお、社長と最高経営責任者（CEO）が異なる場合は、最高経営責任者に回答を依頼した。また、会社の考えを代表するのではなく、あくまで経営者個人としての考えを回答いただくよう念を押した。

この結果、百九十名の社長から回答を得た。以下に、その結果をまとめる。

問. あなたが日頃の経営や企業改革を行っていく上で、参考にできると考えている、あるいは学ぶところがあると考えている日本企業の名前を挙げて下さい。

注１　最多でも３社以内でお願い致します。
注２　その会社が同業種に属するか、異業種に属するかは、全く問いません。
注３　日本企業とは、日本に設立されている法人全般を念頭に置いています。

＊その企業を挙げた経営者の数を集計した（最大３社までの複数回答）
＊回答された経営者の総数：190人

■注目している企業

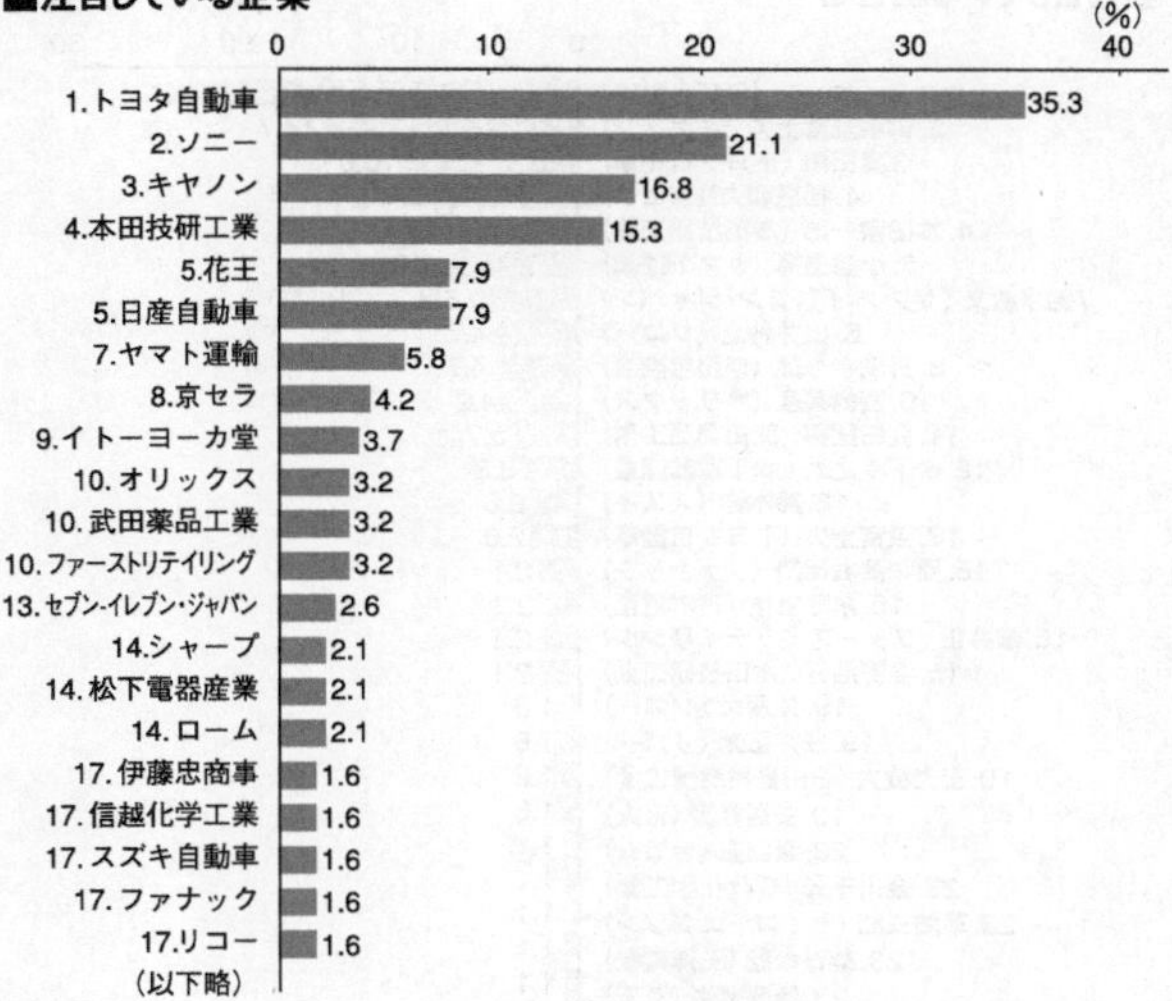

問. あなたが日頃の企業改革を行っていく上で、参考にできると考えている、あるいは学ぶところがあると考えている日本企業の経営者の名前を挙げて下さい。

注1　最多でも３人以内でお願い致します。
注2　その経営者が経営する企業が同業種に属するか、異業種に属するかは、全く問いません。
注3　経営者が日本人か外国人かは問いません。

＊その企業の経営者を挙げた経営者の数を集計した(最大３人までの複数回答)

■注目している経営者

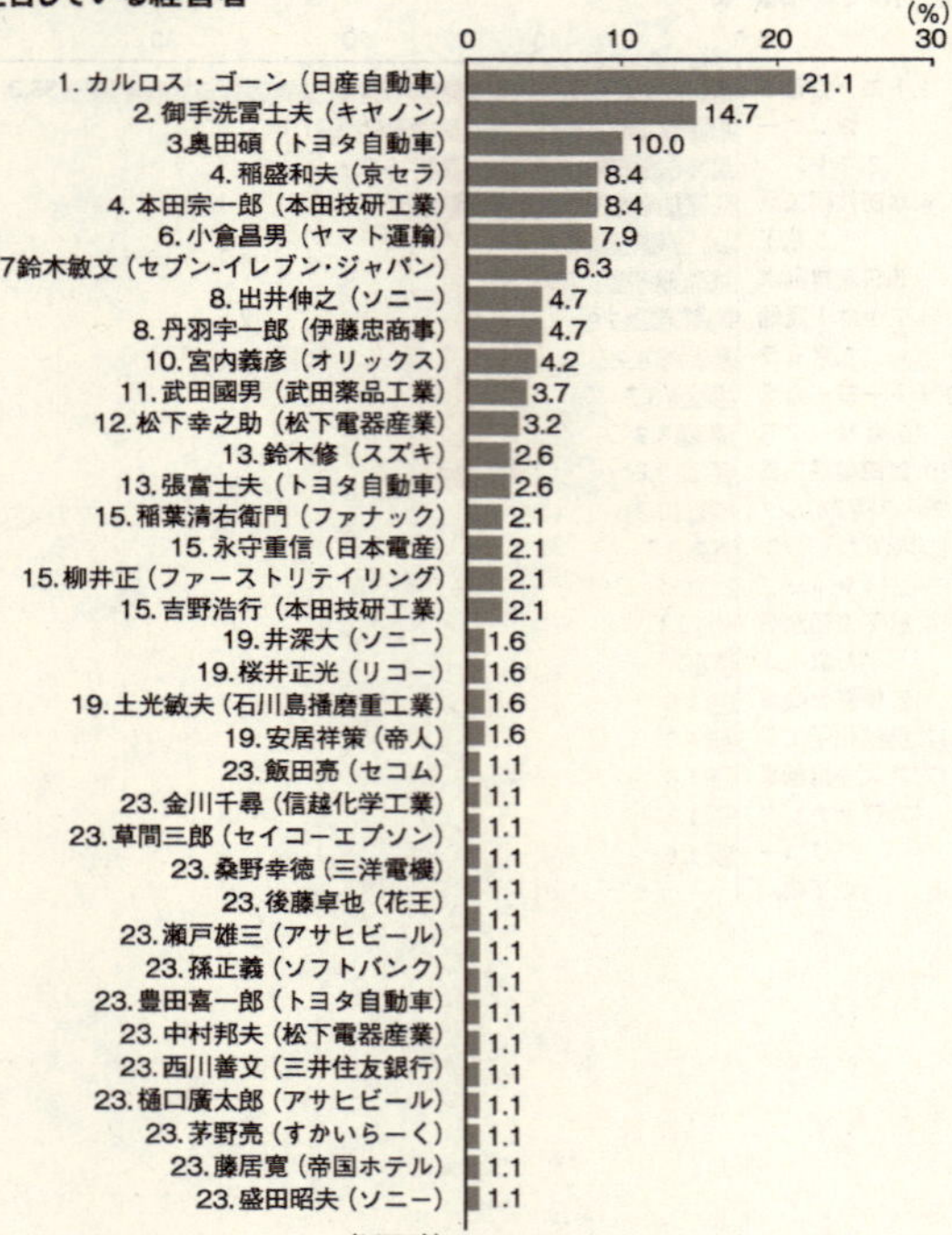

(以下略)

問．経営者にとって重要な資質は、何であると思われますか。

※寄せられた回答からキーワードを抽出し、各キーワードの出現する回数（票数）の多い順に並べた。

順位	経営者に重要な資質	%	票数
1.	先見性	8.5	59
2.	リーダーシップ	6.5	45
3.	決断力	5.9	41
4.	変革・挑戦	5.8	40
5.	実行力	5.1	35
6.	構想力	4.6	32
7.	情熱	3.8	26
7.	信念	3.8	26
9.	私心がない	3.6	25
9.	洞察力	3.6	25
9.	判断力	3.6	25
12.	人徳	3.2	22
12.	人を育てる	3.2	22
14.	明るさ	2.2	15
15.	バランス感覚	2.0	14
16.	健康	1.9	13
16.	構想の説明能力	1.9	13
18.	愛情（特に社員に対する）	1.7	12
18.	スピードと行動力	1.7	12
20.	経営哲学	1.6	11
20.	合理性	1.6	11
20.	責任感	1.6	11
23.	使命感	1.4	10
23.	情報収集とコミュニケーション能力	1.4	10
23.	倫理観	1.4	10
26.	国際性	1.3	9
26.	自立心	1.3	9

順位	経営者に重要な資質	%	票数
26.	誠実	1.3	9
26.	粘り強さ	1.3	9
26.	勇気	1.3	9
31.	信頼感	1.2	8
32.	創造性	1.0	7
33.	人の意見を聞く	0.9	6
33.	優しさ	0.9	6
35.	臆病さ	0.7	5
35.	素養（知識・教養）	0.7	5
35.	人を評価する能力	0.7	5
35.	変化への対応	0.7	5
35.	真面目	0.7	5
40.	共感能力	0.6	4
41.	会社の環境をつくる能力	0.4	3
41.	危機管理能力	0.4	3
41.	厳しさ	0.4	3
41.	素直な心	0.4	3
45.	運	0.3	2
45.	好奇心	0.3	2
45.	存在感	0.3	2

（以下略）

■その会社に注目している理由

経営や企業改革を行う上で参考になる、学ぶところがあると考える企業としてトヨタを挙げる理由。

※トヨタ自動車に注目する理由として挙げられた回答からキーワードを抽出し、各キーワードの出現する回数（票数）の多い順に並べた（続く企業についても同様）。

順位	トヨタに注目する理由	%	票数
1.	技術開発	7.3	17
1.	国際競争力	7.3	17
1.	生産方式の改善による生産性の向上	7.3	17
1.	不断の企業改革	7.3	17
5.	経営戦略	6.5	15
6.	コスト削減	5.2	12
7.	営業力	4.7	11
8.	財務上の実績	3.4	8
8.	末端自身が考える	3.4	8
10.	強固な財務体質	3.0	7
10.	経営者の手腕、リーダーシップ	3.0	7
10.	優れた実績	3.0	7
10.	優れた人材	3.0	7
14.	環境問題重視	2.6	6
14.	顧客満足の重視	2.6	6
14.	人間尊重の精神	2.6	6
14.	ものづくりの原点	2.6	6
18.	グループ企業の強さ	2.2	5
18.	現場・現物・現実	2.2	5
18.	製品の品質が良い	2.2	5
18.	日本的経営の維持	2.2	5
18.	不断の危機意識	2.2	5
23.	人材育成	1.7	4
24.	海外展開の在り方	1.3	3
24.	大企業病の克服	1.3	3
24.	他社の手本となる	1.3	3
24.	変化への対応	1.3	3
28.	安全重視	0.9	2
28.	必ず実行する	0.9	2
28.	企業体質の若さ	0.9	2
28.	合理化	0.9	2
28.	総合力	0.9	2
28.	労使関係	0.9	2

（以下略）

経営や企業改革を行う上で参考になる、学ぶところがあると考える企業としてソニーを挙げる理由。

順位	ソニーに注目する理由	%	票数
1.	グローバル展開	11.8	12
2.	企業を変革する力	10.8	11
2.	マーケティング力	10.8	11
4.	研究開発力	9.8	10
5.	企業統治の良さ	7.8	8
6.	先見性	6.9	7
6.	ブランド力	6.9	7
8.	企業理念の良さ	5.9	6
9.	人材活用	4.9	5
10.	財務体質の強さ	3.9	4
10.	商品開発力	3.9	4
12.	トップの強み	2.9	3
13.	自由闊達な社風	2.0	2
13.	独自性	2.0	2
13.	ベンチャー精神	2.0	2

（以下略）

経営や企業改革を行う上で参考になる、学ぶところがあると考える企業としてキヤノンを挙げる理由

順位	キヤノンに注目する理由	%	票数
1.	技術力	16.3	17
2.	グローバル展開	11.5	12
3.	終身雇用を維持	9.6	10
3.	新事業の創出力	9.6	10
5.	事業範囲の絞り込み	7.7	8
6.	生産革新	4.8	5
7.	営業力	3.8	4
7.	グループ全体の強さ	3.8	4
7.	財務体質の良さ	3.8	4
7.	強い愛社精神	3.8	4
7.	年功序列の排除	3.8	4
12.	環境問題への取り組み	2.9	3
12.	企業理念が確立している	2.9	3
12.	特許戦略	2.9	3
12.	利益重視	2.9	3
16.	ブランド戦略が確立している	1.9	2
16.	自ら考える組織	1.9	2

（以下略）

経営や企業改革を行う上で参考になる、学ぶところがあると考える企業として本田技研工業を挙げる理由

順位	本田技研工業に注目する理由	%	票数
1.	技術力	18.5	17
2.	グローバル展開	13.0	12
3.	チャレンジ精神	12.0	11
4.	マーケティング力	8.7	8
5.	創業者意思の継承	7.6	7
5.	独創性を重んじる社風	7.6	7
7.	若手の活用	4.3	4
8.	経営の強み	3.3	3
8.	独自路線	3.3	3
8.	夢がある	3.3	3
11.	効率の追求	2.2	2
11.	財務体質の強み	2.2	2
11.	事業の絞り込み	2.2	2
11.	社員のモチベーションの高さ	2.2	2
11.	脱同族主義	2.2	2

（以下略）

経営や企業改革を行う上で参考になる、学ぶところがあると考える企業として花王を挙げる理由

順位	花王に注目する理由	%	票数
1.	消費者の視点	22.2	10
2.	優れた物流システム	15.6	7
2.	製品開発力	15.6	7
4.	付加価値の追求	8.9	4
5.	開発志向	6.7	3
5.	活気ある社風	6.7	3
5.	積極的な経営改革	6.7	3
8.	財務上の実績	4.4	2

(以下略)

経営や企業改革を行う上で参考になる、学ぶところがあると考える企業として日産自動車を挙げる理由

順位	日産自動車に注目する理由	%	票数
1.	改革のスピードと大きさ	25.0	7
2.	改革の実行力	17.9	5
3.	過去のしがらみの断絶	14.3	4
4.	経営者の手腕	7.1	2
4.	コスト削減	7.1	2
4.	社員の能力を引き出した	7.1	2

(以下略)

経営や企業改革を行う上で参考になる、学ぶところがあると考える企業としてヤマト運輸を挙げる理由

順位	ヤマト運輸に注目する理由	%	票数
1.	規制撤廃への挑戦	36.0	9
2.	宅配便という新しいビジネスモデルの確立	20.0	5
3.	運輸業の改革	16.0	4
4.	高収益	8.0	2
4.	顧客と利便性の追求	8.0	2

(以下略)

■その経営者に注目している理由

経営や企業改革を行う上で参考になる、学ぶところがあると考える経営者として、カルロス・ゴーン氏を挙げる理由

※カルロス・ゴーン氏に注目する理由として寄せられた回答からキーワードを抽出し、各キーワードの出現する回数（票数）の多い順に並べた（続く経営者についても同様）。

順位	カルロス・ゴーン氏に注目する理由	%	票数
1.	改革を達成	14.7	21
2.	指導力	8.4	12
2.	従業員のやる気の喚起	8.4	12
4.	経営責任の明確化	7.7	11
4.	実行力	7.7	11
6.	明快な目標設定	7.0	10
7.	改革の断行	4.9	7
8.	社内コミュニケーションの強化	4.2	6
8.	戦略構想力	4.2	6
10.	異文化への理解度	3.5	5
10.	コストダウンへの取り組み	3.5	5
12.	優先順位の設定	2.8	4
13.	強固な意志	2.1	3
13.	クロス・ファンクショナル・チームの活用	2.1	3
13.	決断力	2.1	3
16.	コスト削減と投資のバランス	1.4	2
16.	新車開発	1.4	2
16.	スピード	1.4	2
16.	説得力	1.4	2
16.	他の経営者の手本となる	1.4	2
16.	論理性	1.4	2

（以下略）

経営や企業改革を行う上で参考になる、学ぶところがあると考える経営者として、御手洗冨士夫氏を挙げる理由

順位	御手洗冨士夫氏に注目する理由	%	票数
1.	日米経営手法の融合	5.7	4
1.	日本的経営	5.7	4
1.	利益志向	5.7	4
4.	グローバル優良企業	4.3	3
4.	経営改革	4.3	3
4.	好業績	4.3	3
4.	迅速な意思決定	4.3	3
4.	選択と集中の実践	4.3	3
4.	人間的温かさ	4.3	3
4.	米国式の経営手法	4.3	3
4.	リーダーシップ	4.3	3
4.	リストラの手法	4.3	3
13.	行動力・決断力	2.9	2
13.	財務体質の強化	2.9	2
13.	人材を生かす社風作り	2.9	2
13.	スピード	2.9	2
13.	徹底した合理・効率主義	2.9	2
13.	方向性が明確	2.9	2
13.	マネージメント	2.9	2
13.	利益優先型企業への変革	2.9	2

（以下略）

経営や企業改革を行う上で参考になる、学ぶところがあると考える経営者として、奥田碩氏を挙げる理由

順位	奥田碩氏に注目する理由	%	票数
1.	国際的な視野	12.9	8
2.	リーダーシップ	9.7	6
3.	情熱・使命感・社会的責任	8.1	5
3.	人間尊重の精神	8.1	5
5.	実行力	4.8	3
5.	視野の広さ	4.8	3
7.	カリスマ性	3.2	2
7.	柔軟な発想	3.2	2
7.	日本的経営の維持	3.2	2

(以下略)

経営や企業改革を行う上で参考になる、学ぶところがあると考える経営者として、稲盛和夫氏を挙げる理由

順位	稲盛和夫氏に注目する理由	%	票数
1.	経営哲学	12.5	7
2.	人間的な魅力	8.9	5
2.	若手経営者の育成	8.9	5
4.	人の道を教わることの多い経営者	5.4	3
5.	アメーバー経営	3.6	2
5.	行動力	3.6	2
5.	実学経営	3.6	2
5.	社会的使命感・正義感	3.6	2
5.	中小企業経営者の育成	3.6	2

(以下略)

経営や企業改革を行う上で参考になる、学ぶところがあると考える経営者として、本田宗一郎氏を挙げる理由

順位	本田宗一郎氏に注目する理由	%	票数
1.	情熱	8.9	4
2.	現場主義	6.7	3
2.	人材育成	6.7	3
2.	チャレンジ精神	6.7	3
2.	発想力	6.7	3
2.	夢	6.7	3
7.	世界のホンダへ	4.4	2
7.	同族経営をしない点	4.4	2
7.	反骨精神	4.4	2

(以下略)

経営や企業改革を行う上で参考になる、学ぶところがあると考える経営者として小倉昌男氏を挙げる理由

順位	小倉昌男氏に注目する理由	%	票数
1.	規制へのチャレンジ	19.5	8
2.	宅配便ビジネスの創造	14.6	6
3.	社会奉仕	7.3	3
3.	信念	7.3	3
5.	引退後のボランティア活動	4.9	2
5.	実行力	4.9	2

（以下略）

経営や企業改革を行う上で参考になる、学ぶところがあると考える経営者として鈴木敏文氏を挙げる理由

順位	鈴木敏文氏に注目する理由	%	票数
1.	変化への迅速な対応	16.7	5
2.	小売業の追求	13.3	4
3.	顧客への鋭い洞察力/分析力	10.0	3
4.	チャレンジ精神	6.7	2
4.	会社の高収益	6.7	2
4.	消費者重視の経営	6.7	2
4.	新たなビジネスモデルを構築	6.7	2
4.	ダイレクトコミュニケーション	6.7	2

（以下略）

謝辞

本書の執筆に至るまで数知れない企業の皆さん、経済界の皆さんから情報提供、助言を受けた。これらの方々が本書の最大の貢献者である。序章に記したとおり、インタビューの実施については、正確な情報を得るためにオフレコベースで行うことも多かった。このため、御名前を挙げることが困難であるが、調査対象企業の社長、会長といった経営者、中間管理職層、そしてデータ収集やアレンジの窓口になっていただいた方々、さらには、比較対象の同業種企業で快くインタビューに協力いただいた方々に、まずもってお礼を申し上げたい。しつこくしつこくテレビドラマの「刑事コロンボ」のように調べまくる筆者に対して協力して下さった、これらの皆さんなしでは、この本を出版することができなかったことは言うまでもない。

本書を執筆するきっかけを作って下さったのは、米国スタンフォード大学の青木昌彦氏である。筆者は、通商産業省（現経済産業省）で、行政の前線に携わってきた行政実務家、言わば、「臨床医師」である。「基礎医学」すなわち調査あるいは研究生活とは無縁の、「手術におけるメスさばき」の世界で生きてきた。したがって、本来の政策実務の仕事が絶えることはなく、本研究の作業も常に夜中と週末をあてることとなった。そのような現場の忙しさの中で、氏の、お会いする度ごとの「進ちょく状況はどうですか」という暖かくも厳しい叱咤激励なくしては、脱稿はあり得なかったと思う。

また、筆者の東大の学生時代の指導教官である浜田宏一米国イェール大学教授（元東大教授）には、完成稿を全部読んでいただき、草稿改善のための貴重な示唆をいただいた。本書は、企業の実務サイドの「現場感覚」を優先しているが、学会の皆さんとは、筆者が設けさせていただいた研究会の場における討論や相対の議論から多くの刺激を受けた。御名前を網羅するのは、到底不可能なので、繰り返し議論させていただいた、藤本隆宏（東京大学）、野中郁次郎（一橋大学）、津曲正俊（慶応大学）、鶴光太郎（経済産業研究所）、胥鵬（法政大学）、楠木建（一橋大学）、新宅純二郎（東京大学）、岡崎哲二（東京大学）、高岡美佳（立教大学）の各氏を記すに止めておきたい。

筆者の研究のアシストをしてくれた、三宅保次郎君（経済産業省）と、その後を継いだ三村和也君（経済産業省）、そして木村友二君（東京大学大学院）の三名に感謝しておきたい。三宅君は、細部に至ると気の遠くなるくらい細かくなる事例について、筆者のうるさいチェック依頼にしっかり応えてくれ、また、会社側との窓口を務めてくれた。彼の献身的努力なくしては、本書の細部の詰めは困難であったと思う。木村君は、学術論文の検索とそのまとめに力を発揮してくれた。改めて感謝したい。

民間企業の中間管理職層が参加する異業種交流会にも数多くお呼びいただく機会があり、楽しい議論の時間を過ごさせていただいた。中でも、八丁地園子氏、岩田秀信氏を中心とした会のメンバーには、記して感謝したい。本稿の議論の一部にも、彼女ら、彼らの議論の成果が反映されている。

本書の編集者を務めていただいた、日本経済新聞社出版局の野澤靖宏氏には、スケジュールの度重なる遅延で御迷惑をおかけしたにもかかわらず、筆者の無謀な注文にも快く応えていただいた。何よりもありがたかったのは、筆者の問題意識に強く共感していただいていた点である。その共感がどれだけ励ましになったかわからない。

最後になったが、行政官として不規則な生活を送る筆者を、暖かい理解をもって見守ってくれている両親に、感謝の気持ちを込めて、本書を捧げることにしたい。

平成一五年九月

新原　浩朗

本書は二〇〇三年九月に日本経済新聞社から刊行したものです。

日経ビジネス人文庫

日本《にほん》の優秀企業研究《ゆうしゅうきぎょうけんきゅう》
企業経営《きぎょうけいえい》の原点《げんてん》——6つの条件《じょうけん》

2006年6月1日 第1刷発行
2025年5月14日 第14刷（新装版2刷）

著者
新原浩朗
にいはら・ひろあき

発行者
中川ヒロミ

発行
株式会社日経BP
日本経済新聞出版

発売
株式会社日経BPマーケティング
〒105-8308 東京都港区虎ノ門4-3-12

ブックデザイン
鈴木成一デザイン室

印刷・製本
大日本印刷株式会社

本書籍に関するお問い合わせ、ご連絡は下記にて承ります。
https://nkbp.jp/booksQA

Printed in Japan ISBN978-4-296-12472-5

成毛眞の
マーケティング辻説法

成毛眞と日経MJ

マーケティングは楽しい戦争だ。「迷わせて売れ」「有望市場は男性」「市場は小さくとらえよ」等、超ユニークなアイデアが満載。

知と経営

常盤文克

過去ではなく未来の消費者ニーズを探れ。ヒントは大自然にある。ヒット商品を生み出し続ける花王の前会長が、モノづくりの真髄を語る。

ビジネスチャンスは「女と時間」

日本経済新聞社=編

女性が創ったモノが人気を呼ぶ。無駄に思えた時間を商機に変える――。「女性」と「時間」に着目し最新の経済動向を追ったルポ。

有訓無訓 2

日経ビジネス=編

自らの経験に照らし、時には反省をこめた実感あふれる言葉は、人の心の内奥を貫いて、忘れえぬ印象を残すもの。有訓無訓第2弾。

1日4分割の仕事革命

野村正樹

1日を4つのゾーンに「整理・管理」した驚異の時間術。通勤の4倍活用術、速断できる図解法など"野村流ノウハウ"の決定版！

強い工場

後藤康浩

モノづくり日本の復活は「現場力」にある。トヨタやキヤノンの工場、熟練工の姿、国内回帰の動きなど世界最強の現場を克明に描く。

会社のしくみがわかる本

野田稔・浜田正幸

経営の基本、会社数字の読み方、人事制度の仕組みなど、新入社員が持つ素朴な疑問を、対話形式で易しく解説。中堅社員にもお勧め。

イラスト版 管理職心得

大野潔

部下の長所の引き出し方、組織の活性化法、仕事の段取り力、経営の基礎知識など、初めて管理職になる人もこれだけ知れば大丈夫。

マンガ版「できると言われる」ビジネスマナーの基本

橋本保雄

これさえできれば、社会人として「合格」! 挨拶、言葉遣いから電話の応対、接客まで、楽しいマンガとともにプロが教えます。

経営実践講座 教わらなかった会計

金児昭

国際舞台でのM＆Aから接待の現場まで生のエピソードを満載。教科書では身につかない「使える会計」をカネコ先生が講義します。

ジャック・ウェルチ わが経営 上・下

ジャック・ウェルチ
ジョン・A・バーン
宮本喜一=訳

20世紀最高の経営者の人生哲学とは? 官僚的体質の巨大企業GEをスリムで強靭な会社に変えた闘いの日々を自ら語る。

経済ニュースがスッキリわかる本

西野武彦

毎日のニュースがピンとこないのは背景にある基礎知識が整理されていないから。経済オンチを経済通に変える入門書の決定版。

社長！それは「法律」問題です

中島茂・秋山進

「敵対的買収」「証取法違反」「情報漏洩」──。「こんな会社はいらない」と言われないために、ビジネス法の「知識と常識」を伝授。

最強の投資家バフェット

牧野 洋

究極の投資家にして全米最高の経営者バフェット。数々の買収劇、「米国株式会社」への君臨、華麗なる人脈を克明に描く。

50語でわかる日本経済

UFJ総合研究所調査部編

年金制度改革、減損会計、郵政民営化、ネット家電──。毎日のニュースに頻出する重要語50を厳選して、現代が見えてくる。

日経スペシャル ガイアの夜明け 闘う100人

テレビ東京報道局＝編

企業の命運を握る経営者、新ビジネスに賭ける起業家、再建に挑む人。人気番組「ガイアの夜明け」に登場した100人の名場面が一冊に。

世相でたどる日本経済

原田 泰

江戸から第二次大戦に至る経済発展をたどり、今日の日本経済を形作っている「原型」を探る歴史読み物。常識を覆すエピソード満載。

鈴木敏文 考える原則

緒方知行編著

「過去のデータは百害あって一利なし」「組織が大きいほど一人の責任は重い」──。稀代の名経営者が語る仕事の考え方、進め方。

お金をふやす本当の常識

山崎 元

手数料が安く、中身のはっきりしたものだけに投資しよう。楽しみながらお金をふやし、理不尽な損失を被らないためのツボを伝授。

社長に秘策あり!

日経MJ=編

消費者の半歩先を行く、市場は新たに創るもの——経営者たちの独自の戦略をもとに、ビジネス界の今を描くインタビュー集。

HIS 机二つ、電話一本からの冒険

澤田秀雄

たった一人で事業を起こし、競争の激しい旅行業界を勝ち抜き、航空会社、証券、銀行と挑み続ける元祖ベンチャー。その成功の秘密とは——。

図で考える人は仕事ができる

久恒啓一

図で考えると物事の構造や関係がはっきりわかり、思考力や解決力もアップ。図解思考ブームを生んだ話題の本がいよいよ文庫化。

日経スペシャル ガイアの夜明け 終わりなき挑戦

テレビ東京報道局=編

茶飲料のガリバーに挑む、焼酎でブームを創る——。「ガイアの夜明け」で反響の大きかった挑戦のドラマに見る明日を生きるヒント。

日経WOMANリアル白書 働く女性の24時間

野村浩子

年収300万円、でもソコソコ幸せ。理想の女性上司はイルカ型、夫にするならヤギ男。「日経ウーマン」編集長が描く等身大の女性像。

カルロス・ゴーン 経営を語る

カルロス・ゴーン
フィリップ・リエス
高野優=訳

日産を再生させた名経営者はどのように困難に打ち勝ってきたのか？　ビジネス書を超えた感動を巻き起こしたベストセラーの文庫化。

経営実践講座 M&Aで会社を強くする

金児 昭

M&Aの99.99%は「非・敵対的」買収だ。海外・国内で100件以上のM&Aを体験・成功させた著者がM&Aによる企業価値の高め方を伝授。

とげぬき地蔵商店街の経済学

竹内 宏

「おばあちゃんの原宿」の秘密を、ご存知「路地裏エコノミスト」が徹底解剖。シニア攻略の12の法則を授けるビジネス読み物。

「相場に勝つ」株の格言

西野武彦

「人の行く裏に道あり花の山」「三割高下に向かえ」「もうはまだなり、まだはもうなり」——相場に迷ったら、一読したい250の格言を紹介。

林文子 すべては「ありがとう」から始まる

林文子=監修
岩崎由美

経営者の仕事は社員を幸せにすること——ダイエー林文子会長が実践する「みんなを元気にする」ポジティブ・コミュニケーション術！

最強ヘッジファンド LTCMの興亡

R・ローウェンスタイン
東江一紀、瑞穂のりこ=訳

史上最大のヘッジファンド、LTCMはなぜ躓いたのか。世界を震撼させた事件の謎と顛末を、名コラムニストが描いた話題作。

質問力

飯久保廣嗣

論理思考による優れた質問が問題解決にどう役立つか、「良い質問、悪い質問」など、身近な事例で詳しく解説。付録は質問力チェック問題。

冒険投資家 ジム・ロジャーズ 世界大発見

ジム・ロジャーズ
林 康史・望月 衛=訳

バイク初の"6大陸横断"男が、今度は特注の黄色いベンツで挑む、116ヵ国・25万キロの旅。危険一杯・魅力たっぷりの痛快投資紀行。

株式投資 これだけはやってはいけない

東保裕之

ちょっとしたことに気をつければ株式投資のリスクは減る。注文の出し方から株価指標の見方、信用取引まで「株式投資べからず集」。

満員御礼! 経済学なんでもお悩み相談所

西村和雄

「売上減のスーパーは営業時間を延長すべきか?——収穫逓増」など、分かりにくい経済理論を人生相談で解説したユニークな本。

追跡! 値段ミステリー

日本経済新聞社編

ダイヤモンドは角型より丸型の方がなぜ高い? 日常の生活で感じる値段の疑問を、第一線の記者たちが徹底取材する。

男にナイショの成功術

日本経済新聞生活情報部=編

今活躍しているキャリア女性たちは一体どんな道を歩んできたのだろう。育児や介護に立ち向かいながら輝き続ける女性たちの軌跡。

ビジネススクールで身につける問題発見力と解決力

小林裕亨・永禮弘之

多くの企業で課題達成プロジェクトを支援するコンサルタントが明かす「組織を動かし成果を出す」ための視点と世界標準の手法。

鈴木敏文の「統計心理学」

勝見 明

情報の先にある「顧客心理」をいかに見抜くか？　仮説と検証で、「正しい解答」を見つけ出していく鈴木流情報分析術を全公開。

ビジネススクールで身につける変革力とリーダーシップ

船川淳志

企業改革の最前線で活躍する著者が教える「多異変な時代」に挑むリーダーに必要なスキルとマインド、成功のための実践ノウハウ。

リクルートで学んだ「この指とまれ」の起業術

高城幸司

新たな価値を生み出す起業家型ビジネス人になろう。リクルートで新規事業を成功させ、40歳で独立した著者による新時代の仕事術！

日産 最強の販売店改革

峰 如之介

店長マネジメント改革を中心に、女性スタッフ育成、販社の統合再編など、正念場を迎えたゴーン改革の最前線をルポルタージュ。

V字回復の経営

三枝 匡

「V字回復」という言葉を流行らせた話題の書。実際に行われた組織変革を題材に迫真のストーリーで企業再生のカギを説く。